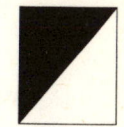

Naturwissenschaftliche Texte
bei Kindler

herausgegeben von
Fritz Krafft

Johannes Kepler

Warnung an die Gegner der Astrologie Tertius Interveniens

Mit Einführung, Erläuterungen und Glossar
herausgegeben von
Fritz Krafft

verlegt bei Kindler

© Copyright 1971 by Kindler Verlag GmbH, München
Alle Rechte an dieser Ausgabe vorbehalten
Redaktion: Werner Heilmann
Korrekturen: Waltraud Green
Umschlaggestaltung: H. Numberger
Druck: Georg Appl, Wemding
Bindearbeiten: R. Oldenbourg, München
Printed in Germany
ISBN 3 463 00495 X

Einführung

Die Keplersche Wende

Auf dem diesjährigen Internationalen Kepler-Symposium in Weil der Stadt, wo Johannes Kepler am 27. Dezember 1571 geboren wurde, hat der Konstanzer Philosoph und Wissenschaftstheoretiker Jürgen Mittelstraß vorgeschlagen, statt von einer Kopernikanischen von einer Keplerschen Wende innerhalb der Entwicklung der Naturwissenschaft zu sprechen, und die dreitägige Diskussion hat zusätzliche Argumente für die Rechtfertigung dieses Einschnittes geliefert. [1] Alles das, was die neuzeitliche Naturwissenschaft von ihren Vorläufern und Vorstufen abhebt, findet sich erstmals bei ihm vereinigt. Wissenschaften und Künste, die zuvor parallel zueinander sich entwickelt haben, wurden von ihm nicht nur auf höherer Ebene vereinigt, diese Synthese fand auch gleichzeitig eine wissenschaftstheoretische Begründung auf der Basis erkenntnistheoretischer und ansatzweise methodologischer Erwägungen, die sich als die der späteren Neuzeit erwiesen und sich damit denen des großen italienischen Zeitgenossen Galileo Galilei überlegen gezeigt haben.

»Drei Dinge waren es vor allem, deren Ursachen, warum sie so und nicht anders sind, ich unablässig erforschte, nämlich die Anzahl, die Größe und die Bewegung der Planetenbahnen. Dies zu wagen, bestimmte mich jene schöne Harmonie der ruhenden Dinge, nämlich der Sonne, der Fixsterne und des Zwischenraumes mit Gott dem Vater, dem Sohne und dem Heiligen Geist.« Diese Worte aus dem Vorwort zu seiner Jugendschrift ›Mysterium Cosmographicum‹ (Weltgeheimnis) [2] charakterisieren bereits die universale Sehweise Keplers. Das Bemühen, die göttliche Harmonie des Kosmos als Ursache auch für Anzahl, Größe und Bewegung der Planetenbewegungen aufzudecken, sollte auch fortan sein wissenschaftliches Lebenswerk bestimmen. Die aus der neuplatonischen Tradition heraus a priori vorausgesetzte Harmonie erschöpfte sich für ihn allerdings nicht in mathematischen Proportionen als Ursache für das Geschehen oder gar als das Geschehen selbst – darin unterscheidet er sich grundlegend von seinen Vorgängern Platon, den Pythagoreern und Neuplatonikern –; die auf ganz neue Weise, nämlich geometrisch begründeten harmonischen Verhältnisse galten ihm vielmehr als Ausdruck des göttlichen Schöpfungswillen, als Ordnungsprinzipien einer natürlichen Welt, die auf natürliche Weise eingehalten werden, da sie auch Gott a priorisch vorgegeben waren.

Mit anderen Worten: Kepler wollte die Astronomie sowohl wieder zu einer Harmonik als auch wieder zu einer Physik machen und alle drei bis dahin getrennten und einander widerstreitenden Disziplinen unter Einbeziehung der bei ihm erstmals auch physikalisch begründeten Hilfswissenschaft Optik in einer Synthese zusammenfassen, wobei das verbindende und Erkenntnis und sinnliche Erfahrbarkeit gewährleistende Band für ihn die a priorische, vorgöttliche Geometrie als gleichsam »der Vernunft angepaßte Theologie« bildete. Damit war gleichzeitig die Genauigkeit der auf geometrischen Gesetzen beruhenden sinnlichen (optischen) Erfahrung gewährleistet und begründet und deren Meßwerte konnten in der empirischen Prüfung der abgeleiteten oder a priorisch gesetzten harmonischen und physikalischen Sätze als Kriterien für die Richtigkeit der Erkenntnis dienen.

Es kann hier nicht gezeigt werden, wie Kepler nur aufgrund dieser einheitlichen Wissenschafts- und Erkenntnistheorie zur Entdeckung der nach ihm benannten Gesetze der Planetenbewegungen kommen konnte und gekommen ist. Hier reicht der Hinweis, daß er daraufhin der erste war, der die Notwendigkeit einer neuen und neuartigen Physik für die bis dahin (ebenso wie die geozentrische seit Ptolemaios) rein kinematisch-mathematisch vorgehende heliozentrische Astronomie des Nikolaus Kopernikus [3] einsah und eine solche Physik auch schuf, die sich dann allerdings als noch unzureichend erwies; erst Isaac Newton konnte die drei Keplerschen Gesetze mit dem einheitlichen Prinzip der allgemeinen gegenseitigen Gravitation und dem Trägheitsprinzip zu einer höheren physikalischen Einheit vereinen. Wie die Keplersche Physik aussah, wird ausreichend klar aus den Thesen 26, 48 und 56 bis 58. [4] Es war die erste Physik, welche die aus den empirischen Daten der Umlaufzeiten und Bahndurchmesser, welche das Kopernikanische System erstmals lieferte, abgeleitete motorische Funktion der im Zentrum befindlichen Sonne auch durch eine Zentralkraft und ihre quantitativ bestimmbare Wirkung begründen konnte. Das ontologische und erkenntnismäßige Primat der Geometrie gewährleistete Kepler die Quantifizierbarkeit (für ihn: Geometrisierbarkeit) der physikalischen Aussagen; damit war die bis dahin gültige qualitative Physik des von außen durch den göttlichen Ersten Beweger nicht-mechanisch bewegten aristotelischen Kosmos abgelöst. Jetzt waren von Körpern (nicht vom Geist oder von Geistern) ausgestrahlte Kräfte direkt quantitativ erfaßbar – nicht nur, wie bei Galilei, bloß in ihrer Wirkung quantitativ beschreibbar.

Das Primat der Geometrie, das hier als bindendes Band zwischen Astronomie, Optik, Physik und Theologie die oben so genannte Keplersche Wende in der Naturwissenschaft auslöste, gibt aber gleichzeitig die Möglichkeit, auch andere als vom Zentrum ausgehende körperliche, d. h. im heutigen Sinne physikalische, Kräfte und Wirkungen anzuerkennen, wenn sie durch die a priorische Geometrie begründet sind. Jene »Species immateriata«, das vom Zentrum sich kugelförmig ausbreitende Wirkungsfeld einer ›Kraft‹-Quelle, dessen Art von der qualitativen Zusammensetzung des sie ausstrahlenden Körpers abhängt, dient Kepler nicht nur zur Begründung seiner Physik im heutigen Sinne, sondern auch der Astrologie; denn auch das Licht und die von ihm übermittelten Eigenschaften des Körpers sind eine solche »species immateriata«; und die Eigenschaften der Himmelskörper werden erstmals auch quantitativ bestimmt (siehe These 32 und die Erläuterungen dazu).

Die Keplersche Wende umfaßt deshalb auch die Astrologie – oder von späterer Zeit her gesehen, als die Astrologie nicht mehr als Teil der Naturwissenschaft galt: Man kann auch in der Astrologie von einer Keplerschen Wende sprechen. Die modernen Astrologen sehen in Kepler denn auch ihren Ahnherren – jedenfalls soweit es die empirische Begründung der Astrologie und ihren Aussagewert betrifft; denn bereits Abdias Trew (1597–1669), der als erster die Anregungen Keplers zu einer Reformation der Astrologie in seinem ›Grundriß der verbesserten Astrologie‹ (1651) [5] lehrbuchartig verwirklichte, machte die radikale Beschneidung astrologischer Wirkungen und damit Aussagemöglichkeiten nicht ganz mit.

Die Gestirnskörper wirken gemäß Kepler nicht selbst mit ihren körperlichen Kräften – jedenfalls nicht in astrologischem Sinne – und wirken deshalb auch nicht auf Körper ein. Das alle Wissenschaften verbindende Band der Geometrie, a priorisch nicht nur Gott, sondern auch den Seelen seiner Geschöpfe eingeprägt vorgegeben – also auch denen, die sich nicht mit der Vernunft erfassen können (Tiere, Pflanzen, Himmelskörper, insbesondere die Erde mit ihrer Atmosphäre) –, erlaubt nur das Erfassen geometrischer Verhältnisse, die deshalb auch nur wirken können, und zwar insbesondere jene, die während der Geburt der Seele des vom Mutterleib getrennten Leibes eingeprägt wurden (Direktion, Profession), und jene, die auf den »kosmosbildenden« [6] harmonischen Proportionen beruhen. Die Folge dieser Begründung ist, daß nach Kepler nicht ein einzelner Planet bestimmte Wirkungen ausüben kann, sondern nur zwei oder mehr Planeten zusammen aufgrund ihrer gegenseitigen Stellung an der Himmelssphäre bzw. auf der Ekliptik, deren Winkel vom Zentrum des Beschauers her gesehen [7] am Kreis der Ekliptik bestimmte Verhältnisse (Aspekte) bilden, wirken können in Form eines instinktiven Eindrucks in die vernünftige Seele, die als eine Art Resonator dann ihren Körper im Sinne der Aspekte zu bestimmten Handlungen anregt bzw. diese Anregungen der vernünftigen Seele zur Entscheidung übermittelt. Ist also, wie beim Menschen, eine vernünftige Seele vorhanden, so können die Aspekte nie direkt wirken, sondern nur anregen; in jedem Fall (auch bei Einflußnahme auf atmosphärische Erscheinungen) ist jedoch eine entsprechende physische Konstitution erforderlich, die Aspekte können nur diese anregen. Die Astrologie ist deshalb für Kepler niemals in der Lage, bestimmte Geschehnisse vorherzusagen – nur Tendenzen,

Möglichkeiten –, weil physische Konstitution und vernünftige Entscheidung nicht vorhersagbar sind.

Verständlich wird von dieser Begründung der Astrologie her auch, daß Kepler den Tierkreis mit seinen Häusern und Fixpunkten als Ursache für bestimmte Wirkungen einzelner Planeten ablehnt; er sieht ihn mit Recht als willkürliche Unterteilung der Ekliptik an. Verständlich aber wird auch die scharfsinnig eingeschränkte Astrometeorologie, wenn man bedenkt, daß für Kepler die Erde eine (unvernünftige) Seele besitzt, die auch in seiner Himmelsphysik eine Rolle spielt. Keine Seele besitzen dagegen das Jahr und bestimmte Landschaften, so daß für sie keine Horoskope erstellt werden können, weil sie Aspekte nicht instinktiv erfassen und diese nicht auf sie einwirken können. Kepler wendet sich denn auch entschieden gegen derartige astrologische Aussagen, die Bestandteil des seit der Spätantike fast unveränderten astrologischen Regelwerkes zur Zeit Keplers und unserer Zeit sind.

Die spätantike Astrologie geht auf zwei verschiedenartige Ursprünge zurück. Der eine, ältere, wurde im Zweistromland geschaffen, der jüngere in Ägypten. [8]

Ausgangspunkt für jenen ist die Göttlichkeit der Planeten und des Königs, so daß eine Interdependence zwischen diesen Göttern angenommen werden und die Planeten [9] mit ihren göttlichen Eigenschaften entsprechende Einflüsse auf den König und seine Geschicke, insbesondere sein Reich, ausüben konnten. Eine große Rolle spielten deshalb die Finsternisse. Diese galten allerdings ursprünglich ebenso wie die Planetenkonstellationen, die Kalendersterne und atmosphärischen Erscheinungen als bloße Zeichen für den Willen der Götter. Deshalb mußten die Örter der Planeten und der Auf- und Untergang der Kalendersterne vorhergesagt werden. Dies war Aufgabe der Priester, die in der Mitte des 1. vorchristlichen Jahrtausends bereits bestimmte Verfahren dazu entwickelt hatten; denn die Götter kümmerten sich nur um den König. Erst allmählich wurden aus den Zeichen Ursachen, so daß ihre Vorausberechnung Aussagen über die Zukunft des Königs und seines Reiches ermöglichten; erst in der zweiten Hälfte des 1. vorchristlichen Jahrtausends wurde diese Astrologie der Babylonier von den Chaldäern auf Einzelpersonen ausgedehnt – wieweit hier vielleicht griechischer Einfluß mitgewirkt hat, ist unsicher.

Der zweite Ursprung neben dieser Planetenastrologie, die Tierkreisastrologie, entstand dagegen in Ägypten. Hier war um 2100 v. Chr. eine Art Nachtuhr entwickelt worden, welche das Prinzip der Kalendersterne ausdehnte und den Aufgang bestimmter Fixsterne und Sternbilder südlich der Ekliptik durch das ganze Sonnenjahr für die einzelnen Nachtstunden verzeichnete. Um 1800 v. Chr. wurde dieses System auf die zu den Stunden jeweils kulminierenden und untergehenden Sterne oder Sterngruppen ausgedehnt. Das System erstarrte sehr schnell, wurde nicht den wechselnden himmlischen Verhältnissen für verschiedene geographische Breiten angepaßt und wich aufgrund der Präzession immer weiter von den tatsächlichen Aufgängen ab. Es gab insgesamt 36 solcher Kalendersterne, die ›Widder‹ oder ›Sterne‹, seit hellenistischer Zeit auch ›Dekane‹ genannt wurden, weil sie für jeweils 10 Tage galten. Sie blieben trotz aller Verschiebungen wohl hauptsächlich deshalb dieselben, weil sie bald als die göttlichen Beherrscher der von ihnen ursprünglich nur angezeigten Stunden, Tage und Monate galten. Erst in hellenistischer Zeit wurden allerdings diese ›Widder‹ fälschlich mit bestimmten Abschnitten des damals aus der babylonischen Astronomie und Astrologie übernommenen Tierkreises identifiziert und ihre nicht mehr gültigen Eigenschaften als Kalendersterne nur für Ägypten (Zeichen für eine beständige Witterungsänderung, für das Eintreten der Nilschwelle u. a.) unsinnig auf die zu anderen Zeiten aufgehenden Tierkreisabschnitte (Tierzeichen) übertragen und als für alle geographischen Regionen geltend angesehen.

Um 150 v. Chr. wurde die so entstandene Tierkreisastrologie mit der babylonischen Planetenastrologie verbunden und fand durch die aristotelisch-stoische Physik eine deduktive Begründung. Im 2. Jahrhundert n. Chr. erfolgte die endgültige Verknüpfung in dem ›Viererbuch‹ (Tetrabiblos) des alexandrinischen Astronomen Klaudios Ptolemaios, das die babylonischen Verfahren der Vorherbestimmung der Planetenörter durch das griechische trigonometrische auf der Basis der ptolemäischen Astronomie ersetzte, das astrologische Regelwerk der Folgezeit weitgehend bestimmte und auch bereits eine erste, über Opposition und Konjunktion hinausgehende Aspektenlehre (Trigone) enthielt. Diese wurde von dem arabischen Astrologen Abu Maschar († 886) weiter ausgebaut und reglementiert. Sein Regelwerk beherrschte dann im wesentlichen die Folgezeit bis in unsere Tage:

Nicht nur den Planeten werden gemäß der babylonischen Astrologie bestimmte ›Wesenskräfte‹ zugeschrieben wie Intellekt (Merkur), Erfahrung (Saturn), Aktivität (Mars), sondern den zwölf Abschnitten des Tierkreises, den Tierzeichen werden bestimmte Zusatzwirkungen zugeschrieben, die je nach Planet und Tierzeichen verschieden sind. Diese Zusatzwirkungen geschehen innerhalb bestimmter Zonen, über welche die Planeten herrschen sollen; es sind ihre ›Häuser‹. Die Sonne hat als Tages-, der Mond als Nachtgestirn je ein Haus, die Planeten haben je ein Tag- und Nachthaus, in dem sie am Tage bzw. des Nachts besonders stark wirken. Zugrundegelegt wurde für die Reihenfolge der Häuser (Tierzeichen) die im alten Ägypten angenommene Aufeinanderfolge der Planeten von der Erde her – Kepler weist bereits darauf hin, daß die Häuserlehre wegen der unrichtigen Grundlage deshalb ebenfalls falsch sein müsse. Die Zuordnung ist: Mond – Krebs, Sonne – Löwe, Merkur – Jungfrau/Fische, Venus – Waage/Stier, Mars – Skorpion/Widder, Jupiter – Schütze/Fische, Saturn – Steinbock/Wassermann. Diesen positiven Häusern oder ›Beherrschungen‹ (Erhöhung) entsprechen jeweils im Tierkreis gegenüber liegende mit negativer Wirkung (›Vernichtung‹, ›Erniedrigung‹); darüberhinaus soll jeder Planet in einem bestimmten Punkt die höchste und im gegenüber liegenden die schwächste Wirkung haben.

Besondere Wirkung und Bedeutung für ein Individuum hat im Sinne der Tierkreisastrologie der zum Zeitpunkt der Geburt für den Geburtsort aufgehende Punkt der Ekliptik, das aufsteigende Tierzeichen, Aszendent genannt. Auch bei Kepler spielt dieser für die Direktionen die größte Rolle. Allerdings teilt er den Tierkreis nicht gemäß dem traditionellen astrologischen Regelwerk von diesem Punkt aus in 12 gleiche Abschnitte, ›Häuser‹ (angeordnet in einem quadratischen oder sphärischen Horoskopschema), die für bestimmte Lebensbereiche zuständig seien (1. Haus Leben, 2. Haus Eigentum und Gewinn, 5. Haus Kinder und Familie, 7. Haus Ehe usw., die einzelnen Zuordnungen variieren), so daß die in ihnen stehenden Planeten mit ihren Eigenschaften in diesem Bereich auf die Person einwirken sollen, sondern für ihn sind nur die vier um einen viertel Kreisbogen voneinander entfernten Kardinalpunkte Aszendent (Aufgangspunkt), imum coeli (Himmelstiefe), Untergangspunkt und medium coeli (Himmelsmitte) entsprechend den Spitzen des 1., 4., 7. und 10. Hauses wirksam. Auch eine die Wirkung des in ihm stehenden Planeten beeinflussende spezifische Wirkung der Tierzeichen lehnt Kepler ab. Er bleibt damit ganz im Rahmen seiner gesamtwissenschaftlichen Begründung der Astrologie.

Da rationale Erklärungsmöglichkeiten fehlen, was allerdings nicht für Kepler galt, hängt die Glaubwürdigkeit der jeweiligen astrologischen Ansichten vom Erfolg oder Mißerfolg ihrer Prognosen ab – dies betrifft jedoch noch nicht die Möglichkeit astraler Einflüsse überhaupt. Insofern ist ernstgemeinte Astrologie auch heute noch nicht die Frage des Glaubens und der Weltanschauung. Eine Folge davon ist, daß die Astrologie ihre stärksten Impulse immer in geistigen Krisenzeiten erhielt – in der Spätantike, in der Renaissance, vor dem Dreißigjährigen Krieg, nach dem Zweiten Weltkrieg – und daß in solchen Zeiten mit der Zahl der Anhänger auch die Zahl der Gegner wuchs, weil meist unter Umgehung der komplizierten Rechnungen und unter Berücksichtigung nur der wichtigsten, kritiklos übernommenen Grundsätze des Regelwerkes dem Bedürfnis vieler Menschen nach rascher oberflächlicher Beantwortung sie bedrängender Fragen in unsinnigen generellen Tages-, Wochen-, Jahres- oder Jahrhunderthoroskopen von üblen Geschäftemachern nachgekommen wird. Bekämpft wurde denn auch meist nicht die Astrologie überhaupt, sondern das starre Regelwerk und die daraus mehr oder weniger sorgfältig abgeleiteten Vorhersagen. Kepler steht am Vorabend des Dreißigjährigen Krieges an einem solchen, häufig auch zu einer Neubesinnung der Astrologie benutzten Höhe- und Wendepunkt. Er ist von der Aussagemöglichkeit der Astrologie voll überzeugt, er findet seine Aspektenlehre empirisch bestätigt – nicht zuletzt aufgrund seiner langjährigen sorgfältigen Wetterbeobachtungen (Geburtshoroskope, sog. Nativitäten, standen ihm nicht in ausreichender Anzahl zur Verfügung) –, lehnt aber das überkommene starre Regelwerk mit seinen Grundlagen entschieden ab. Durch seine Neubegründung der Astrologie wollte er erstmals vermittelnd zwischen die beiden Parteien treten, und die ernsthaften Astrologen sind ihm darin bald gefolgt, haben aber immer wieder versucht, auch andere traditionelle Bestandteile des astrologischen Regelwerkes empirisch-statistisch zu bestätigen und zu modifizieren. Bestimmte Erfolge der Astrometeorologie scheinen ihnen Recht zu geben. (Man bedenke, daß auch die Mondphasen, insbesondere Voll- und Neumond, bestimmte Aspekte der Sonnen-Mond-Konstellation wiedergeben!)

Kepler kannte die Vorgeschichte der hellenistisch-arabischen Astrologie noch nicht; er hat aber mit unübertroffener Sicherheit auf ihre dorther rührenden schwachen Punkte hingewiesen. Er ist nicht ein kritikloser Befürworter der traditionellen erstarrten Astrologie wie der Leibarzt des Pfalzgrafen von Pfalz-Veldenz und des Grafen von Hanau-Lichtenberg Helisäus Röslin [10], aber auch kein entschiedener Gegner, der wie Philipp Feselius [11] die Astrologie insgesamt verdammt. Feselius war Leibarzt des Markgrafen Georg Friedrich von Baden, dem Röslin seine Schrift gewidmet hatte; auch er widmete seinem Fürsten die Gegenschrift, ebenso wie dann Kepler seinen Vermittlungsversuch, den hier abgedruckten ›Tertius interveniens‹. Der Titel lautet deshalb in wörtlicher Übersetzung: »Der Dritte, der dazwischen tritt«.

Bereits in etwas früheren Schriften, besonders in ›De fundamentis astrologiae certioribus‹ (1602) und im ›Außführlichen Bericht‹ vom Kometen des Jahres 1604 (sieh zu These 113) hatte Kepler seine astrologischen Anschauungen dargelegt, wobei in dem zweiten der genannten Werke eine kritische Stellungnahme zu Vorhersagen Röslins, die er aufgrund dieses ›Zeichens‹ vornahm, enthalten war, auf die dieser sehr ausführlich in der Schrift von 1609 einging, woraufhin Kepler sich zu einer Entgegnung und Richtigstellung veranlaßt sah. [12] Kepler begründet in der Widmung des ›Tertius interveniens‹ selbst, was ihn veranlaßte, darin noch einmal grundsätzlich zur Frage der Astrologie und zu seinen Anschauungen Stellung zu nehmen. Sieht man von dem umfangreichen Werk ›Harmonike mundi‹ aus dem Jahre 1619 ab, so stellt diese Schrift Keplers umfangreichste und instruktivste Äußerung zu diesem Thema dar, die gegenüber dem Werk von 1609 den Vorzug der lebendigen Auseinandersetzung mit einer Gegenposition bietet, wodurch sie in manchem auch verständlicher wird. Weiterhin bezieht sie die Keplersche Physik in ihre Begründung mit ein, und ist sie in deutscher Sprache abgefaßt. Sie ist dadurch gleichzeitig ein Dokument für Keplers Bemühen, die deutsche Sprache zu einer auch zu wissenschaftlichen Aussagen fähigen Sprache zu machen. Er ist einer der ersten, der seine Schriften nicht nur in der zeitgenössischen Sprache der Wissenschaft, nämlich lateinisch, verfaßte, sondern ähnlich wie seine Zeitgenossen Simon Stevin und Galileo Galilei auch in der Mutter-

und Volkssprache. Allerdings erwies sich das Deutsche dabei als spröder denn die romanische Sprache des Italienischen. Manches ließ sich in ihr noch nicht ausdrücken; jedoch sind die längeren lateinischen Passagen teilweise auch darin begründet, daß Kepler den ›Tertius interveniens‹ in sehr kurzer Zeit niederschrieb und deshalb auf bereits vorliegende lateinische Formulierungen zurückgriff.

*

Dem Abdruck des Textes und vielen Quellenangaben in den Erläuterungen ist die kritische Ausgabe von Max Caspar in Band IV der Gesammelten Werke Keplers zugrundegelegt (KGW IV, 145–258, 496–504). Die Orthographie ist im wesentlichen beibehalten worden, um dem dokumentarischen Charakter dieser Reihe Rechnung zu tragen und Kepler selbst zum Leser sprechen zu lassen. Geändert wurden lediglich u in v und j in i und umgekehrt und die Zeichen der Interpunktion, die bei Kepler hauptsächlich aus einem Schrägstrich (/) bestehen. Beim Lesen des Textes, das einen literarischen Reiz für sich darstellt, ist lediglich zu beachten, daß Umlaute (ü, ö) grundsätzlich fehlen, daß die Schreibweise nicht einheitlich ist und häufig Auslassungen von Hilfszeitwörtern oder ähnlichen Satzteilen vorkommen. Trotz allem liest man sich schnell ein; als Hilfen sind ein Glossar und Übersetzungen der lateinischen Worte in den Erläuterungen beigegeben.

Fritz Krafft

Glossar

1 Die bisher nur den Teilnehmern zugänglichen Beiträge zur Wissenschaftstheorie und -philosophie, zur Physik, Optik, Astronomie, Mathematik, Theologie, Staatslehre und Poesie Keplers sowie über seine Erfindungen werden demnächst zusammen mit einer Zusammenfassung der Ergebnisse der Diskussion unter dem Titel ›Internationales Kepler-Symposium Weil der Stadt 1971‹ (herausgegeben von B. Sticker und F. Krafft) erscheinen.
2 J. Kepler: Gesammelte Werke. Bd. 1, München 1938, S. 9. (Diese Ausgabe wird im folgenden abgekürzt mit KGW, römischer Bandzahl und arabischer Seitenzahl, zitiert.).
3 In einem der nächsten Hefte dieser Reihe ›Naturwissenschaftliche Texte bei Kindler‹ wird der ›Erste Entwurf‹ (Commentariolus) des N. Kopernikus in deutscher Übersetzung und mit ausführlichen sachlichen Erläuterungen erscheinen, die den Unterschied zur Keplerschen Astronomie und Physik dokumentarisch belegen werden.
4 Vgl. die Erläuterungen dazu.
5 A. Trew: Grundriß der verbesserten Astrologie (Reformastrologie). Ins Hochdeutsche übertragen von J. Fuchs. Diessen vor München: J. C. Huber 1927.
6 Das Primat der Geometrie und die Ausweitung der musikalischen Harmonik zu einer Weltharmonik führen Kepler zu einer neuen, nämlich geometrischen Begründung und Ableitung der musikalischen Harmonik, deren Verhältnisse dann auch im geometrischen Kosmos verankert sein müssen – und Kepler meint auch, sie gefunden und damit seine Harmonik empirisch bestätigt zu haben. Sein Ausgangspunkt ist die von ihm begründete und so genannte ›Geometria figurata‹ oder ›Schematologie‹, Grundlage bilden die ›harmonischen‹ Flächen, d. h. die regulären Polygone mit konstruierbaren (»wißbaren«, wie er sie nennt) Seiten, soweit diese von zwei Polygonen nicht über eine gemeinsame Strecke miteinander rational vergleichbar sind (vgl. These 59 und die Erläuterungen dazu, sowie Buch IV der ›Harmonike mundi‹; J. Kepler: Gesammelte Werke. Bd. 6, München 1940; deutsche Übersetzung von Max Caspar, München 1939). Sie sind die »kosmosbildenden« Verhältnisse, auf denen auch die musikalischen Harmonien beruhen – und die astrologischen Harmonien (Aspekte). Man vergleiche die Figuren auf der folgenden Seite, in denen die waagerechte Linie (Durchmesser, Sehne) jeweils einen Teil vom Kreis abtrennt, der in einem bestimmten Verhältnis zum Gesamtkreis steht und vom Zentrum des Kreises her unter dem entsprechenden Winkel erscheint (siehe die Erläuterungen zu These 59).
7 Deshalb ist die Astrologie stets geozentrisch (vielmehr zentrisch auf die jeweilige Seele bezogen) und kann es auch in einem heliozentrischen Pla-

netensystem bleiben. Die Winkel werden stets geozentrisch, nicht heliozentrisch gemessen.
8 Vgl. insbesondere W.-E. Peuckert: Astrologie. Geschichte der Geheimwissenschaften Bd. 1, Stuttgart: W. Kohlhammer 1960; B. L. van der Waerden: Die Anfänge der Astronomie (Erwachende Wissenschaft II). Groningen: P. Noordhoff 1965.
9 Für die geozentrische Astrologie galten und gelten Sonne und Mond auch als Planeten.
10 H. Röslin: Historischer, Politischer und Astronomischer natürlicher Discurs von heutiger zeit Beschaffenheit, Wesen und Standt der Christenheit ... Straßburg 1609.
11 P. Feselius: Gründtlicher Discurs von der Astrologia Judiciaria ... Straßburg 1609.
12 J. Kepler: Antwort Auff D. Helisaei Röslini Discurs Von heutiger zeit beschaffenheit, und wie es uns künfftig ergehen werde ... Prag 1609 (KGW IV, 100–144).

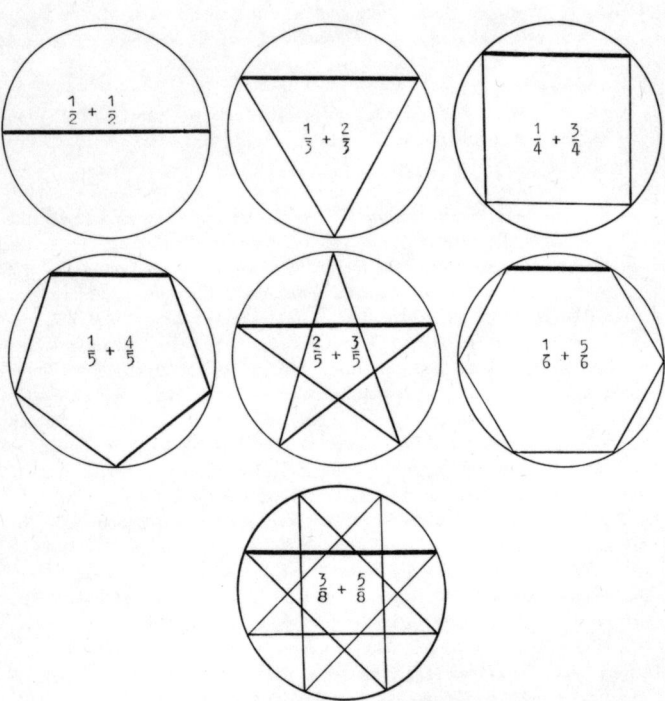

TERTIVS INTERVENIENS.

Das ist/

Warnung an etliche Theologos, Medicos vnd Philosophos, sonderlich D. Philippum Feselium, daß sie bey billicher Verwerffung der Sternguckerischen Aberglauben/ nicht das Kindt mit dem Badt außschütten/ vnd hiermit jhrer Profession vnwissendt zuwider handlen.

Mit vielen hochwichtigen zuvor nie erregten oder erörterten Philosophischen Fragen gezieret/

Allen wahren Liebhabern der natürlichen Geheymnussen zu nohtwendigem Vnterricht/

Gestellet durch

Johann Kepplern/ der Röm. Keyſ. Majeſt. Mathematicum.

Horatius:
Est modus in rebus, sunt certi deniq́; fines,
Quos vltra citraq́; nequit consistere Rectum.

Mit Röm. Keyſ. Maj. Freyheit nicht nachzutrucken.

Gedruckt zu Franckfurt am Mäyn/ In Verlegung Godtfriedt Tampachs. Jm Jahr 1610.

Dem Durchleuchtigen Hochgebornen Fürsten und Herrn,

Herrn Georg Friederichen,

Marggraffen zu Baden und Hochberg, Landtgraffen zu Sausenberg, Herrn zu Rötelen und Badenweiler, &·c.

Meinem gnädigen Fürsten und Herren.

Durchleuchtiger, Hochgeborner Gnädiger Fürst und Herr / Es seynd diesen verschienen Sommer E. F. G. zwey teutsche Büchlein von zweyen berühmten *Medicis, D. Helisaeo Röslino* und *D. Philippo Feselio,* unterthänig dediciret und zugeschrieben, und die *Astrologia* von dem einen vertheydiget, von dem andern aber verworffen worden.

Weil dann *D. Röslinus,* ein fürnemmer *Philosophus,* in seinem Schreiben und Handthabung dieser Kunst mein vor dreyen Jahren in Truck außgangen Tractätlin *de noua stella serpentarii, pro et contra,* vielfaltig angezogen und sonderlich diejenige *loca,* darinnen ich seines Namens meldung gethan, nicht allerdings in dem Verstandt, wie sie von mir geschrieben, auffgenommen – bin ich zu einer Antwort und bessern Erklärung der eyngeführten Philosophischen Materien verursachet worden. Demnach aber ich mich in erwehnter Antwort bey vielen Astrologischen Puncten *D. Helisaeo Röslino* (unsere alte Kundtschafft) und sein verdienen umb meine *Studia* unverschmähet, nur allein die Wahrheit zu ergründen und dem Leser die *Philosophiam* mit etwas Frölichkeit eynzubringen, darumb sich andere streittige Haderkatzen nichts anzunemmen) zur Widerpart vernemmen lassen, und aber gleich zumal *D. Feselii* Schrifft (darinnen er die gantze *iudiciariam Astrologiam* außdrücklich widerfochten und verworffen) herfür und in den *Catalogum* kommen, auch meiner obbesagten Antwort in verkauffung umb etwas zuvor laufft, Dahero, wie auch auß dem *Dato* unser beyder Büchlein es das Ansehen gewinnen möchte, als hab ich *D. Feselii* Schrifft zuvor abgelesen und in meiner Antwort allerdings bestättigen wollen, nicht weniger auch ich selber in dem Wohn stehe, als ob besagte Herrn *Medici* einer oder der ander sich zu herfürgebung seiner Schrifft durch deß andern allbereit im Druck schwebende Büchlin bewegen lassen, hat mich zu ergründung der Warheit und fernerer verthädigung dessen, so Herr *D. Helisaeus* oder ich bißhero *philosophice* wol behauptet, für rahtsam angesehen, wie hievor bey sein *D. Röslini,* also auch jetzo vielmehr bey *D. Feselii* Büchlin nothwendige Eynrede zu haben und solche unter dem *titulo Tertii Interuenientis* gleichsfalls E. F. G. unterthänig zu decidiren, und diß folgender erheblicher Ursachen.

Dann ich diese und andere dergleichen Gegenschrifften in *puncto Astrologiae retinendae, vel abiiciendade* gleichsam für einen *actum iudicialem* halte, und mache mir die Gedancken, daß wie vorzeiten im Römischen noch blüenden Reich – theils auß erheblichen, theils aber auß scheinbarlichen oder auch ansehens halben angemasseten Ursachen – Gesetze gemacht worden, die *Mathematicos* und *Philosophos* auß Rom oder auß Italia zu verweisen, Item wie man die *Mathematicos* und *Maleficos* straffen solle, Item wie *Plato* die Poeten in seiner eingebildeten *Republica* nicht hat haben oder dulden wöllen, also es auch heut zu Tag dahin kommen und die *Astrologia* in maaß und *terminis,* wie sie jetzo von *D. Feselio* angegriffen, verbotten werden möchte, darzu dann einen Regenten verursachen köndte, die dahero erwachsene böse Gewonheit, auff nichtige dinge zu gehen, so auch der schädliche Fürwitz, welcher so starck und groß bey dem gemeinen Mann, mit zusammenkauffung fünff sechs und mehr *Authorum,* daß es gleichsam ein jährliche Schatzung verursacht und nicht allein die Calenderschreiber in grosser Anzahl sich darbey wol befinden und drüber ander nützlichere Arbeyt oder *Studia* fahren lassen, sondern auch (welches mir im weltlichen Regiment mehr nachdenckens macht) viel gantze Truckereyen dadurch erhalten und von newen auffgebracht werden, weil kein Buch unter der Sonnen ist, dessen so viel *Exemplaria* verkaufft und alle Jahr wider erneuwert werden, als eben die *Calendaria* und *Prognostica* eines beschreyeten *Astrologi.*

Dann wann ein Regent der grossen Anzahl der ärgerlichen Schmach und Streittschrifften ubel gewogen were und zween Bräutigam mit einer Braut bestatten wolte, solte es wol nicht ein unebens Mittel seyn, die Truckereyen mit Entziehung dieses verderblichen und nichtigen Behelffs zu einer besseren Ordnung auch geringern Anzahl zu bringen. Dann wann der Calender ein gut new Jahr gebracht, so mag hernach der Trucker das Feyren wol verschmertzen. Kömpt ihm aber hinzwischen von den uberhäufften *authoribus* eine Schrifft zu verunrühigung deß gemeinen und Kirchenwesens, so ist es ihme ein erwündschter Handel und lauter Gewinn. Der würde aber, als ungewiß, den Costen allein nicht ertragen, wann nicht der Calender das Fundament legte. Blieben also viel unnötiger Schrifften ungetrucket und demnach auch ungeschrieben, und köndten die wenigere Truckereyen mit erbauwlichen *Materiis* desto stattlicher belegt werden. Weil ich dann die Müglichkeit eines solchen Gesetzes hiermit entworffen, als mache ich mir darüber die Rechnung, es sey schon allbereyt im Werck und sey die *Astrologia* schierist einer *decissiuae sententiae* von der Weltlichen Obrigkeit gewärtig.

Ein gleiches ist auch wegen der Kirchen Censur eynzuwenden. Dann ich in meinem Buch *de stella noua serpentarii* den Geistlichen *probabiliter* gedrauwet, es möchte ihnen zu Erhaltung gebürlichen Ansehens dieses beschreyete Handtwerck, Calender zu schreiben und Nativiteten zustellen, nidergeleget werden, welches ich nicht allein ihnen, sondern auch den *Astrologis,* als welchen ihre ohne das Brodtlose Kunst durch diesen der wolbesoldeten Kirchendiener unordentlichen Eyngriff verstümpelt und verderbt wirdt, hertzlich gern wündschen und gönnen wolte.

Wann aber diß sich also zutrüge und fürther kein *Theologus* mehr bey der *Astrologia* die Handt mit im Werck hette, durch welcher *Exempla* andere ihre *Collegae* der Sachen mit einer Discretion nachzudenken verursachet würden, dörffte wol hernach auch den *Astronomis,* wann *Philosophia* stillschwiege, die *Astrologia* gantz benommen, *indiscriminatim* verworffen und alle, die das geringeste Stück auß deroselben behaupten würden, für ärgerliche abergläubische Personen angegeben und gefährt werden – Inmassen allbereyt vor einem Jahr ein *Theologus* in einer offenen Schrifft die Nativitetsteller ohn unterscheidt neben die Zauberer gesetzt, Andere die Vorsagung deß Gewitters für eine unchristliche Zeichendeuterey außschreyen, und sonderlich ein *Bulla* vor 24 Jahren wider die *iudicia genethliaca* außgangen, von etlichen gefährlich gedeutet und zu malefitzischen Processen gezogen werden solle, wiewol *Martinus Delrio in disquisitionibus Magicis* gute *discretion* hält und sie leydentlich *interpretirt.*

Erscheinet also auß beyden angezogenen Ursachen, daß es die hohe Nothturfft und beste Gelegenheit seyn wölle, mit dieser Schrifft zwischen der *Physica* und *superstitionibus Chaldaicis,* nemlich zwischen dem *Liripipio* und dem Feuwer, ein sichere Abtheilung zu machen, damit nicht auß unvorsichtiger Andacht gutes und böses miteinander ins Feuwer geworffen oder geschreckt werde, und daß also ich dieser Schrifft den *titulum Tertii intervenientis* nicht unbillich ertheilet und mir wegen meiner Philosophischen Profession eine wachsende Auffsicht, *ne quid decidatur in praeiudicium Tertii, vel ut salvum sit ius Tertii, puta Physicae seu Psychologiae,* in alle weg gebühren wil.

Weil dann E. F. Gn. hochlöbliche Fürstliche Affection die sie gegen allen Tugenden und sonderlich gegen dem *Studio Astronomico* und *Physico* haben und tragen, nicht allein für sich selber weyt und breyt bekandt, sondern auch von beyden *Doctoribus* billich hoch gerühmet und diß beygesetzt wirdt, daß E. F. G. sich mit beyden uber der *Astronomia* und *Astrologia* besprachet, dannenhero E. F. G. rühmliche Wissenschafft dieser Materien desto mehr bezeuget und gleichsam zum Richtern von beyden Herrn *Doctoribus* erbetten und angenommen worden, Als hat gegenwärtiger *Tertius interueniens* zu E. F. G. gleichfalls (und als ein *Tertius* viel billicher) sein unterthänige Zuflucht nemmen und, weil er der Gerichtlichen Solenniteten unbericht, deroselben die Beschaffenheit seiner Sachen mit einfältigen Worten entdecken, auch dero Gnädigen Schutzes und Vertheydigung auff erwehnte fürfallende Notthurfft in Unterthänigkeit erwarten wöllen.

Darmit E. F. G. ich ein frewdenreich new Jahr, langwierige Gesundtheit und glückliche Regierung von Gott dem Allmächtigen hertzlich gewündschet haben wil. Dero F. Gn. mit gehorsamlich empfhelendt. *Actum* Praag, den 3. Januari deß 1610. Jahrs.

E. F. Gn.
        Unterthäniger und Gehorsamer

                          Johann Keppler
                          Mathematicus.

Register der Materien und Fragen
in diesem Büchlin begrieffen

Numero 1. Daß Gott deß Schöpffers allerweiseste Fürsehung auch auß dem Bösen etwas guts bringe.

2. Daß die Lieblichkeit der ehelichen Beywohnung von Gott sey, zu einem heyligen Nutzen gerichtet.

3. Warzu heutigs Tages unreyne Lustseuche, Hurerey und Ehebruch dienstlich seye.

4. Daß auß deß Menschen Fürwitz und der *Astrologorum* Aberglauben und Sünden auch etwas guts komme. Besihe 101.

5. Ob das unrecht, so der *Astrologia* anhangt, von deß guten wegen, so damit herfür kömpt, in seiner maß zuzulassen. Besihe 97. 101. 114. 115. 120.

6. Ein Fürwitz stillet den andern noch bösern als *Geomantiam* & c.

7. Der Fürwitz in *Astrologia* lehret und ernehret die *Astronomiam*.

8. Eygentliches fürhaben dieser Schrifft: daß nemlich in der *Astrologia* viel grosser Geheymnussen der Natur verborgen liegen. Besihe 15. 59 et seq.

9. Ursach, warumb Herrn *Philippi Feselii Medicinae et Philosophiae Doctoris* newliche Schrifft hierinnen examinirt werde. Besihe hierüber auch die Dedication, Item besser unten *num.* 37. 44. 53. 54. 140.

10. Ob *Medicina* oder *Astronomica* gewisser.

11. *Astrologia* ist ungewiß und nichtig in einem Verstandt. Besihe 101. 105. 121. 130. 140.

12. *Astrologia* in einem bessern Verstandt ist mit ihrer *experienta* so gewiß als *Medicina Botanica,* und muß man sich beyder orten der Aberglauben erwehren. Besihe 15. 16. 36. 111. 112.

13. *Causae remotae et generales* geben in *Medicina et Astrologia* auch ihre *demonstrationes.* Besihe 111. 112.

14. Etliche *exempla,* welcher massen und wie ferrn weltliche hochwichtige Händel von himmlischen gar geringen ursachen herrühren. Besihe 19. 55.

16. Daß die gesunde *Astrologia* in heyliger Schrifft so wenig verbotten als *Anatomia*. Besihe 37. 115.
17. Zu was Ende die Sterne erschaffen. Besihe 44.
18. Wie es zu verstehen, daß die Sterne dem Menschen zu gutem erschaffen, ob sie nit sonst mehrern Nutzen haben. Besihe 79.
19. Was der Sternen Liecht und Bewegung bey menschlichen Händeln verursachen. Besihe 81.
20. Von mancherley Unterscheidt der himmlischen Liechter, und was sich mit ihnen zutrage.
21. Ursach der nächtlichen und winterlichen Kälte.
22. Warumb die Sonne im Krebs bey uns so heyß steche.
23. Warumb es im Julio und nach Mittag umb 2. Uhr gewöhnlich heisser, dann mitten im Sommer und umb Mittag.
24. Daß der Widerschein und deß Monds Liecht wenig Hitz habe.
25. Worin der Unterschied bestehe zwischen der Sternen Liechtlein, ob all ihr Liecht von der Sonnen. Besihe 129.
26. Was *species immateriata* sey, Erkläret mit *exemplis* deß Liechts, Klangs, Geruchs, Purgation, angehenckten Quecksilbers, Ofenhitz, nächtlicher hellen Himmels, Schnees oder Eyßzapffens, Wandt, Obdaches, Mauren oder Bodens im Schiessen, Magnets, Compasses, Sonnen in deß Himmels Lauff, Farben & c.
27. Daß im Gesicht nicht deß Auges Krafft zu den sichtlichen dingen hinauß, sondern das Liecht von einer jeden Farb ins Auge hineyn gehe. Besihe 38. 49.
28. Daß die Sterne und das Wasser im Regenbogen wahrhafftig gefärbt. Besihe 127. *ubi de essentia colorum.*
29. Ob die Sterne auch andere anerschaffene *qualitates* haben und die *per species* zu uns kommen. Besihe 36. 129.
30. Woher der Mondt sein Eygenschafft habe zu befeuchtigen.
31. Ob und wie die Sterne trückenen?
32. Ein schöne Speculation, wie und mit was Eygenschafften die fünff ubrige Planeten von einander unterscheiden, wie *Saturnus* kalt, *Mars* hitzig seye und wie der gantzen Welt Zierdt bestehe in *alteritatibus*. Besihe 92. 127. 128. 136.
33. Ob die vier Elementen solche Eygenschafften haben, wie *Aristoteles* dieselbige unter sie außgetheilt, und wo das Fewer daheym ist. Besihe 77.
34. Daß die widerwärtige Eygenschafften so wol in den Planeten als in den ubrigen Creaturen keines wegs böß, sondern

zu der Welt Zierdt und zu jeder Creatur endtlichem Nutzen dienstlich. Besihe 90.

35. Daß *Saturnus* und *Mars,* die man böse Planeten heisset, dem Menschen bekommen wie die unterschiedliche *humores* in seinem Leib.

36. Ob man von den Sternen wegen ihrer Höhe, grossen Menge und verborgenen Natur allerdings nichts erfahren könne, oder ob solche ding die Vernunfft eben so wenig irren, als die grosse Menge der Kräutter den *Medicum* irre. Besihe 43. 88. 127.

37. Daß die vorwissenschafft zukünfftiger dinge in gewissem ziel und maaß nicht allerdings unmüglich, von heyliger Schrifft nicht verworffen, sondern allein der unvollkommenheit beschuldigt und endtlich der *Medicina, Politia, Oeconomia & c.* mit der *Astrologia* gemein sey. Besihe 100. 104.

38. Daß es die Astrologische natürliche vorsagungen nichts hindere, ob man schon noch von vielen Stücken in der *Astronomia* zu disputiren hat.

39. Widerlegung deß Astrologischen *iudicii* uber das Jahr und die Quartalen *ex figura introitus Solis in signa cardinalia,* so auch der genauwen außtheilung der zwölff Zeichen. Besihe 92. etlich mehr verworffene Stück. Item 96. 98. 101. 103. 104. 109. 114. 115. 117. 120.

40. Die *Astrologi* dörffen die Sterne nicht betrachten nach ihrer Größ und Schnelligkeit im Himmel selbsten, sondern nur wie sie hienieden auff Erden in einem Puncten zusammen leuchten. Besihe 42. 139.

41. Die außtheilung der zwölff Zeichen unter die sieben Planeten ist ein Fabel. Die *doctrina directionum* aber hat guten grundt, *ubi novus dirigendi modus, ex usitatis compositus.* Besihe 66.

42. Was die ungewisse Geburts Minuten dem *Astrologo* für hinderungen bringe. *Ibi: Anima est punctum qualitativum.*

43. Daß die grosse menge der Sternen ihre sehr merckliche Unterscheidt habe, derohalben sie den *Astrologum* nit irren.

44. Worzu die unzahlbare Menge der *Fix*sternen gewidmet und erschaffen, ob sie nur eine blosse Zierdt oder ihre unterschiedliche *fines* habe.

45. Obwohl die Sterne alle zusammen leuchten, können doch die *Astrologi* sie so wol absonderlich probirn als wol der *Medicus* seine *simplicia. Seq.* 47.

46. Was es inner 20 Jahren bey den *coniunctionibus Solis et Martis* für Wetter gewest.
48. Daß alle Planeten und Sterne nur in einem uberall durchgehenden himmlischen *corpore* seyen, doch jeder in seinem Gezirck bleibe.
49. Daß der Himmel unsichtbar, die Lufft aber blauw sey.
50. Ob ein Verstandt in den Sternen sey, durch welchen sie ihre gebührende Wege treffen.
51. Die Planeten sind Magneten und werden von der Sonnen durch Magnetische Krafft umbgetrieben, die Sonne aber allein lebet.
52. Daß man in *Astronomia* und *Medicina* vieler dinge, sonderlich der Ordnung unter den Planeten gewiß seye, ob schon zu unterschiedlichen Zeiten ungleiche Meynungen gewest.
53. Was es für eine Gelegenheit mit dem *motu octavae sphaerae* habe, worin die Gewißheit der Astronomischen *Observationum* und Instrumenten bestehe und worzu sie dienen, ob sie biß an Himmel reychen oder nur das Gesicht schärpffen, wie genaw sie zu treffen. Wie viel ein fehl außtrage. Was *Parallaxis* seye, wie weyt sie reiche, wie es zuverstehen, daß man den Himmel und die Erde nit messen könne. Daß der Himmel nicht zu hoch, sondern sein Schein noch zu uns herunter komme. Daß kein *sphaera ignis* sey, daß der Schein im Himmel nicht gekrümmet werde.
54. Daß die bewegung deß kleinen Erdtbodens viel gläublicher dann deß ubergrossen Himmels und nicht wider die heylige Schrifft seye.
55. Die *Astrologi* können *futura contingentia* nicht vorsagen. Besihe 101. 104. 107. und wircket doch der Himmel uberall etwas mit. Besihe 74. 75. 78.
56. Wie der Himmel ein Ursach werde deren dinge, so in dieser nideren Welt geschehen, in *quo genere et ordine causae sit*. Besihe 73. 78. 86. 89. 101. 104. 118.
57. Ein gantz neuwer und außführlicher *Discurs*, welcher gestalt Himmel und Erden miteinander bewegt werden. Und erstlich vom *contactu Physico*.
58. Was der Himmel in den Elementen und *consequenter* auch in aller Menschen Geschäfften außrichte *per contactum speciei immateriatae lucis corporumque cum elementis*. Da auch vom ab- und zulauff deß Meers gehandelt wirdt. Besihe 72.

59. Wie der Himmel alle der Vernunfft theilhafftige Creaturen bewege und antreibe *per modum obiecti:* durch die Harmonische zusammenfallung zweyer Liechtstralen, so man *aspectum* nennet. Zumal von ursachen, warumb zwo Stimmen lieblich zusamen stimmen. Item von etlichen unmüglichen *figuris regularibus,* und daß die Welt nach dem Ebenbildt der Geometrischen Figuren erschaffen. Daß die erfahrung mit den Aspecten gewiß, daß auch die Naturen in dieser nidern Welt bessere *Geometrae* seyen dann der Mensch. Besihe 76.
60. Daß man die *aspecte* fein absonderlich probiren könne, Exempels weise erkläret mit dem 1610. Jahr.
61. Daß das Gewitter nit nur allein vom Himmel herrühre und vorzusagen; mit etlichen Exempeln auß dem 1610. Jahr. Besihe 116. 131. 132. 135.
62. Ob man auß *Astronomia* an gewisse Täge zu den Aspecten außrechnen könne, und wessen sich der *Astrologus* zu verhalten, da es fehlete. Mit Exempel deß Decemb. im 1609. Jahr.
63. Daß der Mond mit seinen Aspecten und viertheiln wenig beym Gewitter thue, und wie ferrn auff der Bawern Regel zu gehen. Besihe 95. 60.
65. Was die Nativitet wircke, und wodurch sie ihre Krafft bekomme; was ihr *subiectum* sey. Besihe 102. 103. 107. 109. 123. 124.
66. Was die *directiones* für natürliche Ursachen haben, und daß es mit den *profectionibus* nichts seye. Besihe oben 41.
67. Daß verwandte Personen gemeiniglich auch verwandte Nativiteten haben, und wie diß zugehe.
68. Was der Grundt sey zun *transitibus* und *reuolutionibus.*
69. Ob und wieviel die *Prognostica* von järlicher unruhe und kranckheiten vorsagen können, und vom ursprung der allgemeinen kranckheiten. Besihe 117. 138. 139.
70. Von den *crisibus Medicis,* daß solche nach deß Monds Lauff und die *paroxysmi febrium* nach dem umbgang deß Himmels regulirt werden. Besihe 86.
71. Daß die weibliche Kranckheit *menstrua* sich nach deß Monds Liechte richte.
72. Warumb etliche dinge mit deß Monds Liecht ab und zunemen, daß es nicht die Feuchtigkeit thue.
75. Wie und was ein *Astrologus* vorsagen könne oder nit. *vid.* 87. 105. 118.

80. Was einem *Medico* die *Astronomia* und *Astrologia* diene. Besihe 83. 85. 94. 95.
81. Was sich Himmels halben zuträgt, so ferrn es vom Himmel folget, folget es nohtwendiglich und so unfelbarlich als in *Medicina* nimmermehr. 99.
82. Warumb die Hundstäge so ungesundt, daß nit der Hundtsstern daran schuldig.
84. Was im Sommer Bier und Wein umbstehen mache.
90. Ob und wie die böse anreytzungen vom Himmel kommen. 102. 119.
91. Ob am Himmel und Sternen etwas zergängliches. Besihe 127.
92. Wie die *aspectus* einander zuwider *contrarii*.
95. Was es für eine beschaffenheit mit den verworffenen Tägen im Calender habe.
100. Wie die Sterne zeichen seyen und was für zeichen. Besihe 105. 122. 123.
104. Wie das eusserliche Glück deß Menschen von dreyerley ursachen herfolge, von Gott, von dem Gestirn, von deß Menschen eygenen thun und lassen, Da kein Ursach der andern auß nohtwendigkeit einigen Eyntrag thue. Besihe 108.
106. Ob die Finsternussen und grosse *coniunctiones* vorbotten seyen deß zorns Gottes.
109. Welcher gestalt unterschiedliche Länder ihre unterschiedliche Eigenschafften, Früchten, Thier und Güter vom Himmel haben.
110. Daß man nicht die gantze *Philosophiam* in der Bibel finde. Besihe droben 48. 54.
113. Ob, was und wie auß dem Cometen etwas zuversehen oder vorzusagen.
114. Daß nit allein die *Astrologi*, sondern auch *Medici* bißweilen krumme Wege gehen müssen, zu einem guten Intent zu gelangen. Besihe droben 5.
115. Mit was maaß in heyliger Schrifft verbotten, die Sterngücker raht zu fragen und ob sie unter die Abgötter, Wahrsager und Zäuberer zu zehlen, auch wer diese *Mathematici* seyen, so sich zu den *Maleficis* gesellen oder sonst von einem weltlichen Häupt nicht zu dulden. Besihe 140. Item droben 4.
116. Worzu die vorsagungen deß Gewitters in einem Calender und Practic dienstlich seyen, so auch die Beschreibung der Finsternüssen, und was dergleichen. Besihe 121. 125.
117. Welche Stück und Puncten in einer Practic ungegründet,

vermessen, unrecht, abergläubisch seyen. Und vom mißbrauch derselben. 121.
119. Daß auch die *Inclinatio* der Sternen general und keineswegs *ad individua* leyte, auch wie es sonsten damit beschaffen.
126. Ein Philosophischer *Discurs de signaturis rerum* sonderlich der Kräutter.
128. Wie auß *privationibus positivae qualitates* werden, und also die schwartze Farb und die Kälte auch wircken. Item woher dem Wasser die Gefröhr komme.
131. Daß der Erdtboden mit seiner innerlichen verborgenen Confirmation und Gesundt- oder Kranckheiten das meinste bey dem Gewitter thue. Besihe 135. 61.
133. In *Astrologia* und *Medicina* gehöret ein *iudicium* zu der Experientz mehr, dann der gemeine Man hat, und ist nicht alles fehl, was ihn gedünckt, gefehlet seyn. Besihe 12.
134. Was ein *coniunctio Saturni et Solis* wircke, mit *exemplis* von 17 Jahren und mit *rationibus* erwiesen, sampt Ursachen, warumb *Saturnus* die *Astrologos* etlich Jahr so heßlich stecken lassen.
135. Woher etliche verschniene seltzame Winter verursacht worden.
136. Wieviel in *Astrologia Cardano* zu trauwen. Besihe 139.
138. Wie sich das Wetter im Winter deß 1609. Jahrs von Tag zu Tag mit den *aspectibus* vergliechen.

Astrologische Zeichen

Planeten
♄ Saturn
♃ Jupiter
♂ Mars
☉ Sonne
♀ Venus
☿ Merkur
☽ Mond

Aspekte (sieh S. xxx)
☌ Konjunktion
☍ Opposition
□ Quadratur
△ Trigon
⁎ Sextil
✶ Quintil

Tierkreiszeichen
♈ Widder
♉ Stier
♊ Zwillinge
♋ Krebs
♌ Löwe
♍ Jungfrau
♎ Waage
♏ Skorpion
♐ Schütze
♑ Steinbock
♒ Wassermann
♓ Fische

Tertius interveniens

Das ist:

Warnung an D. *Philippum Feselium* und etliche mehr *Philosophos, Medicos* und *Theologos*, daß sie bey Verwerffung der *Astrologiae* nicht das Kindt mit dem Bad außschütten.

1. Günstiger Leser: Es spricht der weise König Salomo an einem Ort, daß Gott alles gemacht habe von sein selbst wegen, auch den Gottlosen zum bösen Tag. Welcher harte Spruch, wie leichtlich er von einem Verkehrten zu verkehren ist, so heylsam ist er auch nach der Gewonheit der Kirchen in viel weg zu gebrauchen. Und hab ich mir desselben eine bequemliche Außlegung, zu meinem Fürhaben dienstlich, eyngebildet, Welche ich hiermit denjenigen, welchen Ampts halben gebüret, die Schrifft außzulegen, dieselbige zu billichen oder zu verbessern, unterworffen haben wil.

Dann wann ich bedenck, was in heyliger Schrifft *dies mala* heisse, nemlich ein allgemeine Landtplage, nach dem Spruch: *In die mala liberabit eum Dominus,* so bedüncket mich, der weise Mann habe in diesem Spruch (welcher so allein stehet, daß nichts vor oder nachgehet) nach art der alten Sidonischen auß *Aesopo* bekandten *Philosophia,* die durch die sieben Weisen hernach auch in Griechenlandt auffkommen, ein *Apophthegma* oder *Chriam,* ein verblümbtes, verwunderliches, gedenckwürdiges Wort von sich geben und darmit so viel erinnern wöllen, daß Gott das menschliche Geschlecht also geartet, zugerichtet und geschaffen habe, daß es entweder nach dem Göttlichen in die Hertzen eyngebildeten Gesetz auff dieser Welt umbwandeln soll oder aber, da diß nicht geschehe, alsdann ihme selber eygnes Fleisses und Underwindens die wolverdiente Straaff auff den Rücken ziehen müsse, indem der abfallende böse Gottlose Hauff sich zusammen rottet, Dieb, Mörder, Räuber werden, räuberische Völcker auffkommen, welche hernach andere mehr bescheidene in der Furcht halten, daß sie der Gerechtigkeit anhängig bleiben und zu Erhaltung deroselben gute Ordnungen auffrichten, und, wo sie endtlich auch auß den Schrancken weichen und zu ubertretten anfahen, dieselbige durch Verhängnuß Gottes feindlich bedrängen, uberziehen, plündern, in erbärmliche Dienstbarkeit führen, und hiermit das menschliche Geschlecht gewitziget und mit solcher Züchtigung widerumb auff die rechte Baan Göttlicher Gerechtigkeit geleyttet werde, und in Summa auch der Gottlose, welcher ein Theil deß menschlichen Geschlechts und also auch deß Geschöpffs Gottes ist, demjenigen guten, welchen Gott selbst ihme vorgesetzt, dienstlich seyn müsse.

Ob ichs mit dieser Außlegung getroffen, laß ich, wie gesagt, andere urtheilen: Einmal gebens die *exempla in specie,* was hie *in genere* von der Allmächtigen Weißheit, die Gott in Erschaffung deß menschlichen Geschlechts erwiesen, fürgegeben wirdt: daß nemlich Gott der Herr allen Fällen, dardurch sein allerheyligster Fürsatz und Zweck verhindert werden möchte, so weißlich fürgebauwet, daß auch der Abfall deß Menschens und die sündige Art zu solchem Fürsatz dienstlich seyn muß, ob wol derselbige heylige Fürsatz Gottes ohne die Sünde viel stattlicher, heyliger und ansehnlicher von dem Menschen erreychet hette werden mögen.

2. Zum Exempel erinnere sich der Leser, daß diß ein Theil von dem Fürsatz Gottes bey Erschaffung deß menschlichen Geschlechts gewest, daß Mann und Weib mit einander Kinder zeugen und hierdurch das menschliche Geschlecht auch in dieser Welt durch Ersetzung etlicher massen unsterblich seyn solte. Darmit aber die Eltern sich durch Unformlichkeit in *actu generandi* so auch durch einige Bemühung in Auffzucht der Kinder nicht abhalten liessen, Kinder miteinander zu zeugen, Hat er unter andern Ergetzlichkeiten und Antreiben (als da ist die natürliche starcke Neygung zu eygnen Leibserben, Item die folgende Frewde, welche die Eltern an ihren lieben Kindern haben) auch die Lieblichkeit beygefüget und zu Erhaltung guter Ordnung in zwey Personen eine inbrünstige Liebe gegeneinander eyngepflanzet, damit also zwey und nicht mehr ein Leib würden.

Und erachte ich, daß der Mensch im Standt der Unschuldt gar wol ohne alle Sünde, nemlich *ad arbitrium legi Dei conforme* dieser natürlichen Bewegungen sich hette gebrauchen können. Dann, was der heylige *Augustinus de civitate Dei* diesem zuwider bestreitten wil, kömpt dahero, weil nach dem Fall von keiner lieblichen Empfindtlichkeit ohne unordentliche sündliche Begierde, Bewegung und Wollust mag gedacht, geschweigen geredt werden.

Einmal ist dasjenige, was heutiges Tags bey Erzeugung der

Kinder fürläufft, an und für sich selber, ohne Ansehung der Sünde, ein Stück der Natur und derohalben meistentheils aus vernünfftigen mit andern unvernünfftigen Creaturen gemein; solte diß nit vor dem Fall gewest seyn, so müste es nach dem Fall entweder von der Sünde in die Natur gepflantzt und dieselbige also an einer wesentlichen Eygenschaft verändert worden seyn, oder Gott selbst müste von der Sünde wegen etwas neuwes an der Natur gemacht haben. Weil aber deren keins zu gläuben, so bleibt es demnach darbey, daß diese Lieblichkeit und Anmuhtung der Natur von Gott selber, wo nicht dem Standt der Unschuldt, doch dem Menschen, der da fallen können würde, zu nohtwendigem Behelff ohne einige sündtliche Gebrechen anfangs erdacht und zu dem Ende gerichtet worden sey, darmit das menschliche Geschlecht also wider alle mügliche Fälle fortgepflantzet und diese Ordnung Gottes erhalten würde.

3. Laß diß jetzt also seyn, und bedenck nun weitter, wie es sich darmit nach dem Fall verhalte, was für unreyne, ungebürliche, unordentliche, ungerechte, ungehorsame, Heydnische, ungestümme, unsinnige, viehische, ja gar Teuffelische Sünden meistentheils ausserhalb, zum theil aber auch innerhalb deß Ehestandts hierüber begangen und das gute heylige Geschöpff Gottes schändtlich mißbraucht werde und was ein jeder darbey suche, die Kinder nach Gottes Ordnung oder die fleischliche Wollust. Wer es nicht selber weiß oder bedencken kan, der mag hierumb die Beichtvätter hören oder in den Casisten nachschlagen, wirdt er so viel finden, daß er bekennen muß, es schier kein Wunder seye, daß auch der Ehestandt selber drüber in verdacht kommen und bey den Encratiten allerdings verworffen worden.

Nichts desto minder so bleibt dieses Stück des Göttlichen Fürsatzes bey Erschaffung deß menschlichen Geschlechts unumbgestossen und müssen endtlich auch diese sündliche und unordentliche Begierden bey jungen ledigen Leuten zum Ehestandt und zu Fortpflanzung deß menschlichen Geschlechts wider der Encratiten Lehr, ja auch die unordentliche Hurerey, Ehebrüche und andere stumme Sünden wegen dahero entstehender Kranckheiten, Armut, Leichtfertigkeit, Todtschläge und dergleichen auch bey den Heyden zu Erhaltung deß Ehestandts (nach der Ordnung und Willen Gottes) Antrieb und Fürschub geben.

4. So nun dem also bey erwehntem Exempel, was soll es dann für ein sonderliche Seltzamkeit seyn, daß sich dergleichen auch

in den Künsten mit der *Astronomia* und *Astrologia* zuträgt und dem Menschen anfänglichen von Gott eine natürliche und wesentliche, an ihr selbst unsträffliche Begierde, Gott den Schöpffer, seine Geschöpff und endtlich sich selbsten sampt allem, was er ist und hat oder seyn und haben werde, zu erkennen und zu erforschen eyngepflantzet, dieselbige aber durch den Fall und nach dem Fall mit nicht zu der Ehr Gottes und sein selbst frommen, sondern zu Abgöttischer Furcht, verderblicher Sicherheit, zu Verläugnung Gottes und Erhebung der Geschöpff zu Vernichtung und Vergessung sein selbst und Gesellschafft mit den verdampten Teuffeln gereychet und gemeinet: Aber doch eben durch diese sündliche Mittel deß meinsten Hauffens noch heut zu Tage etliche wenige zu Erkündigung der Geschöpffe Gottes und deß Menschen natürlicher Seelen Beschaffenheit angereytzet und getrieben werden, welches sie hernach auch andere lehren, und dieses theils den erbärmlichen, auß dem Fall entstandenen Schaden etlicher massen auch in diesem Leben wenden und ersetzen und die Unwissheit außtilgen können.

Dann gleich wie dorten in dem eyngeführten Exempel die natürliche, von Gott geordnete Fruchtbarkeit Manns und Weibs von der mit fürlauffenden grausamen Sünden wegen darumb nicht zu schänden oder zu verkleinern, Ja gleich wie ein Fündelkind oder Bastardt darum nicht in ein Wasser geworffen oder abgewürget wird, wann man gleich schon weiß, daß es durch Hurerey oder Ehebruch erzeuget worden, in Ansehung es nicht desto weniger ein vernünfftiger Mensch und Geschöpff Gottes sey: Dessen man ein sehr gedenckwürdiges Exempel bey Mannsgedencken in Flandern gesehen, da in beyseyn vieler Personen von einer tragenden Kuhe ein recht wolformiertes Kind gefallen und aufferzogen worden, Welches (nach dem alten Herkommen) für seinen Vatter, der sich darzu erkennet und darüber justificiert worden, Buse zu thun, und sich Gott zu Dienst zuergeben willens worden, von dem geschrieben wirdt, daß es in allen Stücken einem rechten vernünfftigen Menschen ähnlich, außgenommen, daß ihme der Lust zum Graßessen nicht vergehen wöllen. Gleicher weise soll allhie bey der Naturkündigung niemand für ein unglaublich Ding ansehen, daß auß aberglaubischem, von Gott verbottenem Fürwitz nicht nur vor zeiten, sondern auch noch heut zu Tag etwas gutes, nutzes, heylsames und zu Gottes Ehr gereichendes herfür und ans Tagsliecht gebracht wird: Viel weniger es sich gebüren wil, das jenige, was man also erlernet, von der unordentlichen Mittel wegen, dadurch man es erlernet, hinweg zu werffen und zu verdammen, in Ansehung es nicht eben also seyn müssen, daß man durch Abgötterey und Aberglauben darhinder kommen, sondern wann der Mensch nicht gefallen were, eben dieses so wol als auch noch unzahlbare mehr dinge ordentlicher heyliger Weise von unsern Eltern auff uns geerbet und fortpflantzet worden weren.

5. Und wie abermal in der vorigen Matery die *dogmata ecclesiae* zwar billich an ihnen selbst geschärpffet, vollkommen und dem erstlichen Intent Gottes deß Schöpffers, welcher allein auff die ordentliche Fortpflanzung deß menschlichen Geschlechts gesehen, allerdings gleichförmig seyn sollen, aber doch *praxis ipsa* nicht ohne Gottes deß Schöpffers Christi unsers Herrn und der heyligen Apostel Consens und Zulassung der Gebrechlichkeit deß Menschens im sündtlichen Standt, *quo ad individua* etwas verhänget und nachgibt: Dahin im Alten Testament die *Polygamia* und Ehescheydung, im Neuwen die Beywohnung von Ergetzlichkeit wegen zu referiren und zu zehlen, alles in *favorem* zu befürderung und zu erleichterung der allgemeinen Fruchtbarkeit im Ehestandt: Darumb dann hernach alles unordentlich Leben desto strenger abgestrickt und verbotten wirdt.

Also möcht nicht unbillich auch bey fürhabender Matery dahin geschlossen werden: Ob wol das Göttliche Gesetz, welches heist, Gott den Herren lieben von gantzem Hertzen, von gantzer Seelen und von allen Kräfften, hiermit allen den geringsten Gedancken, als ob der Mensch etwas guts oder böses nicht allein vom Himmel, sondern auch von allen und jeden zeitlichen irrdischen Ursachen hoffen solle, schlecht hinweg außschliesse und verwerffe: Daß jedoch umb deß Menschen Unvollkommenheit willen so auch zu beförderung der Naturkündigung und also zu Lob Gottes deß Schöpffers, zu welchem der Mensch erschaffen, bey der studirenden Jugendt neben der *Astronomia* auch die *Astrologia*, wiewol sie ubel befleckt und nicht ohne gebrechliche Gedancken exerciert werden mag, nicht unvernünfftiglich geduldet und darneben alle mit eyngemengte Ubermaaß aller offenbarer Aberglauben, Abgötterey, *Astrolatria, Magia coelestis,* Zauberey, *Maleficia Mathematica,* Lösselkunst *seu quaestionaria,* so wol das feste Vertrauwen oder Heydnische Furcht, je mehr und mehr verworffen, verbotten und gestrafft werde. *Vide* 114.

Es ist zwar, als obgemeldet worden, alle Begierde, künfftige Ding zu wissen, nunmehr bey den Menschen nach dem Fall sündlich und unrecht, aber doch ist eine Sünde grösser als die andere und ein Unterscheidt unter dem Werck und Gedancken zu halten: so wol auch unter der muhtwilligen Ubermaß und unter menschlicher unvermeydtlicher Gebrechlichkeit, endtlich unter dem jenigen, was nur allein grausamen Schaden verursachet, und unter demjenigen, darauß dennoch ein Nutzen entstehen kan.

6. Wer diese blöde Art hat, der lässet doch den Fürwitz nicht und were besser, er würde gebüsset in der *Astrologia*, da viel Mühe und Arbeyt bey und darneben etwas löbliches und gutes mit untergemenget, als daß er die Zeit mit unnützem Spielen hinbringe, und seinen juckenden Grindt nach künfftigen dingen mit der *Geomantia* stille, welche an jetzo statt der *Astrologia* in Italia sehr auffkommen seyn solle.

7. So siehet man augenscheinlich, daß diese Curiositet zu erlernung der *Astronomia* gedeye, welche von niemandt verworffen, sondern billich hoch gerühmt wird. Es ist wol diese *Astrologia* ein närrisches Töchterlin (hab ich geschrieben in meinem Buch *de Stella fol. 59*). Aber lieber Gott, wo wolt ihr Mutter die hochvernünfftige *Astronomia* bleiben, wann sie diese ihre närrische Tochter nit hette? Ist doch die Welt noch viel närrischer und so närrisch, daß deroselben zu ihren selbst frommen diese alte verständige Mutter die *Astronomia* durch der Tochter Narrentaydung, weil sie zumal auch einen Spiegel hat, nur eyngeschwatzt und eyngelogen werden muß.

Und seynd sonsten der *Mathematicorum salaria* so seltzam und so gering, daß die Mutter gewißlich Hunger leyden müste, wann die Tochter nichts erwürbe. Wann zuvor nie niemandt so thöricht gewest were, daß er auß dem Himmel künfftige Dinge zu erlernen Hoffnung geschöpfft hette, so werest auch du *Astronome* so witzig nie worden, daß du deß Himmels Lauff von Gottes Ehr wegen zu erkündigen seyn gedacht hettest. Ja, du hettest von deß Himmels Lauff gar nichts gewust.

Warlich nicht auß der heyligen Schrifft, sondern auß der abergläubischen Chaldäer Bücher hast du gelernet, die fünff Planeten vor andern Sternen erkennen.

Wann wir zu der Naturkündigung anders wegs nicht gelangen köndten, dann durch lauter Verstandt und Weißheit, würden wir wol nimmermehr etwarzu gelangen.

Aller Fürwitz und alle Verwunderung ist in der erste nichts dann lauter Thorheit: Aber doch zopfft uns diese Thorheit bey den Ohren und führet uns auff den Creutzweg, der zur Rechten nach der *Philosophia* zugehet.

8. Soll also, wie anfangs gemeldet worden, niemandt für ungläublich halten, daß auß der Astrologischen Narrheit und Gottlosigkeit nicht auch eine nützliche Witz und Heyligthumb, auß einem unsaubern Schleym nicht auch ein Schnecken, Müschle, Austern oder Aal zum Essen dienstlich, auß dem grossen Hauffen Raupengeschmeyß nicht auch ein Seydenspinner und endtlich auß einem ubelriechenden Mist nicht auch etwan von einer embsigen Hennen ein gutes Körnlein, ja ein Perlin oder Goldtkorn herfür gescharret und gefunden werden köndte.

Wie nun ich hievor solcher köstlicher Perlen und Körnlin etliche, als nemlich in meinen *fundamentis Astrologiae certioribus, Item in libro de stella Serpentarii,* auß der *Astrologia* herfür gelegt und die Liebhaber natürlicher Geheymnüssen, solche zu besehen, zu erkennen und zu verschlucken, herzugelocket: Also hab ich mir dasselbige auch in diesem Tractätlin zu thun und hierüber mich wider etliche *Theologos, Medicos* und *Philosophos,* welche den Mist miteinander allzufrühe außführen und ins Wasser schütten wöllen, in einen Kampff eynzulassen, fürgenommen, nicht zweiffelent, wann sie mein nützliches Underwinden und, was ich auß der *Astrologia* gutes außzuklauben vorhabens, verspüren, sie mich und andere hieran nicht hindern, sondern mit der *Astrologia* fürauß bescheyedener verfahren werden.

Dann daß solche bißhero der Naturkündigung zu nahe kommen und das Kindt mit dem Bad außschütten wöllen, ist die meinste Schuldt an den *Astrologis* selbst gewest, welche nicht allein mit ubermachten schändtlichen Mißbräuchen die drunter verborgene heylsame Wissenschaft verdächtig gemacht und beschreyet, sondern auch von dem guten, darumb ich mich anneme, selber wenig gewust, das Kindt meinsten theils selber nicht gekennet, sondern nur in dem unsaubern Bad umbgespület haben.

9. Und weil *D. Philippus Feselius Medicus* und *Philosophus* in seinem jüngstaußgangenen Teutschen *Tractatu* deren Argumenten, mit welchen die *Astrologia* gewöhnlich angefochten und widerlegt wird, einen guten Theil begriffen, auch meines wissens der erste ist, der in Teutscher Sprach von dieser *Materi* etwas außführlich geschrieben, *Abrahami Sculteti* vor einem Jahr außgegangene Predigt außgenommen, welche doch billich unter der

andern *Theologorum* generallautende Schrifften zu zehlen, Als wil ich fürnemlich nach solcher *D. Feselii* Schrifft richten und dieselbige, so viel mir zu meinem Intent vonnöhten seyn wirdt, beantworten.

10. Anfangs A. 1 macht *D. Feselius* eine nützliche Verbereytung zur Sach und berichtet, wie unter dem Wort *Astrologia* zwey ding verstanden werden: Erstlich die Wissenschafft von deß Himmels und der Sternen wunderbarlichen und allzeit gewissen Lauff, so man sonsten *Astronomiam* nenne, als er dann auß *Aristotele* und *Platone* beweiset. Die erkennet er nun für gewiß, doch also, daß sie wegen der Menschen schwachen Verstandts, so wol als andere Künsten und sonderlich sein *Medicina* ihre unvollkommenheit habe. Diß alles ist man nicht in Abrede. Allein soll die Unvollkommenheit verstanden werden von der Weytläufftigkeit ihres *subiecti:* Dann an Form und Weise, wie etwas solle in Kopff gefasset, verstanden und begrieffen werden, ist sie viel vollkommener dann seine *Medicina* und gibt der *Geometria* und *Optica* wenig bevor, weil sie sich auff dieselbige so wol auch auff deß Gesichts Anzeigungen und Augenmaß gründet und ohne dasselbige sich nichts unterwindet.

11. Das andere Ding, so unter dem Wort *Astrologia* verstanden werde, sagt *Feselius* recht, daß es sey die Bedeutung des himmlischen Gestirns, und die vorsagung künfftiger Ding, welches heut zu Tag absonderlich die *Astrologia* genennet werde. Und beschüldigt die *Astrologos*, daß sie den Sternen und Planeten ihre wirckung anerdichten, welches zwar meistentheils, doch nit allerdings wahr ist, wie hernach folgen soll; dann hierumb der meiste Streit seyn wird.

So ferrn nun den himmlischen Liechtern etliche Wirckungen anerdichtet werden, wirdt auch fürgegeben, daß der *Astrologia* an Gewißheit und unfehlbaren *demonstrationibus* abgehe, derohalben sie auß der zahl der *scientien* und Künsten außzumustern, nemlich so ferrn sie sich umb dergleichen erdichtete Sachen anneme; dann was auff ein erdichtete Ursach folgt, ist nicht allein gar ungewiß vorzusagen, und ein *contingens*, sondern beruhet auch auff keiner vernünfftigen muhtmassung, viel weniger man dessen gewissen Grundt haben kan, weil solcher erdichtet und nicht wahr ist.

Derhalben auch zu bekennen, daß von den *Astrologis* etlichen dingen, die ihrer Aussag nach geschehen solten, offtermals Ursachen zugemessen werden, welche deroselben Ursachen gar nit seynd.

Und laß ich das Exempel einer solchen ungegründeten *demonstration* auch passieren, daß die *coniunctio Saturni et Lunae* Ursach gewest seyn solle, daß einer von einem Juden betrogen worden ist. Dann wann diese *coniunctio* geschicht am Sabbath, so wirdt zu Prag niemandt von keinem Juden betrogen, und hingegen werden täglich etlich hundert Christen von Juden *et contra* betrogen, so doch der Mondt im Monat nur einmal zum *Saturno* läufft.

Derohalben ich auch diesem Theil von der *Astrologia,* welches auff lauterm erdichteten Grundt beruhet, den *titulum* gern gönne auß *Cicerone,* daß sie sey ein ungläubliche Aberwitz.

12. Darneben aber haben etliche Liebhaber der Natur, so unter den Astrologischen Aberglauben auffgewachsen, befunden, daß etliche Wirckungen den Sternen zugelegt werden, die nicht allerdings erdichtet, sondern durch die langwierige Erfahrung *quoad generalem aliquam convenientiam* bezeuget werden; und gleich wie der Medicus erstlich auß der Erfahrenheit hernimbt, daß etwan ein Kraut zwischen zweyer Frauwen Tagen gesammlet oder unter sich durch ein Nebengruben hinaußgezogen, für diese oder jene gewisse Kranckheit gut seyn solle (da doch ein sehr grosse Anzahl dergleichen *observationum* allerdings falsch (als daß der Donnerstein zur Geburt verhülfflich) oder doch die Festtage an ihnen selbst oder auch gar die Jahrszeit oder das unter sich heraußziehen nichts zur Sachen tauget, sondern solch Kraut von sein selbst wegen oder auch von wegen einer Qualitet, die es mit andern vielen Kräuttern gemein hat, nicht eben zu dieser Kranckheit allein, sondern zu vielen andern Kranckheiten, bey denen sich einerley Zufälle finden, dienstlich und heylsamlich gebraucht wirdt), Und darumb die Erfahrenheit bey der Artzeney in keinen verdacht kömpt, sondern fleissige *Medici* dieselbige Erfahrenheit also wissen zu formieren und zu leyten, daß sie entlich nicht mehr *Empirica* und *anilis,* sondern ein rechte beständige Erfahrenheit ist: Allermassen ist es auch mit der Astrologischen Erfahrenheit beschaffen, ohne noth das Exempel von Wort zu Wort anzufassen.

Derowegen so wenig die *Medicina* von der falschen oder gebrechlichen Experimenten wegen auß der Zahl der Künsten außzumustern, so wenig ist auch dieses der gantzen völligen *Astrologiae* zuzumuthen.

Und wie die *Medicina* anfangs in Erkündigung der Kräuter Art und Eygenschafft von keiner underschiedenen nohtwendigen und gewissen Ursachen nichts gewust, aber dieselbige durch Fleiß und vernünfftige muthmassung endtlich erlernet, zum theil aber noch suchet: Also halte ich auch von keinem Theil der *Astrologiae* nichts, da man nicht mit der Zeit entweder auff die gründtliche Ursach oder doch auff eine Art und Weise einer rechtmässigen natürlichen bey andern Fällen erscheinenden Ursachen oder zum wenigsten auff eine beständige und von allen kindischen Umbständen gefreyte Erfahrung gelangen kann.

Alles nun, was in der *Astrologia* einer Erfahrung gleich sihet und sich nicht offenbarlich auff kindische *fundamenta* zeucht (als wie bey der *Medicina* die ungerade Zahl etlicher Körner), das halte ich für würdig, daß man darauff achtung gebe, ob es sich gewöhnlich also verhalte und zutrage. Und wann es dann sich fast zu einer Beständigkeit anlässet, so halte ichs nun ferrner für würdig, daß ich der Ursachen nachtrachte, verwirff es auch nicht gleich gantz und gar, wann ich schon die Ursach nicht völlig erlernen kan.

13. Da dann der Ursachen nicht allerdings verfehlet wirdt, wann schon die fürgewandte ursach etwas weyt hinder dem erfolgenden Fall hindan stehet, welches weitte abweichen nicht allwegen nach dem erscheinenden Ort zu rechnen: als daß es auff Erden ein kalt Wetter, wann *Saturnus* in aller Höhe am Himmel stillstehe. Dann hie ligt es an, nach den jenigen mittelenden Ursachen zu trachten, welche den Himmel und die Erden zusammen knüpffen, unter welchen ist auch eine das Liecht, welches vom alleröbersten Himmel zu uns auff Erden herunter kömpt.

Wird also *D. Feselio* keines wegs erlaubet, solche Ursachen, die dem Gesicht nach weyt abgewichen, auß den *demonstrationibus* außzumustern, sonsten er auch seiner Patriarchen *Hippocratis, Galeni* und anderer *demonstrationes* fahren lassen müste, die da fürgeben, daß die *Chronici morbi* als das viertäglich Fieber sich nach den *quadrantibus anni,* nach den *aequinoctiis* und *solstitiis* richten. Dann hie auch dem ersten Ansehen nach die Sonn sehr weyt droben im Himmel ihren Lauff umbträhet und also dem Krancken weyt gnug entsessen.

Derohalben, ob ich wol hiermit diesen Schluß *(Saturnus* hält seinen Stillstandt im ersten Grad deß Wassermanns, *ergo* so muß es kalt dunckel Wetter seyn) nicht für einen unfehlbaren oder wolgegründeten Spruch außgebe, jedoch solcher auch nicht eben darumb zu verwerffen, daß *Saturnus* so hoch stehet, oder auch daß es gar eine weytläufftige General Ursach seye. Dann vielleicht ist sein *effect* auch weytläufftig und nicht eben dieser mit dem dunckelen Wetter, sondern etwas, demselben kalten Wetter und vielen andern Dingen gemein, welches zu erforschen steht.

14. Nicht viel anderst hält es sich mit *D. Feselii* Jauchzer und Stiegeneinfallen. Dann es an dem, daß die irrdische weltliche Händel nicht anderst vom Himmel verursachet werden, als wie das Stiegenabfallen etwan warhafftig von einem Jauchzer verursachet wird, Und derohalben eine böse Argumentation were, wann einer sagen wolte, ich wil jauchzen, so wirdt jener die Stiegen abfallen. Wann aber doch einer betrachtete, was sich darneben, als jener gefallen, begeben, nemlich, daß er erschrokken sei uber seinem Ju und dieser Schrecken ein mithelffende Ursach zum Fall gewest sey, Und darauff also argumentierte, ich wil einen Schrey thun, daß einer darüber erschrecken möchte, siehe so were es nicht ubel argumentiert; dann auff groß Schreyen folget natürlich, daß die ungewarneten darüber erschrecken, welches sich dann auch bey dem, der gefallen ist, begeben hat.

Zu mehrer Erklärung dieses Exempels sage ich, daß es am ersten, wann einer berichtet würde, wie daß sich zwey ding zumal begeben, eins am Himmel, als nemlich ein Gegenschein *Saturni* und *Jovis* im 23. Grad deß Krebs und Steinbocks, das ander auff Erden, als nemlich ein schwerer Krieg zwischen dem Römischen Keyser und Türckischen Sultan, gleich ein solches ansehen hab mit dem Jauchtzer und Stiegensprung, und man nit gewiß seyn köndte, ob jener Gegenschein zu diesem Krieg und jener Jauchtzer zu diesem Fall die allergeringste Ursach gegeben oder gar nichts, weder *in genere* noch *in specie*, weder *in parte* noch *in toto*, darbey gethan habe, sondern nur dieser blose Argwon darüber entstehe, diese zwey ding seynd zumal geschehen, *ergo* wirdt vielleicht das eine zum andern Ursach gegeben haben. Wann aber sich dergleichen offt begebe und auff eines tollen Sauffbruders unchristlichen Jubelschrey da einer die Stiegen eynfiele, dort ein Weib oder Jungfrauw auffschrye, da ein Kindt vom Schlaaff aufferwachte, eine Lauten oder Instrument erhallete, dorten der Schnee an jähen Dächern oder, wie es sich in den Tyrolenischen Gebürgen begibt, an den allerhöchsten Laütenen sich anhebete zu ballen und also die Lain, wie mans nennet, angiengen, welche den weychen Schnee zusampt dem drunter bedeckten Wasser, Gesträuß, Bäume, gantze Flekken von Wälder und endtlich einen grossen Stück deß Berges zusammenraspelten, die enge Pässe sampt einer grossen Anzahl durchreysender Säumer verschütteten, so köndte man mit gutem Grundt, wann mans sonst zuvor nie gewust hette, schliessen, daß dieser eintzige Jubelschrey bey allen erzehlten fällen wo nit eben den gantzen vorlauff verursacht, doch etwas zur sachen gethan und als ein *causa sine qua non* jenen die Stigen eyngeworffen, das Weib oder Jungfrauw zum Schrey verursacht, dem Kindt den Schlaaff genommen, die Lauten bewegt, die Säumer und unter denen sich selbst umbs Leben gebracht hette.

15. Derohalben, ob wol dieserley *demonstrationes* oder vielmehr *Inductiones* der Gewißheit nicht seynd, mit welcher *Sulpicius Gallus* ein Finsternuß hat vorsagen können, so seynd aber auch die Medicinalische *illationes* nicht alle so gewiß als ein vorsagung der Finsternuß und bleibt demnach, daß der in *Astrologia* auch wol etliche *illationes* auß der Erfahrenheit geschehen können, welche gleich so gewiß, als wann ein *Medicus* einer Person, die etwan gehling ihre Gedächtnuß und Sinne verlohren und doch baldt wider gesundt worden, angedeutet, sie wisse nun welches Todts sie sterben werde.

16. Daß nun *D. Feselius* bey Eynführung seiner *Proposition* meldet, daß die Vorsagungen *ex astris* weder in heyliger Schrifft noch in deren bewehrten Außlegungen, noch in der Natur, noch auch in der Erfahrenheit Grundt habe, und er ihme fürnimbt, solches zu erweisen, verhält es sich zwar mit den meisten Astrologischen vorsagungen (so wol als mit den meinsten *experimentationibus* der Kräutter, Mineralien, Edelgesteinen, Glieder von Thieren und andern) also und nicht anderst: Darneben aber setze ich *D. Feselio* und seinen *authoribus* diese meine *Proposition* entgegen, daß etliche wenige namhaffte Vorsagungen künfftiger Sachen *(in genere)* auß Vorsehung deß Himmelslauffs erstlich in der Erfahrenheit gegründet und von einem jeden, der in *Astrologia* so viel Fleisses anwendet, so viel Fleisses in der *Medicina* zu einem *Botanico*, der der Kräutter wirckungen in eygener Person vergewissert seyn wil, vonnöhten ist, täglich auff ein newes bewehret und in erfahrung gebracht werden mögen. Fürs ander, daß solche wenige Stücke auß der *Astrologia* eines nach dem andern durch fleissiges nachsinnen auch in der Natur oder

Philosophia ihren beständigen Grundt finden und theils allbereyt erreycht, theils demselbigen nahen. Dann und fürs dritte: ob wol von solchen Philosophischen vorsagungen in heyliger Schrifft eben so wenig als von der *Anatomia* deß menschlichen Leibs oder von natürlichem Ursprung der Pestilentz gemeldet werde, jedoch sey der Gebrauch derselben in dem Gesatz von Zeichendeuttern gleichfalls eben so wenig verbotten, so wenig in dem Gesatz vom Todtschlag oder von der reynigung eines, der einen todten Cörper angerühret, die eröffnung eines menschlichen todten Cörpers uns Christen verbotten worden.

Was nun hierwider A 2. *D. Feselius* eynbringen wird, es sey mit umbstossungen der himmlischen Wirckungen oder auch mit verwerffung dero bescheidenlichen Gebrauchs, darauff soll ihme folgendes richtiger Bescheidt und Antwort erfolgen.

Wil gleich in seine Fußstapffen tretten und die jenige fünff *argumenta,* welche gemeiniglich zu erweisung der himmlischen Würckungen eyngeführt, aber von *D. Feselio* widerlegt worden, mit ihme nacheinander abhandeln.

Das I. Argument

17. Daß nun anfänglich fürgewendet wirdt, wie die herrliche Liechter deß Himmels, sonderlich aber Sonn und Mondt, von Gott nicht vergebens erschaffen seyen *(D. Feselius* und seine Widerpart reden unvorsichtiglich, als weren diese Liechter von Gott und der Natur erschaffen, gleich, als ob die Natur etwas solches bey Erschaffung der Sonn und Mondt gethan, als sie heutiges Tags thut bey Formierung eines jeden Menschen in Mutterleib), sondern daß auch dieselbige mit ihrer Bewegung und Glantz den untern Elementarischen Cörpern in Fortpflantzung der Erdtgewächsen und Verwandelung anderer natürlicher Sachen viel Hülff und Mitwürckungen erweisen, Und solches alles *D. Feselius* annimmet, auch mit *Galeno* und dem weisen Mann Syrach bezeuget: Daran hab ich, den Zweck belangendt, auch nichts zu tadeln.

18. Allein zu melden, so dann besser unden mit mehrerm außgeführt werden solle, daß diese zwo Fragen einander sehr verwandt: Ob die Sterne uns Menschen zu gutem erschaffen und ob der Mensch also erschaffen, daß er der Sternen geniessen köndte? Gleich wie es zwo verwandte Fragen seynd: Ob der

Beer geschaffen sey von der Schnee Gebürge wegen, darmit sie auch bewohnet würden, oder ob die Schnee Gebürge dem Beeren zu gutem erschaffen? Und bin ich der meynung, wie Sonn, Mondt und Sterne am vierdten Tage noch vor dem Menschen erschaffen seynd, also haben sie auch ihren eygenen Zweck und Endt, nach welchem sie von Gott auch ohne ansehen deß Menschens gerichtet seynd. Hernach aber am sechsten Tage sey der Mensch also erschaffen worden, daß er nicht allein mit seinen Augen der Sternen Liechtes und mit seinem Verstandt deroselben wunderbarlichen gantz ordentlichen Lauffs theilhafftig werden möchte, sondern habe auch eine solche natürliche Seel empfangen, welche an und für sich selbst auff gewisse zeiten durch etliche der himmlischen Liechter unterschiedliche Beschaffenheiten auffegmundert und in ihrem Werck angetrieben würde.

19. Weil dann *D. Feselius* zugibt, daß die himmlische Liechter nicht gantz müssig noch vergebens erschaffen seyen, allein dieses für die rechte frage angibt, ob das jenige, was die *Astrologi* auß den Sternen propheceyen, für ihre eygentliche anerschaffene und eyngepflantzte Wirckung zu halten sey oder nicht, und seines theils Nein hierzu sagt, sondern die Sterne mit ihrem natürlichen Lauff und Liecht auß *Zabarella* allerdings ab und hindanfertiget, Köndte ich ihm meine hierüber gebürende Antwort auch wol mit dem vorigen Exempel deß Jauchtzers erklären, welchem zwar deren dinge, so auff einen Jauchtzer gefolget, kein einiges eigenthümblich hemygehet oder auß ihme nohtwendig folget, aber doch in allen denselbigen Sachen etwas ist, so von dem Jauchtzer verursacht und hernach zu so vielen unterschiedlichen Geschichten ferrners eine mithelffende Ursach, und zwar eine *causam sine qua non*, gibet: Ich wil es aber mit noch eygentlichern *Exemplis* und *Rationibus* an Tag geben.

20. Anfangs möcht ich zwar mit den jenigen zweyen Stücken, deren *Feselius* gesteht, als nemlich mit der Sternen natürlichen Lauff und Liecht zufrieden seyn, doch also, daß mir vergönnet sey, dieselbige außzulegen und zu erweyttern.

Dann wer mir das Liecht zugibet, der hat mir auch deß Liechts Eygenschafft mit zugeben. Nun ist sein Eygenschafft anfänglich die Wärme, hernach die unterschiedliche Farben.

Weil dann der Planeten und festen Sternen viel seynd, so wirdt *D. Feselius* nicht in Abred seyn können, daß auch ihrer

Liechter Eygenschafften *in quantitate et qualitate* sehr unterschiedlich seyen.

Dann auch der H. Apostel Paulus, da er die Herrligkeit deß zukünfftigen Lebens gegen der geringen Zierdt des gegenwärtigen vergleichen wil, Exempels weiß eynführet, daß ein Stern den andern ubertreffe an der Klarheit.

Belangend *Quantitatem,* ist ein Stern größer als der ander, derhalben auch ein Liecht, grösser und in Erwärmung der irrdischen Cörper kräfftiger als das andere.

Und weil dem wunderbarlichen von der Sonnen zu uns herabfliesenden Liecht gebüret *quantitas,* doch *sine materia,* und *motus,* doch *sine tempore,* wie ich in *Opticis* erwiesen, so folgt, daß auch das Liecht von der Sonnen bey uns jetzt dünner und blöder, bald gedüchter und *densior* werde, nach dem die Sonne höher und nidriger steiget.

In gleichem so muß deß *Saturni* Liechtlein bey uns viel blöder seyn dann *Martis, caeteris paribus,* weil jener auch viel höher ist denn dieser.

21. Und wie kein Stern an der Klarheit mit Sonn und Mond zu vergleichen, ja alle miteinander nit das geringe Theil von deß Tagesliechtes Klarheit vermögen, so haben sie auch in erwärmung der natürlichen Dinge gleich so geringe Krafft, und folgt derohalben, daß es bey Nacht und im Winter, wann die Sonn nicht vorhanden oder nicht gesehen wirdt, nicht warm, sondern kalt seyn solle.

22. Noch mehr: weil dem Liecht ein *motus* anhängt *sine tempore,* durch welchen es zu uns herunter kömpt, so steht ihm auch zu, was sonsten bey einem *motu* gefunden wirdt, nemlich der Widerschlag, der ist nun gar ungleich, nach dem er geradt oder nach der zwerch geschicht. Hierauß abermal folget, daß der Planeten, sonderlich aber der Sonnen Liecht stärcker auff uns in diesem Theil der Welt treffe, wann sie im Krebs lauffen, als wann sie im Steinbock seynd, dann im Krebs treffen sie geradt, im Steinbock aber schlims, auch solches Liecht ein andere Art erzeige, wann die Sonne fället, als wenn sie steiget.

23. Und weil das Liecht diese Art hat, daß es mahlet und beleuchtet alle cörperliche dinge von aussen herumb und hiermit solche Cörper auch innerlich erwärmet, *sed cum tempore,* nach und nach, nit von sein selbst, sonder von der materialischen Cör-

per langsamkeit wegen (Wie im widerigen auch das Liecht von aussen augenblicklich erleschen kan, aber die einmal erweckte Wärm in dem *corpore* zeit dazu haben muß, biß sie erstirbet und verschwindet), so folgt abermal, daß der *Julius* natürlicher gewöhnlicher weise, *caeteris paribus*, hitziger sey dann der *Junius*, die zweyte Stundt nach Mittag hitziger dann umb zwölff Uhr zu Mittag. Ursach: dann ob wol die Sonn im *Junio* und umb zwölff Uhr kräfftigsten, so ist aber darzumal der Erdtboden bey uns noch nicht so lang in der Hitz gestanden als hernach im *Julio* und umb zwey Uhr, da die Sonne zwar anfähet zufallen, aber der Erdtboden die Erhitzungen alte und neuwe zusamensamlet.

24. Ferrners weil dasjenige, was von der Sonnen Liecht beleuchtet und gemahlet wird, hierdurch ein besonders Liecht empfähet und also einen Widerschein von sich gibt, welcher viel schwächer ist als sein ursprung, sintemal das Liecht von der Sonnen, so viel von demselbigen in ein solchen Cörper als in einen Spiegel eynfället, nicht allein getheilet wird und theils in die Matery eyndringet, theils aber herwider springt, sondern auch derselbige Theil, der also herwider geschlagen wirdt, noch weytter passiren und auff ein neuwes *in orbem* umb und umb außgedehnet und also beyder Ursachen halben viel blöder werden muß, Also folget, daß auch eines solchen Liechtes Krafft viel schwächer seye. Derohalben der Mondt, welcher ausserhalb dieses von der Sonnen entlehnten und von sich widergeschlagenen Liechtes sonsten keinen eygnen Schein nicht hat, viel ein schwächere Wärme auff den Erdtboden wirfft – Und deroselben jedesmals so viel weniger, so viel er von seinem leuchtenden halben Theil von uns abwendet und hinder das finstere halbe Theil verbirget.

25. Lasset uns nun kommen zu den Qualitäten deß Liechts.
Die Sonne zwar als der Ursprung deß Hauptliechts ist einig und leydet derohalben in ihr selber keinen Unterscheidt. Demnach aber der ubrigen Sternen viel seynd, mag auch unter ihnen ein Unterscheidt deß Scheins gar wol statt haben; es sey nun, daß ihr Liecht nichts anders sey dann ein Widerschein von der Sonnen wie bey dem Mondt, da dann unterschiedliche *superficies* und Farben auch unterschiedliche Widerschein zu geben pflegen, oder daß ein jeder Stern seines Liechtlins selber ein Ursprung sey wie die Sonne deß ihrigen, Da abermal der Sternen

unterschiedliche *dispositiones* ihrer innerlichen Materien nicht anderst dann unterschiedliche Edelgestein, so da durchsichtig, auch mancherley Liecht von sich geben köndten, oder daß beydes zumal geschehe, wie es der Vernunfft am meinsten gemäß.

26. Allhie muß ich eine Frage zwischen eynführen, welche zwar wol der Wichtigkeit ist, daß absonderlich von deroselben gehandelt werden solte.

Es wil in der gemeinen *Physica,* wie die auff Universiteten gelehret und getrieben wirdt, das Ansehen haben, als wisse man sehr wenig von den *speciebus immateriatis,* welche von den *corporibus Physicis orbiculariter* außfliessen, oder, was man auch darvon weiß, das wirdt nicht in gebürliche acht genommen; dann es gehöret wol ein besonder *caput* darzu, damit man nicht also zersträuwet jetzt da, jetzt dort darvon handelt und, was ihnen alles in gemein zuständig, auß der acht liesse.

Ein *species immateriata* von einem leuchtenden *corpore* ist der Schein, welcher zu uns herzukömpt und uns erleuchtet.

Ein *species immateriata* von einem gespannenen und geschlagenen *corpore* ist der Klang, welcher in die Ohren eynfällt, durch welche das Gehör verrichtet wirdt. Doch hat diß von jenem seinen Unterscheidt. Dann ein Liecht fällt herzu im Augenblick *sine tempore,* dann es ist *species corporis non quatenus mobile, sed quatenus lucidum.* Ein Klang aber ist *species corporis,* so ferrn es geklopfft wirdt. Da zu einer jeden bewegung ein Zeit gehöret von seiner deß *motus* wesentlichen Eygenschafft wegen, und derohalben nicht wunder, daß sein *species,* wiewol *immateriata,* dannoch auch ein Zeit erfordert. Und also zum Exempel: Der Donner zuvor im Himmel rauschet, ehe dann der Klang von demselben in unsern Ohren erschallet, und der Zimmermann ein wenig zuvor den Baum trifft, ehfe dann wir es hören.

In den Gerüchen geschicht zwar auch ein wesentlicher materialischer Außfluß auß einer wolriechenden Rosen, welcher endtlich erstirbet, wann sein Brunn erschöpffet und versiegen ist. Aber doch ist auch diß ein *species immateriata,* wann der Rauch von einem Liechtbutzen dort hinaußgehet, aber doch der Gestanck nicht nur denselbigen Weg hinauß, sondern umb und umb gerochen wirdt. Allhie sihestu deß *effluxus materialis speciem immateriatam.*

Ein *species immateriata* gedünckt mich seyn, wann die Purgation zwar nur allein in den Magen und in die Gedärme gehet, aber doch die allereusserste Aderlin darvon bewegt werden sollen. Doch wil ich allhie *D. Feselio Medico* nicht zu weyt vorgreiffen. Wil auch nicht läugnen, daß durch die innerliche Hitz deß Leibs von der Purgation ein Dampff von gleicher Eygenschafft erwecket und durch die Weytere, dem Magen nahende *meatus* durchdringe und hernach die *species immateriata* von diesem Dampff außgehe und weytter gelange.

Ein *species immateriata* bedünckt mich außgehen von den *Periaptis,* was man für die Pestilentz und Gifft an den Hals hänget, als vom Quecksilber, welche *species* durch den Leib eyndringet und bey dem Hertzen ihr Hut hält, damit sich kein Pestilentzisches Feuwer hinzu nahe, sondern fliehe, wie ein geschmoltzen Metall auß einem Wasser herauß springet.

Ein *species immateriata* von dem Ofen ist, welche die Stuben wärmet, vor deren man sich hinter einem Brett schützen kan, da sonsten, wann es durch die erhitzte Lufft zugienge, die Hitz sich umb und umb zugleich außtheilen würde.

Ein *species immateriata* von der Tieffe der himmlischen an ihr selber kalten Lufft ist das jenige, welches im Winter bey hellen Nächten den Erdboden so kalt macht und durch unterziehung deß Gewölcks verhindert und auffgehalten werden mag, daß es alsdann leidlicher ist. Dahero ich *Jo. Baptistae Portae* und *Magino* nicht widersprechen wil, daß wann ein holer Brennspiegel gegen einer Schneeballen uber gesetzt werde, solcher die abfolgende kalte Streymen von dem Schnee in seinem *foco* zusammen zwinge, daß man daselbst einer Kälte als an einem leibhafftigen Eyßzapffen empfinde.

Ein *species immateriata* gehet von einer Wandt hindan also, daß ein jeder, der fürsichtig wandelt, in einem gantz finstern Zimmer bey eyteler Nacht zuvor und, ehe er die Wandt anrühret, deroselben empfinden und sich vor stossen hüten mag.

Eben diese *species immateriata* verursachet auch, daß ein Gewächs nit gegen einer nahen Wandt so wenig als gegen der Erden unter sich, sondern davon hindan wächset und die Dulipan sampt andern dergleichen Blumen sich nit ehe auffthun, sie empfinden dann keiner solchen *speciei immateriatae* von den bünen oder obdächern von oben herab, wann sie nemlich unter den freyen Himmel kommen. Doch lasse ich es bey diesem Exempel im zweiffel stehen, ob diese Blumen als wolgefärbet deß Liechts selber empfinden.

Eben diese *species immateriata* von einer Mauren verursachet auch, daß ein Büchsenmeister neben einer solchen Mauren nicht dem geraden absehen zuschiessen kan, sondern die Kugel beyseytz gellet und etlicher massen einen Bogen nimmet. Wie mich dann auch etliche berichten, daß die Kugeln auff freyem Feld, allweil sie noch starck gehen, nit gerad fürauß, sondern etwas uber sich gehen und also diese *speciem immateriatam* deß Bodens flichen oder widergellen.

Ein *species immateriata* von dem Magnet ist, die da Eysen zeucht.

Ein *species immateriata* von dem Erdtboden, *et quidem figurata, figura sui corporis*, ist, die den Magnet nach Norden richtet.

Ein *species immateriata* von der Sonnen ist, die alle Planeten in einem *circulo* umb die Sonnen herumb führet, die ihre *quantitates raritatem* und *densitatem* hat, auch wie ein Wirbel bewegt wird, weil sich ihr Brunnquell, die Sonnenkugel, auch umbträhet, wie ich in meinem Buch *de motu Martis* ans Liecht gebracht.

27. Darmit ich nun widerumb etwas näher zu meinem Fürhaben komme, so ist das Liecht insonderheit ein solcher wunderbarlicher Postreutter, welcher alle Farben *per species ipsorum immateriatas* von ihren *corporibus* oder flächinen durch die Lufft angewarnet uberbringet, in der Mittelstrassen nichts verzettelt, sondern gantz fleissig in ein finsteres Kämmerlin an ein gegenubergestellete weisse Wandt kleybet und eynantwortet, darvon ich in der *Optica* viel gehandelt. Den Leser so in der *Optica* nicht erfahren, erinnere ich nur allein so viel, daß seine beyde Augen zwey solche von Gott angeordnete Kunstkämmerlin seyen, in welchen alle Farben deren er ansichtig wirdt, warhafftig und leibhafftig abgemahlet seyen; Dann wo diß nicht also innerhalb deß Augs geschehe, würde er keine Farb nimmermehr sehen können.

28. Weil dann die Sachen mit den jenigen Farben sich also verhält, welche wir mit Händen betasten und uns zu denen nahen können, so schleust es sich nicht uneben auch von der Sternen unterschiedlichen Farben, daß sie also, wie wir auff Erden ihrer ansichtig werden, sich warhafftig auch im Himmel an den Sternen selbsten befinden, und mag hierwider nichts beständiges eyn-

gebracht werden, wie zwar die *Philosophi* sich wol unterstehen.

Was von den Farben am Regenbogen und dergleichen hierbey außzudingen, das gehöret an sein Ort; Dann es werden auch die Sonnenstrahlen in den runden Regentröpfflin wahrhafftig gefärbet daß also in der Matery deß Wassers alle Farben, so man am Regenbogen siehet, darinnen stecken und durch das durchtringende Liecht der Sonnen herauß geführet werden.

Was hie die Alchymisten gleiches von ihren fliessenden Materien zusagen haben, wirdt ein jeder nach seiner Erfahrenheit hierneben zusetzen wissen.

Folget also, daß der Unterscheidt der Farben an den Sternen und Planeten nicht etwan ein Augen geblendt, sondern ein leibhafftig Werck seye und derowegen die himmlische Kugeln entweder unterschiedlich gefärbte Uberzüg haben und also das Sonnenliecht damit färben oder auch innwendig an ihren Materien unterschiedliche *dispositiones* haben müssen, dadurch ihr eygenes Liecht, so auß ihren durchleuchtenden Kugeln herfür kömpt, auff so mancherley weise gefärbet werde.

29. Es folget aber darneben auch, sonderlich in Ansehung der oberzehlten vielen Exempeln von den außfliessenden *speciebus immateriatis*, daß es nichts unglaubliches, daß von der Planeten und Sternen unterschiedlichen innerlichen *dispositionibus* und Eygenschafften ihrer Kugeln auch solche *species immateriatae* umb und umb außgebreyttet werden und also auch zu uns herunter kommen, also daß diese irrdische Creaturen deroselben empfinden; es sey nun, daß solche Eygenschafften hierzu diesen einigen Postreutter oder *vehiculum*, nemlich das Liecht und die Farben, brauchen oder daß sie auch neben dem Liecht und Farben an und für sich selbsten *species immateriatas* haben.

Dann ich habe in meinem Buch *de Marte* erwiesen, daß *species immateriatae motus* auß der Sonnen in alle Planeten und in den Erdtboden und hinwiderumb die *species immateriata* deß Erdbodens biß in die Sonne und den Mondt, auch deß Mondts biß in die Erde hin und wider passieren, so wol als das Liecht und der Widerschein, und nicht allein so weyt gereychen, sondern auch kräfftig seynd, die himmlische bewegungen beständiglich und unauffhörlich zu verrichten und zu moderiren.

Derohalben mir es sehr gläublich ist, daß der Planeten innerliche Leibsqualiteten durch solche stättigs außfliessende *species immateriatas* zu uns auff den Erdtboden reychen.

30. Weil dann auß vielen Anzeigungen in meiner *Optica,* so auch in der Vorrede *de Marte* eyngeführet, guter massen erwiesen werden mag, daß deß Mondskugel der Erdenkugel allerdings gleich und allein deß Wassers mehr dann der Inseln oder *continentium* haben möchte, Dahero wil mir fast gläublich werden, daß deß Monds Liecht theils für sich selber, theils durch eine sonderbare *speciem immateriatam* deß Wassers im Mondt sein Art und Eygenschafft zu befeuchtigen überkommen habennd, wie die Sonne nichts thut dann wärmen, also der Mondt nichts thue dann befeuchtigen, Das ist die täugliche Materyen zu zubereytten zu einer *Resolution* und Befeuchtigung.

Diese *vim humectandi* hab ich in meinen *fundamentis Astrologiae, hypothesis loco,* dem Widerschein zugelegt, wie hingegen die *vim calfaciendi* dem eygnen innerlichen Liecht. Es wil mich aber jetzo ziemlicher seyn gedüncken, daß *vis humectandi* auß der *materia* der Kugel hergeführet werde.

31. Wie nun droben zu der Kälte mehrers nicht vonnöthen gewest, als daß die Sonne als Ursacherin der Hitz nicht fürhanden sey, also mag es auch wol mit der Trückne beschaffen seyn, daß also die materialische Dinge an und für sich selbst zu der Trükkene so wol als zu der Kälte als *negationibus caloris et humoris* disponiert seyen und die erlangen, so offt die wärmende und befeuchtende Ursachen von ihnen außsetzen.

32. Wann dann nun jetzo die fünff bewegliche oder umbgehende Sternen gegen Sonn und Mondt gehalten und ihnen nit mehr zugelassen wird dann allein diese zwey Dinge: Erstlich, daß jeder ein innerlich Liecht habe, von welchem *species immateriata* außfliesse und, wo sie antreffe, allda ein wärme verursache, doch unterschiedlich nach Art der unterschiedlichen mit außfliessenden Eygenschafften ihres *corporis*. Fürs ander, daß auch ein jeder Planet ein gewisse Maaß habe zu befeuchtigen, es sey nun wegen deß Widerscheins, welcher nach Art ihrer unterschiedlichen Farben auch unterschiedlich gefärbet und qualificiert werde, oder es sey dahero, daß ein jeder Planet so wol als Mondt und Erden auch sein leibhafftig Wasser habe, von dem ein *species immateriata* herab fliesse. So fragt sich es jetzo weyter, ob es auch müglich, daß auß diesen zweyen *principiis* einem jeden Planeten eine solche Eygenschafft außgetheilet werden möge, dardurch er von den übrigen vieren so wol als am Liecht, Klarheit, Grösse, Schnelligkeit und Höhe unterscheiden werde, und ob auch eine solche erdachte Eygenschafft mit dem jenigen ubereynkomme, was die *Astrologi* von den *qualitatibus Planetarum in operando* fürgeben?

Hierauff antworte ich auß meinen *fundamentis Astrologiae*: ja; dann ich habs versucht, und ist mir von statten gangen. Wil D. *Feselio* meine *invention* eröffnen, nicht zwar eben zu dem Endt, als müste es also und nit anders seyn, sondern zu dem Endt, darmit er die Müglichkeit sehe und sich an diesem *modo* versuche, ob er ihn mit vernünfftigen *rationibus* umbstossen könne. Sonsten und neben dieser *invention* laß ichs im zweiffel. Ob nicht wahr, daß auß diesen so wenigen, nemlich nur zweyen, *principiis* der himmlischen Kugeln Eygenschafften eben so wenig zugeschrieben, als wenig D. *Feselius* auß den vier Aristotelischen Qualiteten Hitz, Kälte, Feüchte, Trückene aller Kräutter und *Simplicien* sonderbare ἰδιοτροπίας allerdings erweisen, erzwingen und erörtern kan, und derohalben zu gläuben, daß in den himmlischen Kugeln so wol als in den irrdischen Kräuttern einer jeden insonderheit ihre eygene *forma* angeschaffen seye, von welcher ihre gewisse *proprietates* in vielen und mancherley Unterscheiden *dependirn*.

Anfänglich wil ich nicht darauff dringen, daß *qualitatis proprium* sey *contrarietas*. Er möchte mir begegnen und sagen: *Omnis quidem contrarietas in qualitate at non omnis qualitatum positio admittit contrarietatem.*

Wil mich derohalben deß *praedicamenti quantitatis* behelffen; Dann nicht zu läugnen, daß diese Qualiteten ihr materialisches *subiectum* haben, derohalben sie mögen angespannen oder nachgelassen, vermehret oder vermindert werden, und gar wol seyn könne, daß ein Planet vor dem andern an der erwärmenden oder befeuchtenden Krafft stärcker seye dann der andere.

Nun gebe ich diesem Unterscheidt einen Eynschlag *ex Metaphysicis Aristotelis*, welcher die allererste *contrarietet* setzet *inter Idem et Alterum*: die rühret her von der Matery und herrschet sonderlich auch *in quantitatibus*.

Zu wissen, ob ein Planet (weil wir jetzo angenommen, daß ihre Qualiteten von ungleichen *gradibus* seyen) zu viel oder zu wenig habe, welches beydes *alteritates* seynd, so ist vonnöthen zu wissen, was dann die rechte Mittelmaaß und *identitas quantitativa* seye. Das hat aber Gott der Schöpffer gar wol gewust, wie er nemlich die Mittelmaaß zu erbauwung und außstreichung der Welt dienstlich bestellen solle.

Wann dann die Mittelmaaß fürhanden, so fraget sichs, weil er Planeten (auß andern *principiis* in meinem *Mysterio* eyngeführet) fünff seyn sollen, ob es schöner, daß sie alle einander gleich und die Mittelmaß haben sollen, oder ob ein Unterscheidt seyn solle? Da antworte ich auß dem weisen Mann Sprach: Es ist immer zwey gegen zwey und eins gegen eins, und hieran siehet man die Weißheit Gottes. Wie nun die Zierdt dieser nideren Welt bestehet in dem unzahlbaren Unterscheidt und Widerwärtigkeit der Kräutter und Thiere, also ist auch von den himmlischen Liechtern viel gläublicher, daß sie mit den *gradibus qualitatum* unterscheyden seyn sollen.

Weytter fragt es sich, wann dann einem Planeten die mittelmaß der Qualiteten zugelegt wirdt, ob dann die ubrige alle nur auff eine Seitten, das ist auff die geringere oder auff die mehrere Maaß, abweichen oder sich auff beyde Seitten außtheilen sollen? Da wirdt abermal ein vernünfftiger schliessen, daß die Mittelmaaß nicht besser köndte erkläret oder herauß gestrichen werden, als wann nicht allein das wenigere, sondern auch das mehrere darneben gehalten werde. Folgt derhalben abermal, daß die ubrige Planeten sich umb die Mittelmaaß herumb finden und zu beyden Seiten außtheilen sollen.

Also haben wir nun gefunden auß zweyen *principiis* sechs Unterscheidt, den Uberschuß an Wärm und an Feuchte, die Mittelmaaß an beyden und den Abgang an beyden.

Weil dann die Sonne einig ist und nur *formalis,* nichts dann Liecht, die nichts thut dann wärmen, der Mond auch einig und nur materialisch, der nichts thut dann befeuchtend, so schickt sichs fein, daß die ubrige fünff beydes miteinander seyen, durch ihr eygnes Liecht wärmen und darneben obbeschriebener massen auch befeuchtigen.

So last uns nun sehen, wie wir auß zusammensetzung der obern sechs Sachen fünff Eygenschafften finden.

Weil dann jede Qualitet drey *gradus* hat und allwegen beyde Qualiteten in einem Planeten bey einander seynd, so betrachte nun die Proportzen zweyer Qualiteten gegeneinander, wie viel derselbigen seyn köndten, da wirst du finden: mehr nicht dann drey. Dann die Qualiteten entweder in gleichem *gradu* beysammen stehen oder in gantz ungleichem (Der einen höchster *gradus* bey der andern nidrigstem *gradu*), Oder fürs dritte die Mittelmaß von der einen und das *extremum* von der andern. Die erste Proportz ist einig, wann so viel Wärme als Feuchtigkeit fürhanden; Die andere und dritte Proportz ist jede zwyfach, dann einmals der wärme, andersmals der Kälte mehr seyn kan. Werden also fünff Eygenschafften:

1.		2.		3.
Excessus Caloris	Aequum	Caloris		Defectus Caloris
Defectus Humoris		Humoris		Excessus Humoris
	4.	vel Excessus	5. Humoris	vel Medium
Excessus	Caloris	Medium	Caloris	Defectus
Medium	Humoris	Defectus		

Du möchtest gedenken, der untern solten vier seyn. Ist aber nicht, *cum eadem sit proportio excessus ad medium, quae medii ad defectum.*

Wie du nun allhie zwo Ordnungen von Proportzen siehest, oben drey und unten zwo, Also seynd auch warhafftig zwo Ordnungen unter den Planeten; dann ihrer drey heissen die Obersten, *Saturnus, Jupiter* und *Mars,* zween aber heissen die Untersten, *Venus* und *Mercurius,* und seynd warhafftig also mit einer Schiedtwandt abgesondert, die ist beym *Ptolomaeo* der Umbkreyß der Sonnen, bey *Copernico* aber der Umbgang deß Erdtbodems. Und weil *Jupiter* unter den Oberen an der Höhe der Mittlere, so gebühret ihme auch die Mittlere temperierte Proportzen, warm und feucht zu gleichen Theilen. Also weil *Mars* der Sonnen am nechsten, so gebühret ihme die dürre Proportz, da ein Ubermaaß an Hitz und ein Abgang an Feuchtigkeit. Bleibt endtlich *Saturno* die ubrige gefrorne Proportzen, da ein Ubermaaß der Feuchtigkeit und ein Abgang der Wärme, das ist lauter Eyß.

Die *Astrologi* zwar sagen, *Saturnus* sey trucken, verstehe *actu*, wie ein Eyß, aber *potentialiter* ist er feucht, das ist, er befördert die Matery, die zum gefrieren täuglich ist.

Belangendt die undere Planeten, weil *Mercurius* der nächst an der Sonnen (bey *Copernico* und *Braheo*), so gebüret ihm auch die Proportz, da der Wärme mehr ist dann der Feuchte, und möcht er also sich vergleichen dem Temperament auß *Martis* Hitz und *Jovis* Feuchtigkeit. Bleibt also diese ubrige Proportz, da der Feuchte mehr ist, dem ubrigen Planeten *Veneri*, der wird hiermit an Feuchte dem *Saturno* und an Wärme dem *Jovi* gleich.

Damit wirdt auß den obern Planeten ein *contrarietas cum medio*, auß den untern ein *contrarietas sine medio;* dann *Venus* und *Mercurius*, deren jene deß *Saturni*, dieser deß *Martis* Stell vertrittet, die haben ihren *Jovem* unter sich getheilet, daß *Venus* seine Wärme an sich genommen, *Mercurius* sein Feuchtigkeit.

33. Diß sey also die versprochene *speculation*, welche zwar auff obangedeuteter *moderation* beruhet, aber doch *D. Feselio* und allen *Hippocraticis, Galenicis, Aristotelicis* und *Peripateticis* in Behauptung ihrer zusammenflickung der vier Elementen *ex coniugatione quatuor qualitatum* den Trutz bietet. Dann so die berührte *authores* ein neuwe *Philosophiam* haben können auffbringen, da man doch ihre vier *Elementa* nicht so augenscheinlich sehen und zehlen kan und das Feuwer seine Stell oberhalb der Lufft keines wegs innen hat, sondern auff Erden und unter der Erden klebt, so auch die Lufft ihre Qualitet, die Wärme, an und für sich selber niemalen gehabt (auch die *privativae qualitates frigoris et siccitatis* unrechtmässig zum Handel gezogen werden), Wie viel stattlicher wirdt jetzo diese meine *Philosophia* bestehen können, da mir die zahl fünff auß unbetrieglicher anschauwung deß Himmels zur handt gehet, ein jeder Planet seine warhafftige Stelle behält, die *Astrologi* diesen eygenschafften zeugnuß geben, die Farben der Planeten mit eynstimmen und nur zwo *positivae qualitates* in die *composition* kommen.

Wirdt sich nun *D. Feselius* in diesem seinem Büchlin hernacher wider diese *speculation* ein eintzigs Eynwurffs vernemmen lassen, soll ihme sein Antwort drüber werden. Anjetzo sey gnug von diesem Puncten gesagt, wie viel nemlich *D. Feselius* und sein *Zabarella* mir mit dem Wort Liecht eyngeraumet haben.

34. Weil ich aber hiermit eine Contrarietet in die Welt eyngeführt, muß ich einem Eynwurff begegnen. Dann es fragt sich, weil allein *Jupiter* das Mittel hält, ob dann nicht *Saturnus* und *Mars* hiermit für böse boßhafftige Planeten angegeben und also Gottes Geschöpff verkleinert werde.

Hierauff ist die Antwort *D. Feselio* gar wol bekandt, der auch viel Contrarieteten in den Kräuttern findet, welche ihre wesentliche Eygenschafften seynd und derwegen vor dem Fall gewest, Ja noch vor den Sternen am dritten Tag erschaffen worden. Kürtzlich, diese Contrarieteten gehören zur Zierdt der Welt und seynd derowegen anderst nicht dann gut, dann sie alle mit einander Gott dem Schöpffer zu seinem allgemeinen allerheyligsten Intent dienstlich seynd, und werden auch unter einander selbst eines dem andern gar nicht durch die Banck hinweg blöß, sondern nur mit seiner gewissen Maaß. Der Hundt ist dem Hasen zwar graam, wann aber der Haaß in seinem Gesträuß bleibt und der Hundt zu Hauß, so gehet einer den andern nichts an. So lang auch der Haaß umbspringet, frewet er sich seiner Flucht eben so hoch als hoch sich der Hundt seines nachjagens und der Mensch deß Weydwercks sich freuwet, biß entlich sein Stündtlin kömpt, da zwar nach des Hasens Sinnlichkeit der Hundt deß Hasens grosses Unglück ist, so wol als das Alter und der zeitliche Todt deß Menschens leiblicher Untergang und Unglück ist; es kan aber doch dem Haasen kein grössere Ehr widerfahren, dann wann er vom Hundt erhaschet wird und dem Jäger auff den Tisch kömpt, dann darzu ist er gewürdiget von seinem Schöpffer.

Weil dann *Saturnus, Jupiter* und *Mars* einander nicht wie Hundt und Hasen verfolgen, sondern alle nebeneinander im Himmel dahero lauffen, so wirdt ihre Contrarietet, mit welcher sie von einander unterscheiden, umb so viel desto weniger böß seyn.

35. Sprichstu: ja sie seynd aber dem Menschen zuwider. Antwort: Gott hat den Menschen erschaffen erst nach den Planeten am sechsten Tag; da ist es bey Gott gestanden, wie er den Menschen formieren wölle. Gar leicht were es ihme gewest, den Menschen also zu formieren, daß er nur allein mit dem temperierten *Jupiter* zu thun gehabt hette und deß *Saturni* oder *Martis* so wenig empfunden hette als ein todter Stein. Das hat aber Gott nicht gethan; derohalben muß es gut und heylig gethan seyn, daß der Mensch nicht nur deß temperierten *Jupiters,* sondern auch deß kalten *Saturni* und deß hitzigen *Martis* empfindet. Die schaden ihme aber eben so wenig als innerhalb seines Leibs die *atra bilis* und die Gall, welche beyde *Humores* von den gemeinen *Medicis* nur für *excrementa* außgeschryen werden, so wol als *Saturnus* und *Mars* von den gemeinen *Astrologis* für böse Planeten. Derowegen so wenig *D. Feselius* diesen Astrologischen Wohn in Kopff bringen kan, so wenig wil auch mir eyngehen, daß die Gall nur allein ein *Excrementum* und kein nöhtiger *humor pertinens ad substantiam alimenti per venas delati* seyn solle.

Daß nun die *Astrologi* etwa eine Kranckheit dem *Saturno* oder *Marti* zuschreiben, ob wol ich sie hieruber für dißmal noch

nicht allerdings justificiert haben wil, so seynd sie aber doch von
D. Feselio hierüber eben so wenig zu verdencken, als wenig ich
ihn verdencke, wann er von einem Patienten sagt, die Gall oder
das ubrige Geblüt *plethora* oder der Mertz hab ihn umbs Leben
gebracht.

Und ist hiemit D. *Feselii* erste Frag erörtert, ob die Planeten
auch ihre anerschaffene und eyngepflantzte Wirckungen haben
und ob dieselbige gut oder böß.

36. Zum andern, sagt D. *Feselius,* sey auch diß die Frage, ob der
Sternen Wirckungen auch ergrieffen und zu vorsagung künfftiger
Ding gebraucht werden können?

Daß man sie nicht vollkommen ergreiffen könne, ist leichtlich
zu erachten, weil ihrer gar zu viel seynd und alle auff dem
Erdtboden zusammen leuchten. Es macht aber das stillstehen
und das umbgehen unter ihnen einen grossen Unterscheidt.
Dann weil der meinste Hauff an einem Ort stillsteht, so bleibt
es auch mit ihrer Wirckung an und für sie selbst immer nur in
einem, und gibt keinen merddichen Unterscheidt. Was gehet aber
diß die fünff umblauffende Planeten an? Deren seynd wenig und
geben sich schon zu einer Prob und Erfahrung, was sie vermögen.

Derowegen so antworte ich D. *Feselio* rundt und sage: ja. Alle
natürliche der fünff Planeten, zum theil auch der fürnembsten
unbeweglichen Sternen Eygenschafften, durch welche sie bey uns
auff Erden etwas wircken, die können durch menschlichen verstandt wiewol nicht vollkommen, doch gleich so wol ergrieffen,
auch in ein gewisse *scientiam* und Wissenschafft eyngeschlossen
und bey den *Prognosticationibus* künfftiger Dinge nützlich betrachtet werden, so wol und so vollkommen dieses in der *Medicina* mit den viel und mancherley Kräuttern geschehen kan.

Dann gleicher weiß, wie man bey den Kräuttern und andern
Simplicibus noch täglich etwas erfähret und erlernet, das man
zuvor nit gewust, also kan diß auch mit den Eygenschafften der
Sternen noch fürauß geschehen, und also, was man jetzo noch
nicht weiß, künfftig erlernet werden, und umb so viel desto
mehr, weil bißhero deren *Astrologorum,* welche nach der gründ-
lichen Warheit gestrebet haben, viel weniger gewest als bey der
Medicina, die hat so viel hochgelehrter Männer zu allen zeiten
gehabt, daß ein Wunder ist, daß sie diese Kunst nicht vor längst
gantz und gar erschöpffet und, wie man sagt, in den Schuhen
zertretten haben.

Feselius sagt nein zur Sach, man köndte der Planeten Eygenschafften nicht vollkommlich erlernen, damit er ohn zweiffel die *Astrologiam* weyt weyt unter die *Medicinam* heronter gesetzt haben wil. Führet zum Zeugen eyn erstlich *Aristotelem de coelo lib. 2. cap. 3*.

Er thut aber dem guten Herrn Gewalt und zeucht ihn, beym Mantel mit ihme zu gehen, da doch sein Weg gar auff ein anders Ort zugehet. Dann ich *Aristoteli* und *Feselio* geständig bin, daß wir viel besser wissen, wie es allhie mit unserm Erdtboden beschaffen, als wie es mit den himmelischen leuchtenden Kugeln eine Gelegenheit habe, versiehe, ob auch lebendige Creaturen in denselbigen so wol als auff dieser Erden Kugel sich auffhalten und was es für Thier seyn müssen, Item, ob solche Kugeln gemacht seyen von einer festen Matery wie ein Stein oder von einer flüssigen wie Wasser, ob sie durchleuchtig wie ein Erystall oder finster wie ein leymen Kloß, ob sie ein Nebel, eine Wolcke, ein Feuwerflamme, ob sie grün, schwartz oder roht an der Farbe. Diese Stücke, sage ich, seyndt gantz schwehr wegen der unbegreifflichen Höhe, ist wahr, aber doch seynd sie nicht allerdings unmüglich; dann *Aristoteles* selber macht sich am selbigen Ort darhinder, dieselbige Dinge zu ergründen, und hat nicht gar nichts außgerichtet. Dann man auch deroselben Zufälle nicht gantz und gar nicht vernemmen kan, sondern diß ist allein wahr, daß dessen, so man darvon mit eusserlichen Sinnen vernimbt, wenig sey gegen dem jenigen zu rechnen, was uns unsere fünff Sinne von einem Kraut oder Thier berichten und zu verstehen geben. Daß aber darumb deß Menschens Verstandt auß dem jenigen, was die Augen ihn von dem Himmel berichten, nichts gründtlichers abnemmen köndte, wirdt nicht zu erweisen seyn.

Zum Uberfluß gebe ichs also zu bedencken, wann die Sterne nur allein im Himmel blieben und wir hie auff Erden und also sie uns gantz und gar keine Bottschaft herunter thäten, so were es verlohren. Wann sie schon alle menschliche Händel trieben und walteten, so würden wir doch nicht wissen, woher es käme, sondern wir würden bey dieser *generali notitia* bleiben müssen, daß diß alles von Gott komme. Weil aber das Liecht der Sternen zu uns herunter kömpt und unterschiedliche Farben und Klarheiten mit sich führet, so seyndt jetzo die Sterne uns nicht mehr zu hoch, sondern wir urtheilen von ihnen auß dem jenigen, was sie herab auff den Erdtboden und in unsere Augen hineyn anmelden, können sie nicht allein messen, ihren Lauff ergründten, sondern auch etlicher massen von ihrer Kugeln anhangenden Gelegenheiten und Eygenschaften *discurrirn,* auch auß denselben nach und nach anmercken, was doch eygentlich dasjenige seye, welches sie bey uns verursachen, wie dann sonderlich mit dem Exempel deß Sommers und Winters offenbar. Wann alle Menschen blindt weren oder unter einem Obdach oder ewigbleibenden Gewölcke herumb dappeten, würden sie nicht wissen, wie ihnen geschehe, daß es Sommer oder Winter würde, sondern würdens allein Gott ohne Mittel heymschreiben. Weil sie aber der Sonnen gewahr worden, zweiffelt jetzo niemandt mehr, daß der Sommer von der Sonnen herkomme, wann sie sich zu uns nahet, und hingegen, wann sie von uns scheidet, es Winter werde. Und diß alles ist *Aristoteli* in angezogenem Ort keins wegs zuwider. Derohalben *Feselius* wol *Aristotelem* seinen Weg passieren lassen und sich umb einen andern Advocaten umbsehen mag.

Last uns derohalben nun fürs ander besehen, was sein *Valeriola* zur Sach rede. Wie sagt er? Es seynd in Warheit gantz verborgene und in die allertieffeste Heymlichkeit der Natur versteckte Sachen, darvon uns die *Astrologi* sagen. Antwort: was schadet es, laß sie hersagen, wann sie nur etwas sagen, das sich im Werck also befindet, wann solches nur warhafftig darinnen stecket, so wöllen wir den Ursachen wol raht schaffen und dieselbige auß ihrer so tieffen heymlichkeit herauß graben und ans Tagliecht bringen; dann gesetzt, es hab kein *Medicus* nie keinen menschlichen Leib geöffnet, so wird es warlich ein sehr tieffes geheymnuß seyn, daß einem soll der Schenckel roht werden, wann ihm zuvor der Kopff wehe gethan, da müste man alsdann, wann es sich beständiglich also zutrüge, darnach trachten, daß man die Ursach erlernete.

Ja, sagt *Valeriola,* die *Astrologi* geben aber diß für ohne gründtliche *demonstration*? Antwort: sie beruffen sich auff die erfahrenheit und geben ihre Sachen uns in die *Physicam* hereyn an statt der *Principiorum.* Die *principia* aber kan und soll man gläuben ohne *demonstration* und allein auß der Erfahrenheit. Wann die *Experients* da ist und sagt, diesem hat zuvor der Kopff wehe gethan, hat ein Hitz gehabt, hat fantasiert, bald darauff ist ihme der Fuß roht worden, so gläubt solches der *Medicus,* wanns schon nicht *demonstrirt* ist: Er gehet aber der Erfahrung nach, obs sich in andern *exemplis* auch also verhalte, und wann ers dann befindet, so setzt er sich drüber und macht ihm selber ein *demonstration,* warumb es also und nicht anders seyn müsse, kan es also endtlich in eine beständige Wissenschafft bringen.

Ja, *Valeriola* sagt aber, der *Astrologorum* Fürgeben sey also beschaffen, daß es nicht solle geglaubt, und nicht köndte in ein Wissenschafft gebracht werden? Antwort: wahr ist es von dem grossen Theil, aber nicht von allem, was die *Astrologi* fürgeben. Wahr ist es von den *individuis,* aber nicht von der *generalitet,* die in alle *individua* eyngetheilt ist. Daß es also wahr sey, gläube ich nicht eben von deß wegen, weil es *Valeriola* gesagt (seinethalben köndt ichs wol verneinen und es ihn probiern lassen), sondern ich hab es selbst erfahren. So stehet es einem jeden frey, der sich der Mühe unterwinden wil, solches in eygene Erfahrung zubringen. Wie aber droben außführlich gemeldet, so geschicht diß den *Medicis* auch mit der anfänglichen Bewehrung der Kräutter; sie müssen warlich nicht allem Aberglauben der alten Weiblin gläuben, sie haben aber anfänglich deren Aussag auch nicht allerdings verwerffen können, sondern es hat Vernunfft, Zeit und mehrere Erfahrung zur Sache gehöret, dadurch das ungewisse von dem gewissen, die *generalitet* von den nebenzukommenden Umbständen *in individuis* hat müssen unterscheiden. Dasselbig hab auch ich meines Theils *in Astrologia* gethan und auß dero *praetendirten* Erfahrenheit die *Quintam Essentiam* herauß gezogen, die zwar sehr nahe zusammen gangen, aber doch nicht allerdings zu nicht worden. Hab mich auch hernach befliessen, auß der jenigen Erfahrung, welche die Prob gehalten, eine *scientiam* oder Wissenschafft zu machen, welches mir meines erachtens nicht allerdings mißlungen; verhoff solche *scientia* werde neben vielen Stücken der *Medicina* sich dörffen sehen lassen.

37. Der dritte A 3. in der Ordnung, welchen *Feselius* wider die *Astrologus* eynführet, ist der weise König Salomon, der die Eytelkeit aller Künsten und menschlichen Arbeit an Tag gibt, sonderlich aber zum offtermal bezeuget, daß der Mensch die künfftige Dinge nie wissen könne. Darüber *Feselius* die *Astrologus* anstrenget, diesen Knopff sollen sie ihme aufflösen, und möchte er gleichwol gern vernemmen, wie man sich hierüber *torquirn* und was man diesen Zeugnüssen für ein Färblein anstreichen wölle.

Antwort: fürs erste hat *Feselius* angefangen von der Sterne Wirckungen, daß sie deren keine haben ausserhalb deß Liechts und Bewegung. Hiervon sagt Salomon nichts weder *pro* noch *contra*, sondern redet allein darvon, daß die Menschen sich vergeblich bemühen, künfftige Fälle zu erlernen.

Ist derohalben nun eine andere Frage, ob man künfftige dinge es sey auß den Sternen oder anderstwohero wissen könne.

Damit ich mich aber auch in diesem Puncten erkläre, so ist zu wissen, daß alle weltliche Händel auff zweyerley weise betrachtet werden: Erstlich, so ferrn sie mit der Zeit und Ort auch andern Umbständen also umbschrieben seynd, wie man sie in den Chronicken oder ein jeder in seinem HaußCalender auffzeichnet, welche auch eines oder deß andern Menschens *in individuo* Leib und Leben, Hab und Gut, Ehr und Gefahr betreffen. Da bekenne ich, daß die *Astrologi* sich viel zu dürstiglich vermessen, solche Ding ins gemein oder in sonderbarer Personen Nativiteten auß dem Himmel umbständiglich und unfehlbarlich vorzusagen, und hierwider ist der König Salomo recht angezogen.

Darnach so werden die weltliche Händel nicht also *in specie,* sondern wegen einer allgemeinen Gleichheit betrachtet: Als daß etwan ein Jahr kömpt, da Friedt in aller Welt ist, etwan ein Mensch ist, auff welchen das Unglück mit Hauffen ziehlet ein Jahr für das ander, Da man nicht diß oder jenes Unglück insonderheit, sondern ins gemein den Zustandt betrachtet, welcher auß allen Particulariteten erscheinet.

Wann nun *Feselius* auch diese Generalbetrachtung auß Salomone widerlegen wil, daß der Mensch hie auff Erden deroselben allerdings kein vorwissenschafft haben köndte, und hernach die *Astrologiam in specie* hierumb anfallen und verwerffen wil, als ob dieselbe allein sich umb solche künfftige Sachen bewerbe und hieran unrecht thue, so verkrieche ich mich schlecht hinweg hinder *D. Feselium* und seine *Medicinam*: wie es nun deren gehet, so solle es meiner *Astrologia* auch gehen. Dann alle Wort, die *Feselius* auß Salomone wider diese Nachforschung künfftiger ding *in genere,* als jetzt gesagt, eynführen wil, die können in gleichen *Terminis* auch wider der *Medicorum praedictiones* eyngeführt werden.

Deß Unglücks deß Menschens ist viel bey ihme; dann er weiß nicht was gewesen ist (die *Historicos* darumb unverworffen), und wer wil ihm sagen, was werden soll? Warlich das kan ihm der *Medicus* allein nicht sagen so wenig als der *Astrologus* (und bleibt doch *Medicina* und *scientia siderum* unverachtet), als welche dannoch etwas vorsehen, ein jede nach art ihres *subiecti*.

Ob auch gleich kein Mensch den Verstandt (der Weißheit und deß Unglücks, so auff Erden geschicht) finden kan aller Werken Gottes, die unter der Sonnen geschehen, so suchet man doch *in medicina* etwas von diesem Verstandt und von ursprung der Kranckheiten und Landtseuchen, von Eygenschafften der Werck Gottes & c. und sucht es nicht vergeblich, sondern findt doch etwas darvon, deßgleichen man in *Astronomia* und *Astrologia* auch pfleget.

Und wie wirdt es *Feselio* gefallen, wann ich mit Salomone fortfahre, doch *specialiter* an die *Medicinam* setzte: Je mehr der *Medicus* arbeytet zu suchen, je weniger er findet. Wenn er gleich spricht: ich bin *Doctor*, und viel weiß, so kan ers doch nicht finden. Solte ich darumb schliessen, man soll die *Medicinam* gar unterwegen und ungestudiret lassen?

Also wann ich den *Politics* auß Salomone eynreden und sprechen wolte, wer weiß, was dem Menschen nutz ist im Leben, und wer wil dem Menschen sagen, was nach im kommen wird unter der Sonnen? Darumb soll man nicht nach guten Gesetzen und Regiment streben, keine Fürsorg tragen für die Nachkommen. Were das nit den Spruch Salomonis mißbraucht, als welcher nicht vom Nutzen solcher dinge, welcher an ihm selber gewiß genug, sondern nur von der Unvollkommenheit redet und den Menschen, den *Medicum* so wol als den *Philosophum sideralem*, seiner Unwissenheit erinnert.

Und abermal, wann Salomon sagt, daß Gott den bösen Tag oder das Unglück, die Krankheit auch schaffe neben dem guten, daß der Mensch nicht wissen solle, was künfftig ist, wil mir darumb *Feselius* bekennen, daß seine medicinalische *praedictiones* und Vorsagungen allerdings nichtig, vergeblich und falsch seyen? So dann die *Medicina* etwas vorsagen kan, ungeacht dasselbig unvollkommen und *quoad circumstantias individuas* gar ungewiß, was wunders soll es dann in der Sternkündigung seyn, daß drinnen auch etwas *in genere* vorgesehen werden mag und gleichwol Salomonis Spruch wahr bleibt, daß der Mensch nit wisse, was *in individuo* künfftig ist.

Also laß ich auch *D. Feselium* den Spruch auß Jesu Sprach am 16. Cap. seines gefallens außlegen. Er mag von dem natürlichen Gewitter reden, wie *Feselius* drauff dringet, oder mag, wie mich gedünckt, von allen Plagen und Straffen reden, die Gott über den Gottlosen sichern Hauffen wil kommen lassen, die da sprechen: Der Herr siehet mich nicht, da hoch das Widerspiel war, daß vielmehr solche Frefeler das jenig nit sehen, was er mit ihnen fürnemen und thun wil und Gottes bedrawung, wann sie schon ein roher Mensch höret, viel zu weit auß seinen Augen ist.

Ich bekenne gern, daß die Gottlosen *Philosophi* und *Medici*, welche ihre Künsten und Vorwissenschafft auff die *futura contingentia in individuo extendirn* oder dieselbige sonsten den Göttlichen Bedräuwungen entgegen setzen und zur Sicherheit mißbrauchen wolten, so wol in diese Schul gehören als andere böse Buben. Es wirdt ihnen aber darumb in derselben nicht aufferlegt, daß sie ihre *Professiones* verlassen sollen, so wenig als das Weintrinken verbotten wirdt, wann Salomo für der Füllerey warnet.

Und hat mir *Feselius*, als der ein *Medicus* und *Anatomicus* ist, mit dem letzten Spruch auß *Ecclesiaste, cap. 11.* angezogen ein Lachen verursacht, wil ihn derohalben gantz setzen, ob vielleicht der Leser dessen, so er uberhüpfft, neben mir auch lachen wolte: Gleich wie du *(Astrologe)* nicht weissest den Weg deß Windes und, wie die Gebein in Mutterleib bereyttet werden, Also kanstu auch Gottes Werck nicht wissen, was er thut uberall.

Wann nun die *Medici*, deren einer auch *D. Feselius* ist, auff anhörung dieses Spruchs die *Anatomiam* hinweg legen und auffhören, zu disputiren *de formatione foetus in utero*, dann wirdt es an die *Philosophos* kommen, daß sie auch ihre *generales prognosticationes ex astris* unterlassen. Sonsten und wann die *Medici* fortfahren, werden auch die *Astrologi Philosophiam quaerentes* neben ihnen bey gleichen Ehren bleiben.

Was auß dem Buch Hiob eyngeführet wirdt, daß Hiob nicht gewust, wann Gott ein jedes seiner Werk thue und wann er das Liecht seiner Wolcken herfür brechen lasse, bin ich nicht gesinnet abzuläugnen, wann auch gleich von der *Astrologis* geredt wirdt, dann solche sehr viel falsche *fundamenta* haben, das Gewitter zu erlernen, auch die warhafftige *fundamenta*, zu der umbständtlichen Außbrütung deß Gewitters nicht gnugsam und allein *pars causae* seynd, endtlich sie auch nicht wissen können, über welche Landtschafft ein Wetter gehen und was es gutes oder böses bringen werde. Solte man aber darumb sich nicht strecken, etwas zu erlernen, so viel Gott der Herr dem ordentlichen Lauff der Natur eyngepflanzet? So müste man die gantze *Philosophiam* unter wegen lassen, weil im nachfolgenden 38. Capitel nicht Eliu, sondern Gott selbst die unvollkommenheit der menschlichen Wissenschafft durch alle *partes Philosophiae* außführet und dem Job darmit seine Vermessenheit zuerkennen gibt. Daß wer eben der Handel, als ob einer sagte, Der Mensch köndte wegen anhangender Gebrechligkeit die Gebott Gottes nicht vollkömmlich erfüllen, darumb soll er sich auch darnach nicht strecken, sondern Hände und Füsse sincken lassen.

38. Es setzt nun *D. Feselius* seinen Fuß fürbaß und untersteht sich, die *Astrologiam* zu verwerffen, weil sie unvollkommen. Die Unvollkommenheit aber deroselben wil er erweisen auß Unvollkommenheit der *Astronomia*. Nun hab ich schon mit vielem zu verstehen geben, welch ein unbesonnen Werck es sey, ein Ding, so an ihm selber gut, wegen seiner Unvollkommenheit gantz und gar zu verwerffen; dann hiermit auch der *Medicina* nicht verschonet werden müste. Wahr ist es, wann es unvollkommen, so warnet man recht, daß niemandt sich zuviel darauff verlasse. Gleich wie auch ich recht daran thäte, wann ich einen Patienten warnete, er solte sich auff *D. Feselii* Cur nicht allzuviel verlassen; dann die *Medicina* sey noch in vielen Stücken sehr mangelhafft.

Aber von dieser Folg ist nunmehr gnug gesagt. Lasset uns besehen, wie *D. Feselius* erweiset, daß die *Astrologia* unvollkommen.

Er sagt die *fundamenta Astronomica* seyen unvollkommen, auff welche diese *Physicae praedictiones* gebauwet. Derhalben auch das Gebäuw selber wancken müsse.

Antwort: Die meinste Stück U 4., welche *Feselius* hie auß der *Astronomia* für unvollkommen ansiehet, die gehen die *praedictiones Physicas* nichts an.

Dann was gehet anfangs die irrdische wirckungen an, die zahl der himmlischen *Sphaerarum*, es mögen ihrer sechs, acht, neun, zehen, eylff, zwölff oder nur eine seyn; die *Sphaerae* selber oder die runde Häußlein (wie *Feselius* darvon redet), die singen, wircken oder thun nichts, sondern allein der Vogel, der darinnen sitzt, das ist der Planet, gleich wie der Ring kein Krafft hat am Finger, sondern der Stein darinnen soll nach etlicher Fürgeben dieselbe haben.

Also und fürs ander: Es stehen die Planeten hoch oder nieder, oder die Sonn steht zu oberst oder zu underst, so werffen sie doch ihr Liecht und die demselben anhangende Qualiteten zu uns auff den Erdtboden herunter, die Sterne so wol als Sonn und Mondt, sonst würden wir sie nicht sehen; dann diß sollen die *Medici* auß unser *Optica* und mit Namen auß meiner *Astronomiae parte Optica* wissen und lernen (wie sie dann allbereyt hin und her anfangen, zu lernen und mir für die eröffnung deß rechten warhafftigen *modi videndi* danck zu sagen), daß ein jede Sach mit ihrer Farb so scharpff im Aug drinnen abgemahlet steht, so scharpff der Mensch dieselbe sihet.

Nicht viel anderst wirdt auch das dritte ungewisse Stück B 1.

abzufertigen seyn, daß man den *Motum octavae sphaerae* nit wisse und wann die Sonn beginne in ein jedes Zeichen zu gehen. Dann ob ichs schon nicht uber zehen tausent Jahr weiß außzurechnen, so weiß ichs aber auff hundert Jahr außzurechnen und kan es zu jederzeit obseruieren, befinde auch, daß diese Rechnung wahr seye. Und gesetzt, ich köndte es nicht außrechnen so scharpff und genauw (wie dann ich nicht läugne, daß die *Astrologi* sich mit dem Eyngang der Sonnen in den Wider, darauß sie das *Judicium* uber das gantze Jahr fällen, gröblich verschneiden, offtermal umb 12, 13, 14, 15 Stundt verfehlen und den Himmel geradt das unter uber sich kehren), so hat diß schon sein gemessenes Ziel, wie viel es an der *Astrologia* umbstosset, nemlich diß *Judicium anni ex figura introitus Solis in Arietem*, auff welches ich ohne das nichts halte, wann man gleich mit der Rechnung gar genauw zutrifft.

39. Dann also hab ich geschrieben in meinem *Prognostico* uber das 1599. Jahr. Die *Astrologi* pflegen einem jeden Jahr, nicht anderst, als würde es wie ein anderer Mensch geboren, sein Nativitet zu stellen, *partes frumenti, vini, olei, mortis,* &c. zusuchen. Nun kan ich nicht läugnen, daß diß ein lächerliche Fantasey seye. Dann ein Mensch wird zumal mit Haut und Haar in einem Augenblick geboren. Das Jahr aber ist nicht ein solches gantzes Wesen, sondern, wann der Lentz angehet, so ist der Sommer noch nicht da, und so er kömpt, dann ist der Lentz schon vergangen. Ein Mensch ist ein irrdisches abgesondertes und von dem Himmel verenderliches Wesen. Das Jahr ist nichts anders dann die himmlische Läuffe selbsten, dessen sein verweynte Nativitet, das ist der erste Tag im Frühling, ein Theil ist. Derowegen nit ein Tag dem andern zugebieten oder ihn zuverändern macht hat, sondern sie alle zugleich müssen nach Göttlicher einmal bestellter ordnung ein jeder auff sein besondere weiß daher fliessen.

Ja, spricht einer, die Jahrs Revolution gehet nicht eben über das Jahr selbst, sondern uber den Erdtboden, welcher alle Jahr gleichsam von neuwem geboren wirdt.

Antwort: deß Menschen Geburt hat einen augenscheinlichen Anfang, wann er von seiner Mutter abgelöset und für sich selber zu leben anfahet. Der Erdtboden aber sampt allen Bäumen, Früchten und Gebürgen werden von einem Tag zum andern vor und nach dem Eintritt der Sonnen in den Wider je länger je mehr oder weniger erhitzet, erweychet, befeuchtiget und verändert. Derowegen man nicht wie bey den Menschen den ersten Tag, sondern die Constellation durch das gantze Jahr ansehen müste.

Wann aber schon diß verworffen wird, so ist es darumb nit allerding umb die *Astrologiam* geschehen, & c. So viel am selbigen ort.

Ferrners wirdt durch diese Ungewißheit der Rechnung, wann man sie gleich *Feselio* zugebe, die gar genaw außtheilung der zwölff himmlischen Zeichen erschüttert und umbgestossen. Die habe ich aber gleichsfalls schon längst, sonderlich in meinem Buch *de stella nova serpentarii*, mit vielen andern *argumentis* verworffen, ohn noht dieselbige allhie zu widerholen, Köndte sie aber also dahin, *crassiori Minerva,* vor dieser von *D. Feselio* fürgestossener Ungewißheit der Astronomischen *Observationum* gar wol behalten, wann ich sonst nichts darwider hette. Dann in einem Zeichen seynd dreyssig *gradus,* gesetzt nun, doch nicht gegeben, der *Astronomus* verfehle mit seinem Augenmaaß (wegen Widergellung deß Scheins oder umb einiger anderer Ursachen willen) umb den ersten gantzen Grad, so bleiben aber doch noch 29 ubrig, die keinen Fehl haben, welcher Eygenschafft durch diese deß eintzigen Grads Ungewißheit noch nicht zumal umbgestossen wirdt.

40. Viel weniger schadet diß der *Astrologiae,* daß der *Astronomus* nicht weiß, wie groß eygentlich ein jeder Stern seye. Dann es wircken die Sterne nicht nach ihrer warhafftigen Grösse, sondern nach dem Augenmaaß, nach dem jeder groß scheinet allhie auff Erden, allda die Werckstatt zu solcher Wirckung ist. Erinnert euch, daß droben *num. 26.* gesagt worden, die Wirckung der Sternen gehe zu durch vermittelung ihres Liechts. Sollen sie was außrichten, müssen sie ihre Krafft nicht bey sich droben behalten, sondern zu uns herab erstrecken. Je weytter sie aber solche erstrecken, je schwächer sie wirdt, gleich wie auch sie selber mit ihren Kugeln, je höher sie stehen, je kleiner erscheinen, und also ihre Krafft sich mit dem Augenmaaß ihrer Größ proportioniert.

Noch viel weniger irret den *Astrologum* die ubermässige Geschwindigkeit deß Himmels; dann was gehet es den Erdtboden an, wie groß und also auch wie geschwindt der Himmel sey. Der Erdtboden empfindet die Abwechselung deß Liechts, welche in 24 Stunden geschicht, so wol von dem hohen *Saturno* als von dem nidrigen *Mercurio,* wie sie beyde zugleich herab leuchten.

Dann man fragt in *Astrologia* nicht darnach, wie weyt der Planet in seinem weytten oder engen Himmel gelauffen, sondern wie ein grossen Winckel sein herabfallendt Liecht allhie auff Erden bey einem einigen Puncten durchgelauffen; da zeucht man umb einen solchen Puncten einen *circulum,* theilt denselben in 360 Grad. Gott gebe er sey weyt oder eng. Dann das *Punctum Naturale* (ist die natürliche Seel in einem jeden Menschen oder auch in der Erdenkugel selbsten; *Vide librum meum de Stella serp. fol. 39.)* vermag so viel als einen wircklichen *Circulum. In puncto inest circulus in potentia, propter plagas unde adveniunt radii se mutuo in hoc puncto secantes.*

Ebenmässige Antwort B 2. gehöret auch auff den Zweiffel, ob Himmel oder Erden umbgehe? Welcher Zweiffel darumb die *Astrologiam* nicht verdächtig macht, weil er sie nichts angehet; dann da ist gnug, daß der *Astrologus* siehet, wie die Liechtstreymen jetzo von Orient, dann von Mittag, endtlich von Occident daher gehen und darauff gar verschwinden. Da ist gnug, daß man weiß, wann zween Planeten neben einander gesehen werden und wann sie gegen einander uberstehen, Item wann sie ein *sextilem, quintilem, quadratum,* &c. machen, welches fleissige *Astronomi* bey nächtlicher weil an ihren *Instrumentis circularibus* zeigen können, so offt zween Planeten zumal erscheinen. Was fragt allhie der *Astrologus* oder vielmehr *Natura sublunaris* darnach, wie solches zugehe? Warlich so wenig als der Bauwer darnach fragt, wie es Sommer und Winter werde, und doch nichts desto weniger sich darnach richtet.

41. Diß schreibe ich von den meinsten Puncten. Wil mich darumb nicht begeben haben, auß der warhafftigen Beschaffenheit der Welt etliche Sachen *in Astrologia* zu widerlegen, etliche zu bestättigen, etliche zu verbessern.

Dann zum Exempel, so gedüncht mich, wie die Alten die zwölff Zeichen unter die sieben Planeten außgetheilt, haben sie gemeynet, die Sonne stehe nächst uber dem Mondt, und ihr derowegen das nechste Zeichen an deß Mondes Zeichen, das ist den Löwen, zugetheilet, derowegen ich solche abtheilung desto mehr verwerffe.

Hinwiderumb, so wil bey mir die *doctrina directionum* ein feines Ansehen gewinnen, wann ich mit *Copernico* die Erde umbgehen lasse; dann alsdann findet sich die *proportio diei ad annum, hoc est, unius ad 365,* unserm *domicilio* Hütten, Wohnung oder Schiff, darinnen wir in der Welt herumb geführt werden, natürlich eyngepflantzet. Und ist derohalben desto gläublicher, daß *in directionibus* und Nativiteten der Menschen, welche dieses Schiffs Innwohner seynd, diese Proportz auch regiren solle, als dann die *Astrologi* lehren.

Da ich dann auß unterschiedlichen Meynungen der fürnembsten *Astrologorum* diese meine besondere Meynung zusammen gezogen und in derselben solche *authores in modico dissentientes* vergliechen, daß ein jeder Tag nach der Geburt ein Jahr bedeute, zween Tag zwey Jahr und so fort an. Darauß dann folgt, daß die Sonn *per itinera diurna in Ecliptica* zu dirigirn *medium coeli per ascensiones rectas, ascendens per obliquas, semper additis horis nativitatis ad ascensionem rectam loci directionis solis, et themate de novo erecto.* Der Mond auch *in Ecliptica, per itinera Solis diurna, Pars fortunae* aber verworffen und nicht dirigirt werden müsse, wie sie denn auch kein Stern oder Theil deß Himmels nicht ist, so wol auch der ubrigen Planeten *directiones* zu unterlassen, weil sie mit diesem *motu terrae* kein Gemeinschafft an und für sich selber nicht haben.

42. Etwas näher kömpt *Feselius* mit Fürwerffung der ungewissen Zeit und Minuten, in welcher ein Mensch geboren wird; dann die *Astrologi* bekennen solches und befinden es starck, haben auch ihre Mittel, dieser ungewißheit zu helffen, eins besser dann das ander.

Es wil aber *Feselius* weiter greiffen und vermeynet, wann man auch nur umb ein einige Minuten fehle, sey es allbereyt zuviel, und hat außgerechnet, wie viel tausentmaltausent Teutscher Meilen man hierunter ubersehe und fürüber passiren lasse. Es ist aber droben *num.* 40 angezeigt, daß uns die Grösse deß Himmels nit irre. Deß Menschen natürliche Seel ist nit grösser denn ein einiger Punct, und in diesen Puncten wird die Gestalt und Character deß gantzen Himmels, wann er auch noch hundertmal so groß were, *potentialiter* eyngedruckt. Und thut ein verfehlte Minut der zeit *in negocio directionis* nit mehr dann ein viertheil Jahr. O wie selig würden die *Astrologi* sich schetzen, wann sie alle fälle bey einem viertheil Jahr vorsagen könnten.

So es aber schön umb ein Viertheil oder halbe Stundt an der Zeit fehlen solte, welche *in directione* vier und acht Jahr außtragen, so ist nicht darumb die gantze Sache ungewiß. Es bleibt gleichwol dem *Astrologo* so viel, daß er ungefährlich sehe, ob ein *directio* in die Jugendt oder in das Alter eynfalle.

43. Es meynet ferrners *Feselius*, daß es der *Astrologiae* grossen mangel bringe, daß die *Astronomi* nit wissen, wieviel der *Fix*sternen seyen; dann wann ein Stern sein Eygenschafft und Influentz in diese nidere Welt habe, so werden alle dergleichen haben, und köndt derowegen nit ohne Fehler zugehen, wann man ein grosse menge so ubersehe.

Hierauff ist allbereyt droben *num. 36* geantwortet, daß ein unterscheidt sey zwischen den beweglichen Planeten und unbeweglichen *Fix*sternen, welcher Unterscheidt in fürhabender Sach seinen merdklichen Nachdruck hat, da man handelt von bewegung der Natur in dieser niderer Welt. Und seynd der Planeten nit mehr dann sieben, die werden alle zur Sach gezogen. Die unbeweglichen köndte man wol allerdings fahren lassen, weil sie immer in einem bleiben und also kein neuwerung verursachen sie selber zwischen einander.

Was aber das jenige anlangt, so sie zur Sachen thun sollen, wan die Planeten zu ihnen kommen, da gibt es eine starcke Musterung unter ihrer grossen unzahlbaren Menge.

Dann erstlich stehen ihrer gar wenig an den Strassen, da die Planeten fürüber passiren; der meinste Hauff stehet beseits gegen Mittnacht und Mittag und welben den runden Himmel auß, zu denen die Planeten nit kommen, und ist ein neuwerung, daß man die *aspecte* der Planeten mit solchen außgewiechenen Sternen betrachten wil. Dann solche *Astrologi* machen die *Experients* verdächtig, weil ohne das der Planeten *aspecte* untereinander selbsten sehr viel seynd. Auch ist es wider die Natur deß Aspects, daß ein unbeweglicher herzugezogen und mit bewegen solle.

Fürs ander so seynd sie unterschiedlicher Grösse, und ist ein vernünfftig Fürgeben, daß jeder so viel thue, so viel er das Gesicht bewegt und eynnimmet. Hiermit bleiben etwan drey oder vier von der ersten Grösse, die zur Sach dienen, und doch keiner so groß nicht ist als ein Planet.

Laß es seyn, daß ein jeder Ort noch darüber einen *Verticalem* oder zween habe und solche von den *Astrologis* auch betrachtet werden, es gehet noch wol hin, man mischet sich darumb nicht in ein unendtliche Zahl hineyn.

Schließlich und hindangesetzt alle diese *exceptiones*, so folgt drümb nicht, daß die *Astrologia* gar nichts sey oder dermöge, wann sie schon noch nicht aller Sternen Wirckung erlernet haben solte, sonst würde ich auch in gleichen *Terminis* sagen müssen, *Feselii* Kunst und die *Medicina* sey allerdings nichts; dann es seyen unzahlbare Ursachen der Kranckheiten, auch unzahlbare

Kräutter und *Simplicia*, darvon *Feselius* den wenigern theil wisse und *Hippocrates* vor zeiten noch weniger gewust.

44. Und ist hiermit *D. Feselii* begehren nach einer kommen, der ihme seine Frage auffgelöset.

Es ist aber drumb nicht vonnöthen, daß *Feselius* darumb jetzo auffhöre, mit Jesus Sprach zu halten, daß diese grosse Menge der Sternen den Himmel zieren müsse. Dann er wol weiß, *quod unius rei possint esse multi fines*. Und ist anfangs *num. 18* gedacht, daß der Himmel am andern, die Sterne am vierdten Tag geschaffen und zu vermuthen, daß sie ihre bestimpte Nutzen haben, auch ohne Ansehung deß Menschens. Als zum Exempel, so hat noch niemandt widersprochen, daß die Bewegung der himmlischen Kugeln etwan durch eine vernünfftige Creatur verrichtet werde, welche ihr auß den *Fix* Sternen Ziehl und Maaß nemme. Solte der Himmel uberall leer oder mit Sternen zwar besetzt, aber uberall in gleicher ordnung außgetheilt seyn, das würde eine solche Creatur, welche vermuhtlich die Sterne herumb führt, confundirn, daß sie nicht wuste, wo sie drinnen steckte.

Sonderlich gibt es in *Astronomia* etliche nachdencken, ob nicht die Planeten Straaß allgemach sich neyge gegen den *Polis* und endtlich gar dardurch gehen möchte, da jetzo die *Poli* stehen, da dann solche Straaß auch ihre Werckzeichen und Marckstein so wol als jetzo haben müste, in vorbetrachtung dieser künfftigen veränderung der Himmel rundt herumb also besetzt seyn mag.

Da aber diese Ordnung der Sternen nicht eben einem solchen Beweger der Planeten zu Dienst und Behelff gemacht were, so könnte sie doch dem Erkündiger ihres Lauffs, nemlich dem Menschen und so etwan sonst in einer Kugel andere mehr vernünfftige Creaturen weren und, wie wann ich sagte, den Engeln selbst, zu einem Behelff und Grundt *sideralis scientiae* angestellt worden seyn.

Nichts desto weniger, wann schon diese Anordnung am vierdten Tag also vorher gegangen, so ist doch Gott dem Schöpffer bevor gestanden, hernach am sechsten Tag den Menschen also zu formieren, daß sein natürliche *facultas animae* dieses himmlischen Heerzugs der Sternen noch auff ein andere weise, darvon die *Astrologi* reden, in Form und maaß, wie ich kurtz hiervor *num. 43 et 18* abgehandelt, empfinden und die bewegliche von den unbeweglichen, die grosse von den kleinen unterscheiden möchte.

Und hiermit ist *Feselii* erstes Argument beantwortet, da er durch Unvollkommenheit der *Astronomiae* die gantze *Astrologiam* umbstossen wöllen.

⟨Das ander Argument⟩

45. Jetzo wil ich sein ander Argument von Unvollkommenheit der *Astrologiae* abfertigen, welches zwar nicht eben eine Unvollkommenheit, deren ich gern geständig, sondern gar ein Unmüglichkeit erzwingen wil; Dann *Feselius* gibt für, die Sterne leuchten alle zusammen, darumb köndte der *Astrologus* nit einem jeden Planeten besonder probieren, was er für eine Krafft habe, und fragt hierumb, wie ihme hie die *Astrologi* thuen?

Antwort: Sie binden das gantze vermischte Büschlen von aller Sternen Liechtstraalen zusammen, schneiden es ab und werffen es in ein Wasser, lassen es drey Tag und drey Nacht aneinander sieden, so fallen die Zasern voneinander. Wil es *D. Feselius* nit gläuben, wie soll dann ich ihm gläuben, daß er probieren könne, daß das *Rhabarbarum* die Gallen außziehe, da doch aller Unrath in deß Menschen Leib beyeinander und untereinander vermischet. So wenig ein unerfahrener *Astronomus* von der Medicinalischen Erfahrung urtheilen kan, so wenig gebühret es einem *Medico*, der die *Astrologiam Physicam* nit geübet, deß *Astrologi* Erfahrung umbzustossen und darauff die gantze *Astrologiam* zu verwerffen.

Und wil ich nicht gläuben, daß *D. Feselius* alle und jede *simplicia* an der Menschen Leiber selber probiert habe, wie müste er so ein grossen Gottsacker gefüllet haben? Sondern er wirdt den Alten glauben, und so ein neuwes Kraut fürkömpt, wirdt er zuvor *coniecturas* brauchen, solches Kraut gegen andern schon kundtbaren Kräuttern halten, ehe dann ers gebrauchet.

Nicht anderst haben die *Astrologi* unterschiedliche Mittel, hinder die Kräfften der Planeten zu kommen. Sie betrachten die Farb, die Grösse, die Klarheit, sie sehen wann im Sommer *Saturnus* gegen der Sonnen ubersteht, ob gleich sonst kein anderer Planet sich zu der Sonnen gesellet, daß es kühl Regenwetter gibt.

46. Sie sehen, wann ein *coniunctio Martis et Solis* ist, daß es ein hitzige Zeit gibt nach Art der Jahreszeit; Dann im Winter ist es an statt der Hitz doch lindt, gibt Donner und Regen, als 1598

im December, 1601 im *Februario*. Im Frühling treibt solche *coniunctio* auff, was sie findet, nemlich noch viel rauher Lufft, als 1603 im *Aprili*, darzu auch ein Feuwer gehöret, ob schon diß *D. Feselio* ein ungereymbt Ding scheinen möchte. Sonsten ist es gemeinglich hitzig, als *1590 im Julio*, ein gut Wein Jahr. *Anno 1592*, ob wol gar ein nasses Jahr gewest (*propter* alia), so ist doch, wie *Chythraeus* meldet, von *24. Julii* biß *13. August. stylo veteri*, da im mittels die *coniunctio Martis et Solis* gefallen, heiß und truckene Zeit gewest. *Anno 1594 Septembri* ist auch ein guter Wein worden. *1596* im *October* ein herrliche Zeit. *1605* im *Junio* hitzig, unangesehen, daß damalen auch widrige Aspect zumal eyngefallen, darumb es viel Ungewitter gegeben. *Anno 1607* ward ein fruchtbar Jahr (welches seine besondere Ursachen hatt), da hat *Mars* in *Julio* auch in der Feuchte gewühtet und viel heisse dämpffechte Regen mit Hülff anderer beykommender *aspecte* auffgetrieben. *Anno 1609* ward es auch ein Tag vor und nach der *coniunction* im *Aug.* und *Septem.* sehr hitzig. Und steht noch täglich einem jeden bevor, darauff achtung zu geben. *D. Feselius* mag *Anno 1611* im *October stylo nouo* auffmercken.

47. Und ist zu erörterung der Frag, so *D. Feselius* fürgibt zu wissen, vonnöhten, daß, ob wol die Planeten ein jeder für sich allezeit auff den Erdtboden leuchten und wircken, sie doch hiermit als mit einem allzeit beständigen Werck kein Neuwerung verursachen und dahero auch freylich nicht können gemerckt werden. Es begeben sich aber durch Verursachung ihres Lauffs zu unterschiedlichen zeiten solche Umbstände, bey denen sie kräfftiger seynd und ein augenscheinliche Veränderung verursachen, welche Umbstände nit alle zumal in gemein, sondern nur zween auff einmal angehen. Da dann *Feselius* siehet, daß uns die Sterne eben so wol als den *Medicis* ihre Kräutter absonderlich zu erkündigen müglich und *D. Feselio* zu Umbstossung der *Astrologiae* an gnugsamem Bericht mangele. Welches er in anziehung etlicher Astronomischer *quaestionum* gleichfalls erwiesen, die ich nun jetzo auch hernemmen wil.

48. Dann anfangs A 3 und A 4 wil er zwischen den *Astronomis* Schiedsmann seyn, wieviel Himmel seyen, und widerlegt diejenigen, welche nur einen Himmel setzen, zu welchen *Tycho Brahe* sich bekennet und ich mich auch bekenne, Derohalben ich unser beyder halben diesen Puncten beantworten muß.

1. Feselius sagt, es sey der *Physicae* zuwider. Ich sage nein darzu, es muß erwiesen werden. Wann *Feselius* etwas sagt als ein *Medicus*, so muß ich schweigen, wann ers gleich nit probiert, wann er aber redet als ein *Physicus*, so bin ich auch einer mit, und gilt mein nein so viel als sein ja, biß ein jeder das seinige probiert.

2. Feselius sagt aber, es sey auch der H. Schrifft zuwider, weil sie vieler Himmel gedencke. Antwort: Was das Wort Himmel *in plurali* anlanget, das beweiset nichts; dann die Dolmetscher, wie hie *Feselius* bekennet, setzen im Lateinischen im ersten Buch Mosis am 1. Cap. das *singulare coelum*, da doch im Hebraischen (das *Feselius* nicht betrachtet) das *plurale haschamajim* eben so wol am selbigen Ort stehet als im 19. Psalmen. Dahero zu gläuben, daß es auch in die Griechische Spraach kommen sey. Oder hat auch die Art der Griechischen und Lateinischen Spraach darzu verholffen, daß man sagt, wir werden ererben *regnum coelorum*, meinendt das Reich in dem Himmel, der uns zur Seligkeit bereyttet ist. Welches zwar die Teutsche nicht wol leyden mag, es bedeute dann warhafftig mehr dann einen Himmel. Wann aber in heyliger Schrifft außdrücklich einer Anzahl der Himmel oder aller Himmeln gedacht oder auch den Ursachen nachtrachtet wirdt, Warumb die Hebraische Spraach allezeit deß Himmels gedencke, als ob ihrer viel weren, da mag man die *Theologos* drüber hören; dann ihre mehrere Himmel gehören nicht in die *Physicam*, außgenommen, daß diese nidrige Lufft auch Himmel und die Vögel *Tzippor schammajim* genennet werden. Und mag neben der *Theologorum* Außlegung gar wol fürgegeben werden, daß alle Sterne nur in einem Himmel stehen, der Weynung dann viel treffliche Griechische und Lateinische *Patres* gewest.

3. Ferrners wil *Feselio* nicht eyngehen, daß der Himmel flüssig und durchtringlich seye und die Planeten drinnen wie die Vögel in der Lufft daher fliehen sollen, daß der Himmel hinder ihnen allezeit wider zusammenfalle. Diß gehet aber mir gar wol eyn. *D. Feselius* sagt, er sey der *Physic* zuwider. Ich sage nein: stehet auff dem Beweiß. *D. Feselius* wils abermal auß heyliger Schrifft beweisen, die den Himmel ein Feste heisse. Antwort: Die Gelehrten in der Hebraischen Spraach geben das Wort *Raquia*, eine Außdehnung oder Außspannung, in dem Verstandt, daß Gott zwischen Wasser und Wasser habe auß Wasser ein dünneres durchsichtiges Wesen *per attenuationem* gemacht und die Matery, so zuvor gar eng und nahe beyeinander gewest, in ein unermeßlichen Raum oder *spacium* außgespannen (Wie man ein zusammen gelegt Kleyd von einander thut, wie im 104. Psalmen steht, daß der Himmel außgebreittet, *expandirt* wie ein Teppich, und oben mit Wasser gewelbet sey, *tecta aquis superiora eius*). Dasselbige Wasser zwar mag wol gefroren und also ein *sphaera crystallina* und warhafftige Feste seyn, Aber die Sterne seynd nicht in deroselben Dicke drinnen, sondern, wie Moses bezeugt, in dem nidrigern, unter diesem Gewölb eyngeschlossenen *expanso* oder himmlischen Lufft, Welches *expansum* Wasser von Wasser scheidet, das ist, beyde Wasser unden und oben berühret und von einander theilet und also von der Erden biß an das eusserste Wasser gehet und außgespannen ist, also daß auch die Vögel drinnen fliehen.

Hie führet *Feselius* auch einen Spruch auß Job eyn, der zwar viel anderst in meiner Teutschen Bibel, nemlich nicht vom Himmel, sondern von Wolcken lautet, daß sie außgebreyttet und fest stehen wie ein gegossener Spiegel: Derohalben es nicht so richtig auff *Feselii* Seitten mit dem Hebraischen seyn muß. Auch seyndt etliche, die es zwar vom Himmel verstehen, aber darumb nicht auff eine solche Härtigkeit ziehen, sondern diß allein zugeben, daß der Himmel nicht herabfalle, sondern fest stehe, anzusehen wie ein außgespannene Zelt, Ja wie ein Spiegel auß Ertz gegossen, aber darumb nicht ein hartes *Corpus* habe wie ein Eysen; Dann am selbigen Ort nicht die *Physica profitirt,* sondern allein das jenige angezogen werde, darvon zwischen denen, so da disputiren, kein Zweiffel sey, als da seynd die Ding, welche man mit Augen sihet.

49. 4. *D. Feselius* vermeynet, weil man den Himmel sehe, so müste er ein dichtes *corpus* seyn und gar nicht so subtil wie die Luft. Antwort: Ein *Philosophus,* der kein *Opticus* nit ist, der redet von dem *termino visus* und von der Unsichtbarkeit der Lufft, auch Sichtbarkeit deß Himmels wie der Blindt von der Farb. Wahr ist es, daß die Sonne durch ein blawe Matery herab leuchte und daß diß kein *fallacia visus,* sondern ein warhafftige blawe Farb sey. Das wil ich *Feselio* besser probieren, als er niemaln gewust.

Er gehe in ein finsters Kämmerlin, darvon auch droben *num. 27,* mache nur ein einiges kleines Löchlein auff und halt ein weiß Papier gegenuber, da wirdt er sehen, daß der grüne Boden von unden auff das Papier oben grün und der heyttere Himmel von oben herab das Papier unten blaw färbe. Wie nun der graßechte

Boden mit der grünen Farb auff dem Papier *correspondiret*, also muß auch der Himmel mit der blauwen Farb auff dem Papier in Warheit Gemeinschafft haben.

Es erweiset sich auch auß dem Gesicht selber. Dann was für ein Farb der Mensch siehet, dieselbige steht innerhalb deß Auges an der holen *retiformi tunica* leibhafftig abgemahlet, und muß derhalben ein solcher blawer Schein entweder von dem *corpore* selber herabfliessen oder muß sich in den *humoribus oculi* tingiren oder muß von Blödigkeit deß Gesichts *ex violenta impressione speciei albae, post visionem aliquantisper inhaerentis*, entstehen; *quartum non datur*. Wann aber die *humores oculi* dran schuldig, so sehe solches ein anderer an einem solchen Aug. Und wann es were *ex impressione forti*, so vergieng es in kurtzer zeit. Weil aber alle Menschen, auch die, die allerreyneste Augen haben, den Himmel jederzeit, wann es unter Tags heytter, für blaw ansehen, so muß er warhafftig blaw seyn.

Aber hie ist die Frage: Ob solche blauwe Farb auß dem allertieffesten Himmel herunter komme oder ob sie erst in der untersten uns endlich anrührenden Lufft und deroselben Matery anhange? Dann da mag das blosse Gesicht gar nicht unterscheiden, sondern es muß ein Eynschlag auß der Vernunfft darzu kommen; wann diß gebührender weise geschicht, so wirdt *D. Feselio* seine meynung gerades wegs umbgestossen, und da er vermeynt, der Himmel sey sichtbar, die Lufft unsichtbar, da ist das Gegenspiel wahr, daß die Lufft sichtbar und der Himmel (der Farb halben) unsichtbar sey.

Dann bedencke, daß diese blauwe Farb nicht allwegen sey; dann zu nacht, wann die Sterne leuchten, spüret man keine blawe Farbe am Himmel, sondern nur allein einen weissen Schein – das mögen auch kleine unerkendtliche Sternlin seyn. Ja, sprichstu, es sey kein wunder, zu nacht vergehet einem jeden Tuch die Farb. Antwort: Der Sonnenschein, der alle Farben wircklich sichtbar machet, gehet zu nacht so wol durch den Himmel und die Sterne als unter Tags. Das geschicht an einem blauwen Tuch nit. Derhalben die Schuldt nit auff das abwesen der Sonnen zulegen, sie sey dann warhafftig abwesend; sie ist aber abwesent, nit von dem hohen Himmel, sondern von diesem nidern Theil der Welt, welches zu nacht in dem Schatten der Erdtkugel stehet. Derowegen muß diese blawe Farb hieunten in der Lufft hangen, wann solche Lufft durch die Liechtstraalen der Sonnen durchgangen wird.

Diß wirdt auch dahero bestättiget, weil es nicht alle Stundt am Tag gleich blauw ist, sondern gemeinglich nur Morgents und Abends, auch offt ein Zeit kompt, da der Himmel viel herrlicher und blauwer ist dann zu einer andern Zeit (Nemlich wann die Sonn etwas bleych und die Lüffte kühl seynd, welches ein anzeigen ist, daß damalen die Matery, in welcher diese blauwe Farb stecket, etwas dicker sey dann sonsten.) Diese veränderung geschicht bey uns in der Nachbaurschafft, nicht aber am hohen Himmel.

Endtlich, so frage *D. Feselius* nur einen Mahler, ob die Lufft unsichtbar, oder er selber sehe nur einmal bey hellem Himmel von einer Höhe in ein weyt abgelegenes Gebürg hineyn und sage mir die Ursach, warumb der Erdtboden blauwlecht werde, also daß auch die Mahler mit satterer blauwer Farb die weyttere Gebürge von den nähern unterscheiden. Dann nichts anders als die Lufft hierzu Ursach gibt, welche an ihr selbst blauw und so viel blauwer, so viel sie dicker oder so viel weytter sie zwischen einem sichtigen Ding und zwischen dem Aug außgespannen und also in mehrerer *copia materiae* zwischen eyngegossen ist.

Hierauff nun gebe ich *D. Feselio* zweyerley Antwort: Erstlich ist erwiesen, daß die Lufft sichtbar sey, die doch kein hartes *Corpus* nicht ist, Derohalben auch der Himmel, wann er gleich sichtbar were, darumb nicht ein hartes *corpus* seyn würde. Fürs ander, so ist nicht erwiesen, daß der Himmel sichtbar. Weil dann *Feselius* vermeynet, daß ein *corpus*, welches unsichtbar ist, auch flüchtig, durchdringlich und weych seye, so muß er den Himmel, als welcher unsichtbar, für weych, flüssig, durchdringlich passieren lassen.

Schließlich, so erscheinet, daß *Feselius* umb die gründtliche Beweiß, daß nicht viel *sphaerae perspicuae* ubereinander seyen, allerdings nichts wisse. Weil nemlich die Cometen uberall durchschiessen, Item weil sich das Gesicht oder der Schein von den Planeten und Sternen nirgendt widergellet als nur allein gar ein wenig hiernieden in der dicken Lufft, etwa ein Meil Wegs hoch uber dem Erdtboden. Es solte aber einer zuvor die *fundamenta* in Kopff fassen, ehe er sich hinder ein Matery macht, dieselbige öffentlich zu widerlegen.

5. Endtlich, so trägt *D. Feselius* die Beysorge, wann alle Planeten in einem Vogelhauß sessen, so möchte einer uber den andern hinauff fliehen. Zu Verhütung dessen, sagt er, werde ihnen ein *scientia animalis* von nöhten seyn, er aber vermeynet nicht, daß die *Astrologi* solche *scientiam* werden passieren lassen. Dero-

halben er nicht glauben wil, daß der Himmel uberall offen stehe und die *sphaerae* zusammen gehen.

50. Antwort: Es darff nicht viel krummes, man weiß, daß die Planeten bewegt werden; so bald nun der Fall gesetzt wirdt, daß nemlich sie nicht an die Krippen gebunden, sondern ledig lauffen, so gibt man ihnen hiermit etlicher massen ein Leben, wie dann *Feselius* selber hie fragt, warumb sie nicht eben so wol uber die Schnur hauwen und außtretten, da er ihm schon allbereyt ein Vogelfreyes Weben und Schweben eyngebildet. Ist es nun gläublich, daß ein Leben in ihnen sey, so ist vielmehr gläublich, daß sie auch einen Verstandt haben. Ja, wann auch dicke Himmelskugeln, in welchen die Sterne angeheftet, warhafftig seyn solten, meynet darumb *Feselius*, daß deß Himmels Lauff ohne Verstandt zugehen würde? Hat nicht *Aristoteles* 49 Götter erdichtet, die die himmlische Kugeln umbtreiben?

Darumb gebrauchen sich andere dieser Obiection viel weißlicher und fragen nicht, warumb die Planeten nicht in die Höhe fliegen, sondern warumb sie nicht gar herunter fallen. Die haben zu ihrem behelff die alte *Physicam de motu gravium* und sehen den Mondt an für ein *corpus*, das der Erden verwandt. Denen gibt *D. Röslinus* diese Antwort, daß die Sterne vom Himmel informieret seyen. Und weil *Feselius* hie also schreibt, als ob er ihme *D. Röslini* meynung nicht ubel gefallen liesse, daß der Himmel das vierdte Element, nemlich das Feuwer, und die Sterne dreyn geschaffen seyen wie die Fische ins Wasser, die Vögel in die Lufft, *Röslinus* aber als der *author* dieser meynung auch ein *Astrologus* ist, wie kan dann *D. Feselius* vermuhten, daß die *Astrologi* ein solche *scientiam animalem* nit werden passieren lassen? Glauben sie doch noch vielmehr und gar ungereymbte Sachen.

51. Und hab ich hiermit nach dem gemeinen Schlag geantwortet. Für mein Person sage ich, daß die Sternkugeln diese Art haben, daß sie an einem jeden Ort deß Himmels, da sie jedesmals angetroffen werden, stillstehen würden, wann sie nicht getrieben werden solten. Sie werden aber getrieben *per speciem immateriatam Solis, in gyrum rapidissime circumactam.* Item werden sie getrieben von ihrer selbst eygnen Magnetischen Krafft, durch welche sie einhalb der Sonnen zu schiffen, anderteils von der Sonnen hinweg ziehlen. Die Sonn aber allein hat in ihr selbst ein *virtutem animalem,* durch welche sie informiert, liecht gemacht

und wie ein Kugel am Drähstock beständiglich umbgetrieben wirdt, durch welchen Trieb sie auch ihre *speciem immateriatam ad extremitates usque mundi diffusam* in gleicher Zeit herumb gehen macht und also *successive* alle Planeten mit herumb zeucht. Mehrere *scientia animalis* wirdt zu den himmlischen bewegungen nicht erfordert. Dann ich hab diese *principia Physica* in meinem newlich außgangenen *commentario Martis motuum* also angestellt, daß man ihnen nachrechnen und die gantze *Astronomiam* damit abhandeln kan.

D. *Feselius* als ein *Philosophiae Doctor* sey gebetten, sich darüber zu machen und, wo er vermeynt, ich mich verstossen oder der Sachen zu viel gethan habe, dasselbige mit gutem Grundt und zuvor wol eyngebildeter Matery umbzustossen. Das wil ich von ihm zur Freundtschafft annemen, doch mir vorbehalten, mich und die Warheit gegen seinen *rationibus,* da sie der Mühe wehrt seyn werden, bescheidentlich zu verantworten.

52. Im andern B 1 ungewissen Astronomischen Puncten redet *D. Feselius* gar verächtlich von der *Astronomia*. Was gehet es heutigs Tags uns an, daß vor zeiten einer diese Ordnung unter den Planeten gemacht, der ander ein andere? Wir haben, der *Saturnus* zu oberst, der Mondt zu unterst stehet, *Mercurius* umb die Sonne herumb der nechste sey, *Venus* umb beyde herumb lauffe, *Mars* mit seinem Gezirck nicht allein die Sonne sampt *Mercurii* und *Veneris* Himmeln, sondern auch die Erden und den Mondt selbsten eynschliesse. Es hab nun jetzo die Erdt ihren eygenen *orbem* und bewegung, oder sie stehe gar still. Warlich, ein gleicher Handel, als wann ich sagen wolte zu *Feselio,* die alten *Medici* seyen untereinander und mit den neuwen uneinig *super Anatomia corporis humani* und habe *Aristoteles* gelehret, die Adern gehen ursprünglich auß dem Hertzen, darumb sey die *Anatomia* falsch. Dann wol wahr, daß einer auß den streittenden Partheyen unrecht habe, aber nit wahr, daß man drümb heut zu Tag im zweiffel stehe, welcher recht habe, dann nur allein die Unerfahrne.

53. Belangent den dritten Astronomischen Puncten, *de motu octavae sphaerae,* meldet *Feselius,* daß *Tycho Brahe* den Compaß auch verrückt habe, und wil seine *observationes* in zweiffel zihen, soll derowegen sich nit wundern, daß, weil ich *Braheo* in seinen *studiis* meistentheils nachfolge und mir derohalben ihn zu vertheydigen in alleweg gebüren wil, ich mich ungebetten hin-

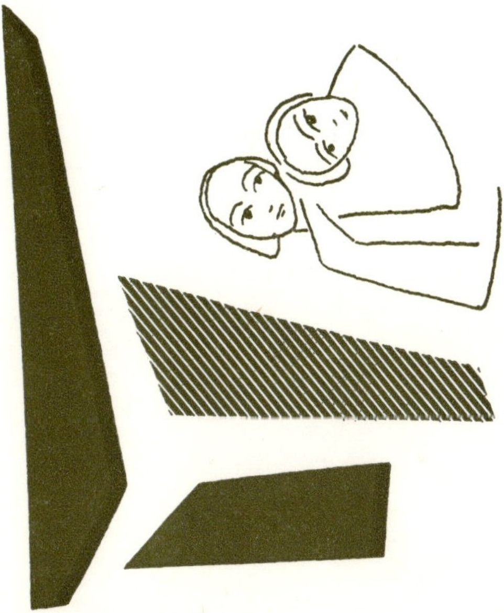

der diese *D. Feselii* Schrifft gemacht. Und vergreifft sich demnach *D. Feselius* hie in viel weg, welches ime zwar zu gut zu halten, weil er nicht *ex professo* ein *Astronomus* ist.

1. Soll *Ptolomaeus* den Himmel machen zurück lauffen, ist fehl; er macht ihn für sich lauffen. *Copernicus* zwar macht zurück lauffen nicht den Himmel, sondern die *aequinoctia*.

2. Soll es ein Anzeig einer Ungewißheit seyn, daß zu unterschiedlichen Zeiten unterschiedliche Jahrzahlen einem *gradui* zugesprochen worden.

Wann diß ein erfahrner *Astronomus* redete, so hette es seinen Bescheidt; ich selber hab meine besondere Gedancken. Aber *Feselius* wirdt *Copernicum* und andere *authores* nicht verstehen, die haben sich unterstanden, alle diese ungleiche Jahrzahlen für wahr anzunemmen und in einen gewissen Umbgang zu bringen.

3. So wil er *Brahei observationes* registriren und verstehet nicht, worinn die Gewißheit der *Observationum* bestehe. Sagt viel von den *Instrumentis Astronomicis*, die seyen viel kleiner als der Himmel, warumb sagt er nicht vielmehr von dem Aug deß Menschen, da die himmlische Liechter hieneyn müssen, das ist noch viel kleiner dann ein Instrument.

4. Niemandt sey jemalen in Himmel hinauff gestiegen, zu erkündigen, ob die *Instrumenta* zu treffen? Es ist auch nit vonnöhten; die Liechtstraalen der Sterne kommen selber zu uns herunter. Und ist ein *Astronomicum instrumentum* in Warheit vielmehr ein abbildung deß Augs dann deß Himmels. Dann, weil man mit dem blossen Augenmaaß nicht genauw und klein gnug schätzen kan, wieviel eygentlich zween Stern von einander halten, so braucht man einen *circulum* darzu, der lässet sich in kleine Stück theilen, und richt die Absehen darauff. Nicht daß man dadurch das Eyngewäyd deß Himmels selbst sehe, sondern daß man die Schärpffe deß Gesichts an den herzukommenden Liechtstraalen versuche und auffzeichne. Als wann *D. Feselius* eine Citron gegen einem Harnglaß hielte, damit er die Farb deß gegenwärtigen Harns recht wisse zu unterscheiden, nicht aber damit anzuzeigen, daß es auch innerhalb deß abwesenden Leibs also gefärbet.

5. Erinnert *Feselius*, was für eine Proportz sey zwischen einem Instrument und dem Himmel. Er meynet, wir machen die *Instrumenta* darumb so groß, daß wir es dem Himmel etlicher massen nachthun. Es ist aber weyt fehl; wir schärpffen hiermit nur das Absehen und betrachten allein die Gleichförmigkeit deß Instruments mit den zusammenfallenden Liechtstraalen und

seynd es gewiß, wann wir ein Minuten im kleinen *circulo* deß Instruments ubersehen, daß wir auch gleichsfalls ein Minuten an einem *circulo,* dessen *diameter* viel tausent Meylen in sich hält, und nicht weniger oder mehr verfehlen. Daß aber ein solcher Fehl hernach etwas außträgt, laß es seyn, so setzt ihme doch der *Astronomus* zwey Ziel, eines so da grösser, das ander so da kleiner ist dann das, so man sucht. Umb dasjenige, so mitten zwischen beyden Zielen drinnen, nimbt er sich nichts an; denn es in der Observation dem Gesicht zu klein ist. Was es hernach in der Wirckung außtrage (nemlich nichts), darvon ist droben *num. 36* gnugsam gesagt.

6. Ein fürnemmer *Astrologus* soll bekennen, daß die *Instrumenta* nicht weytter dann biß an die Sonne reychen? Es mag ein fürnemmer *Astrologus* seyn, und achte ich, er meyne. *D. Röslinum;* er hat es aber viel besser verstanden dann *Feselius*. Dann die *Instrumenta* reychen nicht weytter dann von einem absehen biß zu dem andern oder, wil mans von dem Liecht verstehen, so reychen sie biß an den obersten Stern oder vielmehr, wie offt gesagt, der Stern biß zu uns herunter. Sondern es wirdt dasselbige von der *Parallaxi,* das ist von dem jenigen Instrument verstanden, das uns Gott selbst am dritten Tag praepairt, nemlich von der Erdkugel; die spüret man nit weyter als kümmerlich und bößlich biß zu der Sonnen, hernach verschwindet sie gar. Mit dieser Kugel *Diametro* und nicht mit einem Geometrischen Instrument misset man doch schwehrlich biß zur Sonnen, also daß man mit der Anzahl *diametrorum terrae* bey nahe umb das halbe theil im zweiffel stehen muß. Hernach ist das maaß gar zu klein. Man misset aber, was zu messen ist, nemlich nicht den Lauff der Sonnen und der Erden. Dann, was den *motum Solis* oder auch *octavae sphaerae* anlanget, da misset man ihn nicht mit dem *Diametro terrae,* sondern mit den Augen und also mit den *Instrumentis,* die auff die Augen gerichtet seynd. Ursach: die himmlische Läuffe seynd Circularisch, kehren wider in die alten Fußstapffen, derowegen so haben sie auch ein *centrum* wie ein *circulus*. Nun ist *potentialiter* der gantze *circulus* im *centro* und in einem jeden Puncten innerhalb deß *circuli,* welche *potentia circularis* in deß Menschen Aug hernach außgewickelt und expliciert wirdt mit einem Geometrischen Instrument.

Ist also nicht vonnöhten, daß *Feselius* auß heyliger Schrifft erweise (Jerem. 31), daß man den Himmel nicht messen köndte, so auch die Erde. Dann ob wol die *Geographia* keines wegs falsch, sondern warhafftig, zwey Ziel mögen gesetzt werden im reden und schreiben, da sich die Grösse deß Erdtbodens zwischen innen hält, so müste es doch eine sehr grosse *Armada* voller Faden seyn, wann man wolte die Schnur zu Lisabon am Portu anknüpffen, hernach mit der Außfahrt immer abhaspeln biß man umb den Erdtkreyß herumb käme.

7. *Feselius* sagt, der Himmel sey viel zu hoch, man köndte nicht hindurch sehen. Er hat aber droben das Gegenspiel gesagt, der Himmel sey sichtbar, die Luffr aber durchsichtig. Er halte, welches er wölle, so sage ich wie zuvor: Der Himmel sey hoch oder nider, so scheinen die Sterne zu uns herunter, da laß ich sie für sorgen, wie sie ihr Liecht herunter bringen. Es ist aber vernünfftiglich zu erachten, daß ihnen nicht viel dicker Materyen im weg stehen müsse.

8. So wil es heutiges Tags von einem *Philosopho* kein gutes Zeichen mehr seyn, wann er wie *Feselius* noch ein *sphaeram ignis* hält. Hierumb die *Optici* zu begrüssen, ohn welche *scientiam* nit müglich ist, daß ein guter *Physicus* seyn köndte.

Wie auch zum 9. *Feselius* in mein *Astronomiae partem Opticam* zu verweisen, da er von Krümmung deß Scheins redet, welche in den viel *sphaeris* nohtwendig sich begeben müsse, daß also die Liechtstraalen nicht geradt herunter kommen. Dann eben darumb, weil der Schein gerades Wegs herunter kömpt, so verwerffen die *Astronomi* alle dicke unterschiedene *sphaeras*. Daß sie aber geradt biß *ad superficiem aeris* herunter kommen, wirdt dahero erwiesen, weil sonsten der Sternen Läuffe viel ungleicher seyn würden, welches die *Astronomi* mit gnugsamen *demonstrationibus* außführen.

Was aber den jenigen Scheinbruch belanget, welcher sich in der Lufft hienieden begibt, wölle *Feselius* ohne Sorge seyn: *salva res est;* dann *Braheus* ihn angemerckt und gemessen. Da gehet es nach der *Medicorum maxima: cognito morbo paratum est remedium*. Und bleiben also *Tychonis Brahae observationes in Solem* (auß welchen man den Eyntritt der Sonnen in den Wider und *consequenter* die *praecessionem aequinoctiorum* zu jeder Zeit haben mag) wegen dieser neunerley Eynreden vor einem mercklichen Fehlschuß, dessen *Feselius* sie verargwohnet, gar wol gesichert.

54. Nun gehet es fürs vierdte an den *motum Terrae*, da ich mich abermal (wie newlich) wider einen *Medicum* und *Philosophum* defendirn muß und also gar ein absonderliche Ursach finde,

waumb ich diese *D. Feselii* Schrifft nicht unbeantwortet lassen solle.

Und hat Anfangs *Feselius* außgerechnet, wie viel Teutscher Meilen die öberste Himmels Kugel in einer jeden Minuten zu lauffen habe. Ich mag ihme nicht nachrechnen, dann es mich nichts angehet, weil ich die Erdt lauffen mache.

Doch reymen sich seine *numeri* nicht zusammen. Dann wann *Diameter* ist, wie er setzt, 65354250 Meylen, so kan der Umbkreyß nicht seyn 821637143 Meylen.

Fürs ander, so spottet er der gantzen *Astronomiae* und der Erfahrenheit selber, machets beydes ungläublich, daß die Erde und daß der Himmel umbgehe, da doch deren eins seyn muß.

Fürs dritte *philosophirt* er viel ungläublicher dann andere: setzet, der gantze Himmel sey durch und durch mit gantz Crystallinen Himmeln oder holen Kugeln außgefüllet. Wann ich ubrige Zeit hette, wolt ich jetzo außrechnen, wie viel Centner der gantze Himmel wol halten würde, wann er lauter Crystall were, damit zu betrachten, ob auch ein solch plackecht *corpus* in einer Minuten sechsmalhundert tausent, in einer *secunden* oder Pulsschlag zehen tausent Meylen fürüber schiessen köndte.

D. Helisaeus Röslinus gibt diese Sach viel leichter an, sagt nicht, daß der Himmel mit Crystallinen Kugeln angefüllet, sondern daß er subtil ohne Matery und gleichsam ein lautere Form seye, zur Bewegung gantz und gar geneygt. Der hat nun seine Antwort empfangen.

Ich bleibe bey dem *motu terrae* und wil jetzo zum vierdten hören, was *Feselius* darwider eynbringen wölle.

Er sagt mit *D. Röslino*: 1. Es sey wider die Natur. Ich sage nein darzu; es ist viel weniger wider die Natur als, daß der Himmel so ein unbegreiffliche Schnelligkeit haben solle. Besehet hierumb meine andere Schrifften, sonderlich die Antwort auff *D. Röslini* Schreiben.

2. Seye es wider die eusserliche Sinne. Ist wahr, schadet aber nichts. Besehet abermal mein jetztgemeldte Antwort. Ist es doch auch wider die eusserliche Sinne, daß der Himmel in einem Pulsschlag zehen tausendt Meylen dahin fliehen solle, dannoch wirdt es geglaubt.

3. Es sey auch wider alle Vernunfft. Ich hab diß *D. Röslino* auch abgeläugnet. Der Himmel hat eine unerschätzliche Grösse, der solle nach *D. Feselii* außrechnung dreyhundertmal tausent tausent tausent tausent tausentmal tausent Erdkugeln groß in sich begreiffen und soll in einer Minuten sechsmal hundert tau-

sent Meilen schiessen, da doch die so kleine Erdt in einer Minuten nicht mehr dann vier Meilen zu lauffen hat und eben das jenig verrichtet werden mag, was durch den Lauff deß Himmels verrichtet werden soll. Diß ist ja ein vernünfftiges Fürgeben, jenes ist unglaublich und derohalben auch unvernünfftig.

4. Sagt *Feselius,* es sey auch wider die H. Schrifft.

Das ist halt der Handel, so offt *D. Feselius* und andere nit mehr wissen, wo auß, so kommen sie mit der H. Schrifft daher gezogen. Gleich als wann der H. Geist in der Schrifftt die *Astronomiam* oder *Physicam* lehrete und nit viel ein höhers Intent hette, zu welchem er nicht allein deren Wort und Spraach, den Menschen zuvor kundt, sondern auch deren gemeinen popularischen Wissenschafft von natürlichen Sachen, zu welcher die Menschen mit Augen und eusserlichen Sinnen gelanget, sich gebrauchete? Wo wolte man endtlich hinauß? Köndte man doch alle *scientias* und sonderlich auch die *Geographiam* auß dem einigen Buch Job allerdings umbstossen, wann niemandt die Schrifft recht verstünde als allein *Feselius* und die es mit ihme halten.

Besehet nur, wie er die Sprüche anziehe auß dem 93. Psalmen, *Firmavit orbem terrae, qui non commovebitur.* Redet dieser Psalm von einem *dogmate physico,* so zeucht man ihn vergeblich auff die Beschreibung deß Reichs Christi und kan alsdann gleich so wol erstritten werden, daß nie keinmal kein Erdtbieden nicht geschehe, von welchem das Wort *commovebitur* und die Gleichnuß besser lautet. Redet aber der Psalm warhafftig vom Reich Christi, so muß es je diesen Verstandt haben wie im folgenden 96. Psalmen: *Correxit orbem terrae, qui non commorebitur, iudicabit populos in aequitate.* Er hat die Reiche der Welt zur Ruhe und unters Joch gebracht, sie werden sich nicht mehr wider ihn rühren.

Also auß dem 75. Psalmen zeucht er an: *Liquefacta est terra, et omnes qui habitant in ea: ego confirmavi columnas eius.* So zeige mir *D. Feselius,* wo seynd die Seulen deß Landts, wann diese Wort also *Physice* müssen verstanden werden, und nit vielmehr also, daß ein allgemein Unglück das gantze menschliche Geschlecht in ein *confusion* gestellet, aber Gott Gnad eyngewendet habe, daß es sittlich fürüber gerauschet.

Was aber belanget den Ort *1. Chron. 16: Commoveatur à facie eius omnis terra, ipse enim firmavit orbem immobilem,* und was dergleichen. Item *Ecclesiast. 1: Terra in aeternum manet,* daß solches zu verstehen sey von der jenigen unbeweglichkeit, die da erscheinet, wann man die Erdt gegen den Menschen hält, da einer stirbt, der ander geboren wirdt. Item die Gebäuw mit Menschen Händen gemacht eynfallen, da hingegen die Erde als ein Grundt aller Gebäuw nimmer eyngehet, wie das ein jeder Mensch täglich mit seinen eusserlichen Sinnen begreifft. Darvon, sprech ich, ist gnugsam gehandelt in der *Introduction in commentaria Martis,* ohne noht, dasselb hieher nach längs zu ubersetzen.

Es ist aber gut, daß *Feselius* kein *Astronomus* nicht ist, darumb sein Authoritet desto weniger zu bedeuten hat. Dann wann er die Astronomische *fundamenta* verstanden hette, würde er sich noch eine gute Zeit besonnen haben, ehe dann er Handt an diesen frembden Schnitt gelegt hette.

Hab also diese *D. Feselii* Astronomische Eynreden und dero Fehle nicht unberührt lassen wöllen, weil sonderlich auch ich darunter interessirt bin. Und ist hiermit auß den fünff Puncten, die ihme *D. Feselius* umbzustossen fürgenommen, der erste erlediget und erwiesen, daß die Stern gar wol ihre unterschiedliche und auch widerwärtige Wirckungen haben und solche erlernet und erkündiget werden können. Ungeachtet alles dessen, so *D. Feselius ex ratione, ex authoritate Medicorum Salomonisque et ex inductione incertitudinis Astrologiae* darwider eyngeführt.

Das II. Argument

55. Folgt nun der andere Punct, nemlich *authoritas Philosophorum,* welcher sich die *Astrologi* behelffen, denen aber *D. Feselius* solche benemmen wil. Da ich den Lesern meines Fürhabens auff ein neuwes erinnern muß, daß ich nemlich nicht gesinnet, die vorsagungen *futurorum contingentium in individuo,* so ferrn sie von deß Menschen freyem Willen dependirn, zu vertheydigen. Und bin hierüber mit *D. Feselio* einig, daß auß den bewehrten *Philosophis* nichts richtigs und beständigs zu beschützung deroselben auff zu bringen. Sondern ich halte allein die Hut auff der *Philosophia* Seitten und gebe achtung auff *D. Feselium,* daß er in widerlegung der Astrologischen Fantastereyen nit auß Unwissenheit dem jenigen, was recht und gut ist, zu nahe komme.

56. Und wirdt hie anfänglich *Aristoteles* eyngeführt, welcher geschrieben, Es müsse nohtwendig diese nidere Welt mit deß Himmels Lauff verknüpfft und vereiniget seyn, also daß alle ihre Krafft und Vermögen von dannenhero regieret werde. Und gibt dessen Ursach; Dann wo sich der Anfang der Bewegung aller Dinge herfür thue, das soll für die erhebliche Ursach gehalten werden. Mit welchen Worten er zu verstehen geben, weil der Himmel mit seinem Lauff zu allem dem, was sich in dieserniedern Welt zuträgt und verändert, den Anfang der bewegnuß mache, so müsse man auch solchen deß Himmels Lauff für die erhebliche Ursach halten dieser nideren Verenderungen und Bewegungen.

Hie lässet D. Feselius sich vermercken, als ob ers nit mit Aristotele hielte, sprechent: Es sey nicht durchauß in allen Sachen wahr. Lieber: es hat es auch Aristoteles nicht durchauß von allen Sachen gemeynt oder geredt. Dann anfänglich bedencke man den Ort, wo er solches schreibe, Nemlich zu Eyngang seines Buchs vom Ungewitter oder was sich mit den vier Elementen Feuwer, Lufft, Wasser, Erden und mit andern Cörpern ihres elementarischen Leibs halben in gemein neuwes begebe und zutrage. Was nun nicht auß den vier Elementen gemacht ist, das wirdt hie von Aristotele nicht gemeynet: Und gehet also dieser Spruch Aristotelis nicht an die Vernunfft deß Menschens oder deß Viehes, so viel es derselben hat und durch vermittelung deroselben etwas verrichtet. Bleibt derohalben dieser Spruch wahr, ob wol auch Feselius wahr hat, daß viel Verrichtungen in dieser untern Welt fürgehen, die man deß Himmels Lauff keines wegs zumessen köndte. Ich setze noch zum Uberfluß auch dieses darzu, daß ob wol viel Ding auff Erden geschehen, da der Himmel augenscheinlich mitwircket, so geschehen sie doch nicht gantz Himmels halben, sondern weil sie auß ihren Ursachen hergeflossen und allbereyt im Werck seynd, so kömpt der Himmel darzu und macht etwas neuwes darinnen, das wirdt er wol haben müssen bleiben lassen, wann nicht die Sach schon zuvor auch ohne den Himmel fürhanden gewest were.

Zum Exempel hat sich vor zeiten ein Schlacht begeben zwischen den Lydis und Medis, diese Schlacht ist von keiner Finsternuß verursachet worden; dann der Krieg hatte schon viel lange Jahre gewehret. Mitten aber in der Schlacht ist ein völlige Finsternuß der Sonnen eyngefallen, die hat beyden Partheyen Anleytung zum Stillstandt gegeben, daß sie zurück gewiechen und Fried worden. Wann nicht die Schlacht zuvor im Werck gewest, würde die Finsternuß langsam eine Schlacht und in derselbigen einen Frieden gemacht haben. So hat auch die Finsternuß den Frieden nicht allein gemacht, sondern nur allein die

Gemühter erschrecket und ihnen Anleytung gegeben, daß sie deß Friedens seyndt begierig worden.

Und diß ist *Aristoteli* gleichfalls nicht zuwider; dann er saget nicht, daß alle der nidern Welt Krafft und Vermögen von deß Himmels Lauff entspringe, sondern daß sie von ihme allein regieret werde, und ist derhalben der Himmel nicht für den ursprünglichen Schöpffer, sondern allein für den ursprünglichen Beweger oder für die erhebliche Ursach zur Bewegung nach *Aristotelis* Lehr anzugeben. Und bleibt also er *in suo genere causalitatis*, wie *D. Feselius* haben wil.

Was anlangt B 3 den andern *locum Aristotelis 8. Phys. c. 1*, geschicht zwar ihm ungütlich, als soll er gesagt haben: Die obere Bewegung sey gleichsam das Leben anderer Cörper, so in der Natur seynd. Dann *Aristotelis* Wort lauten viel anderst, nemlich also: Ob die Beweglichkeit in den wesentlichen Dingen unsterblich und unauffhörlich und gleichsam das Leben sey aller Dinge, so auß der Natur entsprungen seyndt. Derohalben hie *Aristoteles* nicht wider *Basilium* ist oder auß *Basilio* eines Irrthumbs beschuldiget werden solle, als ob er der Sonnen Lauff hette für das Leben der wachsenden Dinge, viel weniger für die Ursach ihres Lebens angeben, Sondern das Wachsen der wachsenden Dinge nennet er gleichsam ein Leben solcher wachsenden Dinge, gleich wie das umblauffen der Sterne gleichsam ein Leben ist der Sterne.

Diß wirdt *Feselius* geständig seyn, dann ers in gemein mit *Fernelio* halten wil, daß der Himmel mit seinem Lauff und Glantz den untern Geschöpffen seine Krafft als ein *causa impulsiva* mittheile, welches vielmehr ist dann, was droben *Aristoteles* sagt. Dann dieser allein von den Elementen geredet, daß der Himmel mit seinem Lauff sie gleichsam anführe und ihnen vorgehe, sie auffbringe. *Fernelius* aber sagt von allen Geschöpffen, daß der Himmel inen Krafft mittheile, dadurch sie (Thier und Menschen so wol als die blosse *elementa*) verursacht und angetrieben werden. Welche Meynung warhafftig wahr und bald hernach mit eröffnung eines grossen Geheymnuß der Natur außgeführet und erkläret werden soll.

Hergegen so laß ichs auch bey dem jenigen verbleiben, was *Feselius* wider *Fernelium* eynbringt, daß aller Geschöpff *formae* und Eygenschafft nicht vom Himmel seyen, sondern von Gott etlichen noch vor Erschaffung deß Himmels gegeben seyen.

Welche *Philosophia* bey mir desto mehr statt findet, weil ich zwischen Erdt und Himmel (sonderlich dem Mondt) viel ein nähere Verwandtschafft glaube als die *Aristotelici* und mir derowegen eben so ungereymbt Ding ist, daß die Sonne oder andere Sterne einem Kraut oder Thier seine wesentliche Eygenschafft ertheilen solle, als ungereymbt es lautet, das Schaaf oder Kuh empfienge ihre wesentliche Eygenschafft von dem Elephanten.

So nimme ich auch *Aristotelem* in dem Verstandt an wie *Feselius*, das *Fernelio* zuwider sey, wann *Aristoteles* lehret, daß die natürliche Dinge den Ursprung ihrer Bewegung bey sich selbst haben.

Da dann *Aristoteles* ihme selbst nicht zuwider, sondern bleibt nichts desto weniger wahr, was er droben gesagt, daß die nidere Krafften von obenher regiert werden. Dann da er diß schreibt, meynet er die Krafften der Elementen und dieser untern Welt selbst und nit eben deren Dinge, die drinnen seyndt.

Doch ob schon *Aristoteles* nur von den Elementen geschrieben an erwehntem Ort, so ist drümb nicht zu läugnen, daß nicht auch die selbständige Geschöpff, so in Lufft, Wasser und Erden weben und schweben, mit den himmlischen Bewegungen Gemeinschafft halten und also der Himmel ihnen den Anfang zur Bewegung auff sein gewisse Maaß mittheyle.

Dann es hat zwar ja der Saamen in sich selbst den Ursprung seiner Beweglichkeit im wachsen, welcher Ursprung besteht in seiner Eygenschafft, Krafft und Vermögen oder *potentia crescendi*, aber der Himmel verursachet ihn zu dem Werck selbst als zu dem *actu crescendi*, in dem die Sonne herzu rücket, die Wärme verursachet, welche deß Saamens Krafft in die Feuchtigkeit herfür locket.

Ist also *et semen ex coelum* ein jedes für sich *prima causa, alterum potentialis ad actum: alterum actualis ad impedimentum tollendum mediaque ministranda*. Wann diß nit were, so hette *Feselius Fernelio* zuviel eyngeräumet, in dem er ihm zugegeben, daß der Himmel sey *causa impulsiva* zu Bewegung der Creaturen in der nidern Welt. Diß muß nicht mit einer Handt gegeben, mit der andern wider genommen, sondern noch besser außgeführet werden, bey welcher Außführung erscheinen wirdt, wie dann der Himmel mit dieser nidern Welt verknüpfft und vereiniget und was das Bandt seye, darmit sie zusammen verbunden, daß eins mit dem andern beweget werde. Darvon hat *Aristoteles* noch wenig gewust, und *Feselius* weiß so wenig darvon, daß wann ich ihn nicht warnete, er diß herrlich Geheymnuß der Natur mit sampt der Vorsagung deß Gewitters außmustern und verwerffen würde.

57. So cörperlich und so greifflich gehet es nicht zu, daß Himmel und Erden einander anrühreten wie die Räder in einer Uhr und derohalben die Lufft nohtwendig da hinauß müste, da der Himmel voran laufft. Dann ob wol *Aristoteles* dannenhero Ursachen etlicher Sachen pflegt abzuholen, sonderlich anlangendt die nächtliche Feuwerzeichen und die Cometen, die er vermeynet auch in dieser niderenn Lufft seyn, so mag aber doch dieses den Stich nicht halten und wirdt ihm vielfältig widersprochen, gibt auch auff den Universiteten viel verwirrete *disputationes*, wie nicht weniger auch, da er anzeigt, daß die Sonne an ihr selber nicht heiß sey, sondern durch ihre so schnelle Bewegung heiß mache, wie man sonsten durch starcke bewegung oder zerreibung der Lufft bißweilen ein Boltz im Schuß brennen und das Bley schmeltzen macht.

58. Es ist auch noch dieses nicht der gantze völlige *modus*, wie Himmel und Erden untereinander verbunden sey, den ich droben *num.* 26 bey Erörterung und Erklärung der *speciei immateriatae siderum* eyngeführt. Ob wol nicht ohn daß eben viel durch dieselbige verrichtet werde. Dann also erhitzet die Sonne uns hienieden auff Erden und lässet die himmlische Lufft zwischen uns und ihr allerdings kalt und ungehitzet, nemlich durch *speciem immateriatam* ihres Liechts und gar nicht durch ihren schnellen Lauff; dann ihr schneller Lauff rühret uns nicht an, sondern ihre *species immateriata lucis*, die rühret uns an, *contactu proprio*, also daß sie auch wiederumb von dem Erdtboden angerühret und widerschlagen, auch in durchsichtigen *liquoribus* oder *corporibus* gefärbet werden mag.

Hieher gehöret der 104. Psalm: Du machest Finsternuß, daß nacht wirdt, da regen sich alle wilde Thier. Wann aber die Sonn auffgehet, heben sie sich davorn und legen sich in ihre Löcher. So gehet dann der Mensch auß an seine Arbeyt und an sein Ackerwerck biß an den Abendt. Und achte ich, *Aristoteles* in seinem obangezogenen Spruch habe viel hierauff gesehen.

Hieher gehöret auch die Wärme von herzunahung der Sonnen und die dannenhero erfolgende lebendigmachung aller Kräutter und Gewächs im Frühling und die Fruchtbarkeit aller Thier verursachet; dann dieses alles zwar nicht *per modum originis* auß dem Himmel folget, sondern *per modum regiminis* durch den Himmel geleytet und gemässiget wirdt.

In gleichem hieher zu referiren, daß man schreibet, wie in *Cucomoria* unter der Moschowiter Gebiet ein Geschlecht von

Menschen seyn sollen, die gegen dem Winter, wann sie nun schier die Sonn gantz und gar verliehren, gantz ersterben und im Frühling wider aufferstehen.

Es mag auch hierauß Ursach gegeben werden etlicher bewegungen der Winde, welches an sein Ort gestellet wirdt. Sonderlich hab ich in meinem Buch *de Martis motibus* angezeigt, wie durch die *species immateriatas Lunae et Terrae, mutuo commeantes,* der Ab- und Zulauff deß Meers zu erweisen und zu demonstrirn seye. Da auch ein *contactus* geschicht *speciei immateriatae magneticae fluentis ex corpore Lunae* mit dem Meerwasser, welcher *contactus* nicht *superficialiter* obenhin, sondern gar *corporaliter* durch die gantze Dicke deß Meerwassers zugehet.

Es ist aber diese Vereinigung und Verknüpffung Himmels und der Erden noch lauter Kinderspiel, und ob es wol zugehet *per speciem immateriatam,* so ist doch sie materialisch; dann die *species hat dimensiones quantitatis.* Und diese nidere Geschöpffe empfinden ihrer leiblicher greifflicher Weise.

59. Es folget aber viel ein edlere wunderbarlichere Vereinigung Himmels und der Erden, die vermag nichts Materialisches, sondern ist Formalisch, gehet zu durch *formas* in dieser niderer Welt und nicht schlecht durch die taube *formas,* wie sie gefunden werden in Stein und Bein, sondern durch Geistliche Kräfften, durch Seel, durch Vernunfft, ja durch Begreiffung der allersubtilesten Sachen, die in der gantzen *Geometria* seynd; Dann es seynd die irrdische Creaturen darzu erschaffen, daß sie deß Himmels auff solche weise fähig seyn möchten.

Weil aber diese Art der Verwandtschafft zwischen Himmel und Erden unterschiedlich und mancherley, wil ich von dem leichtesten anfahen.

Ist ihm nicht also, daß der Mensch und theils auch etliche Thiere sich ob der schönen Gestalt deß Himmels, Sonn und Mond, auch sonderlich bey nächtlicher weil ob der grossen menge der Stern und ihrer Ordnung erfreuwet?

Allhie thut es das Liecht nicht allein; dann es hat offt ein wülckliche Nacht mehr Liechts vom Mondt als sonst ein helle Nacht von den Sternen. Es thut es auch die Wärme nicht, das wissen die *Astronomi* wol, sie möchten offt vor Frewden wol erfrieren. Sondern es hat Gott den Menschen die Augen gegeben und *facultatem sensitivam,* dadurch er über das Liecht und die Wärme auch die unterschiedene Farben, die Grösse, die Klarheit, das Zwitzern, die Abwechselung unterscheiden und begreiffen mag.

Da gibt es nun unterschiedliche Sorten der Menschen: Etliche seynd viehisch, Cyclopisch und grob und also zu reden nichts mehrers dann ein Stück Fleisch, denen ihr Hirn wie den *Acephalis* im Leib und nahent dem Bauch stehet, die verspotten andere, so ihre Frewd mit Besichtigung deß Gestirns haben.

Etliche seynd Leibs, Temperaments, Alters oder Faulheit halben mehr zum Schlaffen geneygt dann zum nächtlichen besichtigen deß Himmels.

Etliche bleiben nur allein bey der eusserlichen Ergetzlichkeit und dem blossen Anschauwen.

Etliche schwingen ihre Gedancken in die Höhe und lernen an dem Gestirn Gott den Herrn und Schöpffer erkennen.

Etliche heben ihn auch drüber an zu loben und zu preysen.

Etliche mehr fleissige und kunstdürstige Leute fassen viel unterschiedliche zeiten zusammen und begreiffen endtlich den Unterscheidt zwischen den Planeten und unbeweglichen Sternen.

Andere bewerben sich auch, die Form und Art ihres Lauffs und, was sie in Warheit für *circulos* machen, außzuforschen, und erlustigen hieruber ihre Vernunfft viel herrlicher als die vorige ihre Augen.

Andere wöllen auch erkündigen, was für Treiber und Beweger seyn müssen, welche diese Läuffe also verursachen.

Noch seynd etliche, die sich gelüsten lassen, zu erforschen auch die Ordnung, so die Planeten untereinander haben, und die *Geometricas concinnitates et pulchritudines in comparatione tam regionum quam motuum.*

Endtlich, so finden sich auch die ihr auffmercken haben, ob auch solche Sterne im Himmel etwas hienieden auff Erden wircken.

Ein jeder bewirbet sich umb etwas, soda warhafftig an den Sternen oder an ihren Liechtern oder an ihren Läuffen ist, dann er die Art und Natur von Gott empfangen, daß er dieselbige endtlich durch lange Zeit und Mühe erlernen kan, und, wann ers dann erlernet, so gibt es ihme Ursach zu vielen unterschiedtlichen Handtlungen, die er sonsten, wann ers nicht gelernet, wol hette unter wegen gelassen. Da dann der Himmel, wie *Fernelius* schreibet, die *causa impulsiva* ist zu allen diesen Handtlungen und doch selber nichts drüm weiß, auch *ex proprietate formali* diß nicht wircket, sondern vielmehr der Mensch hierzu gewidmet, täuglich und fähig gemacht ist, daß er diese Dinge begreiffen und auch begehren möchte und diese seine Tauglichkeit oder Fähigkeit nichts anders ist als eben sein vernünfftige Seel.

Ja, möcht *D. Feselius* sprechen, das hette mir ein Bauwer auß dem Schwartzwaldt wol gesagt, und hette Keppler zu Prag schweigen mögen.

Antwort: Ich habs auch nit darumb eyngeführet, als ob man es nur allein zu Prag wüste. Es dienet mir aber dieses zu meinem folgenden fürbringen, dasselbige desto besser zu erklären.

Dann wie hie die vernünfftige Seel deß Menschen von Gott also formirt ist, daß sie alle diese dinge durch anschawung deß Gestirns entlich *ratiocinando* erkündigen und sich darnach richten kan. Also ist auch die gantze Natur dieser nidern Welt und eines jeden Menschens Natur in sonderheit, nemlich die *facultates animae inferiores*, von Gott in der ersten Erschaffung also formiert, daß sie etliche der oberzehlten dinge nit durch ein sichtlich anschawen, sondern durch ein noch zur zeit verborgenes auffmercken auff die himmlische Liechtstrahlen in demselbigen Augenblick ohn alle *ratiocination* oder Gebrauch einiger muhtmassung (welche allein der Vernunfft angehören) begreiffen und sich darüber erfreuwen, stärcken, muhtig und geschäfftig machen kan. Da dann diese himmlische sachen der Natur, welche diese niedere Welt durchgehet, und eines jeden Menschens in sonderheit eygner Natur ein *obiectum* werden und in Form eines *obiecti* dieselbige impellire und verursache, dem jenigen Werck desto stärcker obzuligen, welches Gott derselben in der ersten Erschaffung ertheilet hat.

Das jenige aber, welches solche Naturen also begreiffen, ist anfänglich die *species immateriata* von den himmlischen *corporibus* und Kugeln, es sey von ihren Liechtern, Farben oder Leibern (und dieses ist das *materiale*), fürs ander, so ist es die *subtilissima Geometrica concinnitas binorum inter se radiorum, seu lucis seu corporum, ex abstrusissimis Geometriae figuratae arcanis petenda*, dannenhero auch entlich die eygentliche Ursachen der Concordantien in der *Musica* entspringt und fast auff gleiche weiß, doch etwas unterschiedlich, deß Menschen natürlicher Seelenkrafft eyngepflantzet ist.

Dann, was ist doch das jenige, daß zweyen Stimmen gegeneinander die Lieblichkeit und Concordantz verursachet. Winde dich hin und her, dichte und trachte, wie du wilt, suche nach bey den *Pythagoreis* oder *Aristotelicis*, bey *Archita, Didymo, Archistrato, Heraclide, Aeliano, Dionysio, Platone, Aristotele, Theophrasto, Panaetio, Thrasyllo, Adrasto, Epigono, Damone,*

Heratocle, Engenore, Archistrato, Agone, Philisco, Hermippo, Ptolemaeo, Porphyrio, Boethio oder so du ihrer noch mehr wüstest, so wirst du die rechte Ursach nit finden; einer wird den andern widerlegen, und ich wil dir sie alle widerlegen, wann sie etwas anders angeben als eben die *proportionem vocum* auß der eygentlichen *Geometria figurata* oder *Schematologia*, nemlich auß einem *circulo* hergenommen, welcher getheilet sey durch die *figuras aequilaterales*, nicht alle, sondern durch die jenige, die sich mit dem *circulo* oder seinem *Diametro* vergleichen.

Dann es ist wol ein Figur zu machen von sieben, von neun, von eylff, von dreytzehen gleichen Linien. Es ist aber nicht müglich zu wissen einen gewissen Geometrischen Satz, Regel oder Fürgeben, auff welches vollnziehung eine solche Figur alle Winckel gleich habe und also *regularis* seye.

Und gesetzt, ein solche Figur gewinne ihre gleiche Winckel also, daß hernach ein Circkel darumb zu schreiben seye, so ist doch abermal unmüglich zu determinirn, wie desselben *Diameter* sich gegen einer Seiten vergleiche, es sey *in longo* oder *in potentia quadrata* oder *in appositione rationali quadrati ad quadratum, figura completa*, oder *in ablatione gnomonis, quadrato rationali*, oder *in cubis similiter*. Allezeit zwar werd ich genauwer darzu kommen, aber nimmermehr den Puncten treffen in keinem einigen *modo* so wol als *in comparatione circuli et diametri*.

Darauß dann folget, daß *essentia harum figurarum* bestehe in einer solchen wunderbarlichen *potentia*, die nimmermehr *ne a perfectissima quidem mente in actum* mag gebracht werden. Dann, ob wol im *circulo* etwa ein Punct durchgangen wirdt, da sich endet ein *latus Septanguli*, so ist doch nicht müglich denselbigen Puncten zu wissen; Dann solte er gewust werden und sein *determinationem scientificam* haben, so würden alle andere Figuren, so man jetzt weiß, als *triangulum, quadrangulum, quinquangulum, &c. vi contradictionis* müssen umbgestossen und vernichtet werden.

Und folgt hierauß, weil nie niemandt kein *septangulum regulare* gewust, daß auch nie keins gezogen, gemahlet oder gemacht worden, es sey dann einem ungefehr gerahten, welches aber ungewiß, alldieweil man keine Regel hat, ein solches ungefehr zu examiniren und nach der Schärpff zu probieren.

Darumb wir auch kein *corpus* oder ander Ding in der Welt finden, das von Gott nach einem *septangulo, nonangulo, undecangulo* were gemacht und specificirt worden. Und dahero kömpt es auch, daß die Natur sich ab keiner Proportz erfreuwet, die auß solchen verworffenen Figuren genommen were, es sey jetzo in *vocibus* oder in *radiis stellarum*. Und hingegen, daß alle *Proportiones vocum seu chordarum*, die auß den *figuris scibilibus* genommen seynd, *in Musica* ihre *concordantias* geben und daß *in radiis planetarum* alle *proportiones*, die da erscheinen bey zusammenfallung zweyer Liechtstraalen (so fern sie täglicher Erfahrung und Auffschreibung deß Gewitters sich in Antreibung der Natur zu hefftiger Witterung mercken lassen), solche auch unter den *figuris scibilibus* und kein einige sich unter den *non scibilibus* finden lässet. Und also hierauß ein wunderbarliches *arcanum* folget, daß die Natur Gottes Ebenbildt und die *Geometria archetypus pulchritudinis mundis* seye, darinnen durch die Erschaffung so viel ins Werck gestellet worden, so viel *in Geometria per finitatem et aequationes* müglich gewest zu wissen, und, was ausserhalb den Schrancken der Endtlichkeit Vergleichung und Wissenschafft gefallen, dasselbige auch in der Welt ungeschaffen und ungemacht geblieben seye; Das ist, keine besondere *pulchritudinem* oder *species* gegeben, sondern der Materialitet, *fortunae et casui*, die an ihnen selber unendtlich seynd, uberlassen worden, als zum Exempel finden sich wol einzehle Früchte und Blumen, die sieben, neun oder eylff Fäche oder Blätter haben, wann die *species in individuis* gemeiniglich variert, aber kein *species* findet sich nicht, die diese Zahl beständig halte, wie fünff, sechs, vier, drey, zehen, zwölff &c.

Weil dann hiervon biß auff den heutigen Tag gar nichts *in parte Physices de Natura deque Anima* auff Universiteten gelehret wird, so wil ich *D. Feselium* von wegen der Ehr Gottes deß Schöpffers vermahnet haben, solche Sachen in gebürliche Erwegung zu nemmen, keines wegs zu verachten, sondern selber zu bewehren und als ein *Philosophus professus* außzubreitten und mit gantzem Fleiß von den Astrologischen Aberglauben abzuschelen und zu behalten.

Darmit aber er nicht abermal (wie er gewohnt, und es die *Astrologia* gar wol verdienet) die Erfahrung in Zweifel setze, so erinnere ich ihn, daß ich mit dieser Erfahrung nun 16 Jahr zugebracht, das Wetter von einem Tag zum andern auffgeschrieben und, da ich in dem Wahn gestecket, als müsse alles zwischen der *Astrologia* und *Musica* in gleichen *terminis* gehen, weder minder noch mehr *aspectus* seyn dann *concordantiae*, wie zu sehen in meinem Buch *de stella serpentarii*, *fol.* 40, so hat mir doch die augenscheinliche und offenbarliche Erfahrung auch den *semisextum* an die Handt geben, der sich mit der *Music* (in der ubrigen Weiß und Maß) keines wegs vergleichen wöllen, und hat hingegen von dem *sesquadro*, der sich mit *sexta molli* vergleichet, schlechts Gezeugnuß geben wöllen. Darauß ich den Unterscheidt zwischen der *Musica* und *Astrologia* endtlich gemercket, und da ich mich verwundert, warumb doch ich *sesquadrum*, *decilem*, *tridecilem* nicht sonderlich mercke und den *semisextum* so starck mercke, so doch *octangulum, decangulum, et subtensa tribus decimis* eben so edle und schier edlere Figuren seyen als *duodecangulum*. Da bin ich erst in die *Geometriam* gejagt worden und hab da erlernet ein besonderbare Eygenschafft deß *duodecanguli*, darinn es dem *quadrangulo* in einem Stück zu vergleichen und diese zwo *figurae* im selbigen Puncten vor allen andern den Vorzug haben.

Ist also die *Natura sublunaris ex instinctu creationis* viel ein besserer *Geometra* als der Menschen *rationalis animae facultas ex profectu studiorum* jemalen gewest biß auff den heutigen Tag.

60. Es wirdt auch *D. Feselius* nunmehr mercken, daß diese Objection nichts gelte, die Planeten scheinen alle zusammen, darumb könne man keinen vor dem andern probiren. Dann hie nicht sonderlich davon gehandlet wirdt, was ein Planet vor dem andern für ein Natur und Eygenschafft habe, sondern ob und wie starck ein *Aspectus harmonicus* (der zwischen zweyer Planeten Liechtstraalen hieniden auff Erden gemercket wirdt) die Natur dieser nidern Welt entrüste und bewege. Da *Feselius* leichtlich zu sehen hat, daß diese *Aspectus* nicht alle Täge fallen und, da einer heut ist, derselbige weder gestern gewest, noch morgen seyn wirdt. Derohalben sie gar wol zu unterscheiden seynd. Dann ob wol ihrer im künfftigen Jahr *stylo novo 164* seynd (deß Monds *aspecte* außgeschlossen, als welche täglich geschehen und derowegen für sich allein nichts neuwes machen, auch sehr geschwindt vergehen und nicht anhalten in der Witterung), Da in gleicher außtheilung allweg auff den andern oder dritten Tag einer käme, so halten sie aber kein gleiche außtheilung, sondern fallen offt auff einen Tag fünff, sechs oder mehr zusamen; damit bleiben viel Täge ledig und auch etliche *aspecte* auff gewisse Täge einsam, daß man sie also ohn einige Confusion probiren kan. Künfftigen 25., 26. Feb. St. N. finden sich fünff. Also den 15./16. May sechs, den 13. Junii in 28 Stunden vier, den 3. Julii drey, den 3./4. Aug. vier, den 10./11. Sept. vier, den 17. Sept. drey, den 19. Sept. vier, den 15./16. Oct. vier, den 9. Novemb.

drey, den 15./16. Novemb. drey, den 24. Nov. drey, den 28./29. Novemb. drey, den 14. Decemb. drey.

Hingegen gibt es im *Martio* wenig, und mag man den 5. *Quintilem*, den 9. *semisextum* probiren, den 23. alle beyde, also auch den 24./25. *Aprilis* zwen *quintiles*. Und weil vom 16. Junii biß zu endt deß Monats kein Aspect auß den alten fält, außgenommen zwischen 24./25. die *coniunctio Solis et Jovis*, so mag umb den 17. auff *semisextum* ♄ ♂, den 23. auff *biquintilem* ♄ ☿, den 27. auff *biquintilem* ♄ ♀ achtung gegeben werden. Und hab ich den 18./20. Gelegenheit auch auff zween *sesquadros* ferrners Auffsehen zu haben, ob sie allerdings still seyn oder auch ein wenig Unruhe verursachen wöllen. Eine gleiche gelegenheit findet sich auch zwischen dem 3. und 18. Jul., da es leer ist von Aspecten, dann nur den 10. ein *biquintilis* ♄ ☉ und den 13. ein *semisextus* ♄ ♀. Den 6./7. Aug. ists zeit, den *semisextum* ♀ ☿ zu probiren, und den 15./16./17. sonderlich den *biquintilem* ♃ ♄.

61. Ja, spricht einer, es seynd hie wol etliche Täge ernennet, es ist aber nichts specificiert, ob es daran schneyen oder regnen werde. Antwort: wahr ist es, auß dem Himmel allein lässet es sich nicht specificiren; dann es kompt das Gewitter *materialiter* nit von Himmel, sondern auß der nidern Welt, und praesumirt allweg ein *Astrologus* etwas von dem Erdtboden, so offt er von gewisser Sorten deß Wetters handelt. Der Himmel allein verursachet nichts als den Antrieb der Geistischen art in dieser nidern Welt oder in der Erdenkugel, daß sie aufftreibt, was sie hat und findet. Nun kan dem *Astrologo* sein *Praesumption* fehlen. Dann die innerliche verenderung deß Erdtbodens an feuchte und trückene wird nit allein vom Himmel regiert, sie hat ihren absönderlichen umbgang, wie es die erfahrung mitbringt. Solt es aber drümb nicht seyn, daß ein *Astrologus* dannoch so viel versiehet, wann und welchen Tagen es wittern werde?

Ich weiß zwar nit, was es vom künfftigen 28. April biß 17. May für wetter seyn werde, dann ich hab zwo unterschiedliche vermuhtungen von dem Erdtboden, die eine ist diese, daß es gemeinglich zu dieser Jahreszeit auff den Gebürgen noch viel Schnee hat, dahero die Winde, wann sie auffgetrieben werden, pflegen kalt zu seyn. Die andere ist diese, daß es sich ansehen läst, als solte der Mertz wegen weniger Aspecten ziemlich schön sein und also die Wärme sich etlicher massen erholen, darauff dann der April biß fast umb den 19. viel *aspecte* hat, die vielleicht den Schnee in Gebürgen mit stättigem Regen wol abtreiben können werden, daß es hernach bis zu endt *Aprilis* schön Wetter geben mag. Wann ich aber wüste, welches auß diesen beyden geschehen würde, köndte ich hernach im Mayen darauff bauen. Als zum Exempel, laß es seyn was zu erst gesetzt, so wolte ich im Mayen rauhe kalte Lüffte und ein ungeschlacht kalt Regenwetter setzen. Ob aber schon diß ungewiß, so ist doch diß gewiß, daß das Wetter diese bestimbte Zeit nach Gelegenheit deß Erdtbodens sehr unruhig und nicht schön seyn werde.

Gleiches zusagen vom 3. biß in 15. Junii, sonderlich den 12., 13., 14. Junii. Es kan viel Regen geben, es kan auch nur ungestümmen Windt oder Donnerwetter geben, nach dem das Erdtrich seyn wird; still wird es nicht zugehen.

Diß Stückwerk ist nicht zu verwerffen, wer weiß, es mag noch einmal zu grossem Nutzen kommen. Wann ich zu schiffen hette und köndte ohne Versäumnuß meiner Sachen einen Tag oder viertzehen am Portu bleiben, warumb wolte ich nicht lieber nach dem 17. May die Segel fliehen lassen dann zuvor, weil ungestümme *Aspectus* zuvor fürhanden. Hat S. Paulus den Winter gescheuwet und die Schiffahrt widerrahten, warumb wolte ich nicht auch ein Winterige ungestümme *constitutionem* scheuwen umb den 12., 13., 14. Junii.

62. Damit ich aber *D. Feselio* allen Verdacht der ungewissen Experientz halben benemme, wil ich mir selber eynwerffen. Dann es die Frage, ob auch die *Astronomia* so gewiß, daß man zu den Aspecten gewisse Täge ernennen könne, und ob es die *experientiam* nit hindere, so man in der Rechnung verfehlete. Antwort: wahr ists, daß von etlicher Ungewißheit wegen der *Astronomiae* nicht ein jeder zur Experientz täuglich ist. Sondern man muß gewisse *Aspecte* von ungewissen unterscheiden. Zum Exempel nemme ich den jetztlauffenden Decemb. Den ersten stehet in *Ephemeride* ☿ R., und ist den 1., 2. lindt, finster Wetter gewest mit kaltem Windt (dann *Mercurii stationes* wircken wie ein Aspect zweyer Planeten); den 3., 4., da kein Aspect, war es schön, fieng an zu frieren; den 5. ward es wider trüb, hatte einen schneidenden kalten Windt, da spüret man die auffdämpffung (die Ursach ist gewest *biquintilis Jouis Martis*, der ist auch in den *Prutenicis* so gewiß, daß er dißmals uber einen Tag nicht fehlen kan, da doch das Gewitter selber etwa in weyt von einander gelegnen Orten sich in zween Tage eyntheilt wegen unterschiedlicher Gelegenheit der Länder). Der 6. ist stiller gewesen, doch trübe wegen der Nachtbaurschafft. Den 7. nach

Mittag erhebte sich ein scharpffer Windt bey dem □ ♃ ♀ und
♂ ☉ ♃, die seynd gewiß gnug, und stärckte sich den 8. bey
biquintili ♃ ♀, daß das Wasser begundte zu zugefrieren. (Ich
halte, es sey den 7. etwa in einem gebürgigen feuchten Landt
ein tieffer Schnee gefallen, dannenhero es gehling so kalte Winde
gegeben; dann gehling Gefröhr kömpt nur von Winden. Darumb auch ein solche eylende Kälte nicht lang bestehet. Dann,
wann der Windt sich legt, so ist der Erdtboden noch nicht zu
rechter Kälte disponiret und mag leicht durch ein Ursach wider
auffgehen). Den 9. hat das Eyß schon getragen, wardt 9./10
schön und sehr kalt. Den 11. stehet ein ☌ ☉ ☿, da wardt sehr
scharpffer Ost, Abendts ein Schneegewülck. Den 12. wider hell
und kälter. Hat also diese *coniunctio* dißmals in Böheym mehr
nicht dann ein Gewülck und Windt gebracht, so sie anderst gewiß den 11. und nicht etwa den 12. Abendts gefallen. Dann es
in der Nacht nach dem 12. lindt worden, den 13. geregnet hie
und im Voytlandt, darauff geschnyen. Den 14. allhie dreyn geregnet, den Schnee viel abgetrieben mit einem lawen starcken
West. Im Voytlandt einen sehr grossen Schnee geworffen, daß
man etlicher Orten nicht reysen können. Die Ursach ist nit sonderlich an der *coniunctione* ☿ ♀ gelegen, dann *Venus* hat ein
ziemliche grosse *latitudinem septentrionalem* gehabt, sondern
Mercurius ist *motu retrogrado* von der Sonnen hinweg und in
semisextum Martis et Veneris coniunctorum gelauffen, ist also
ein *apertio portarum* gewest. *Mars erat ulterior in coelo quam
calculo*. Den 15. ists nach Mittag wider kalt worden, den 16.
in simili mit Schneefuncken. Baldt abendts erhebte sich ein starcker ungestümmer West, der sich durch den 17. sehr stärckete,
biß in den 18. nach Mittag, da er sich gelegt. Ob er wol den
Schnee etwas abgetrieben, bliebe doch das Wasser zu, weil die
Kälte nunmehr uberhandt gewonnen weyt und breyt. Wann nun
einer nicht berichtet ist, daß *Mercurius* umb die *stationes,* welche
die *Ephemerides* auff den 23. setzen, noch gar unrichtig in der
Rechnung sey und gar offt umb ein Grad oder zween besser hin-
ten stehe, möchte er jetzo nit unbillich anfahen zu zweifeln, ob
das Gewitter mit den Aspecten so genauw *correspondire* und
nit etwa nur unter weilen ungefehr antreffe? In ansehung, daß
dieses ein gar augenscheinliche Witterung gewest den 17./18., da
sich doch kein Aspect in der nähe nit findet. Ich bin aber durch
viel dergleichen Fälle gewitziget worden und derowegen durch
diese witterung gnugsam vergewissert, daß *Mercurius* den 17. *in
opposito Jovis* gestanden, welches darumb so starck gewircket,

weil *Mercurius* gemaches Lauffs und mit sampt *Jove* zurück gangen, daß sie also langsam voneinander gesetzt. Den 18. nach Mittag ists still und hell und den 19. kalt worden mit Schneegewülck, den 20. schön und kalt, weil die Natur von den Aspecten ruhe gehabt. Bald erhebte sich in der folgenden Nacht ein langwieriger ungestümmer West mit etwas Regen. Dieser bezeugt, daß ☿ den 21. zum andernmal *in opposito* ♃ gestanden, wie es dann auff die erstberührte Correction nohtwendig folgen müssen. Und weil ☿ gleich bald gar stillstehen sollen, ist dieser Aspect auch in der wirckung desto langwieriger gewest und hat also diß böse Wetter auch durch den 22. und 23. gewehret, sonderlich weil den 23. ein *quintilis Saturni et Veneris* darzu kommen. Und weil es auch den 24./25. windig Aprilenwetter und den 26. Schnee gegeben, achte ich, ☿ habe zween Tag später, nemlich erst den 25., seinen Lauff umbgedräet; dann solches alsdann seine Witterung zu seyn pfleget. Den 27., 28., 29. wider schön und kalt, das Wasser zu, weil kein Aspect. Den 30. erhebte sich starcker Sudwest, den 31. Regen, Wasser offen. Die Ursach wird abermal kein *Astrologus* leicht errahten, die doch gewiß und augenscheinlich. ♄ hatte 20 *minuta* weniger, ♂ 40 *minuta* mehr dann *in Ephemeride*, derhalben nit den 1. *Jan.*, sondern den 30. *Decemb.* ein *quintilis Saturni et Martis* gewest.

63. Siehet also hierauß *D. Feselius,* daß diese betrachtung deß Gewitters nit allein deß Monds *aspecte* ubergehe, wie droben gemeldet, als welche gar zu gemein, schnell und schwach, sondern auch und vielmehr die *quadrantes anni et mensis* mit iren *judicis* allerdings umbstosse.

Es soll einen wunder nemmen, woher es unter den gemeinen Mann kommen, daß er so gern nach dem Mond urtheilt, ob es die eynbildung gethan, daß das Wetter sich mit deß Monds Liecht verändere, oder dahero, weil fast alle Quartal ein newes Gewitter ist; oder habens ihn die viel Calender und *Prognostica* gelehret. Oder haben es im Widerspiel die *Astrologi* dem gemeinen Mann zu gefallen gethan, daß sie ihre *iudicia* nach dem Mondtschein außtheilen und ihn für die Ursach halten und anziehen. Doch wil ich hiermit die alte Baurenregel nit vernichtet, noch abgeläugnet haben, daß man nit etlicher massen am Mondt (nit aber an deß Newmonds oder Viertheils Nativitet) sehen könne, wie es einen Tag oder etliche nacheinander wittern werde; dann was man also siehet, das ist nach seiner Maaß schon allbereyt im Werck.

64. Diß ist also der rechte warhafftige Grundt, das Gewitter vorher etlicher massen zu wissen. Diß ist auch zumal das stärckeste Bandt, damit diese niedere Welt an den Himmel gebunden und mit ihme vereiniget ist, also daß alle ihre Kräfften von oben herab regirt werden nach *Aristotelis* Lehre: Nemlich, daß in dieser niedern Welt oder Erdenkugel stecket ein Geistische Natur, der *Geometria* fähig, welche sich ab den Geometrischen und Harmonischen Verbindungen der himmlischen Liechtstraalen *ex instinctu creatoris sine ratiocinatione* erquicket und zum Gebrauch ihrer Kräfften selbst auffmundert und antreibt.

Ob alle Kräutter und Thier diese Facultet so wol als die Erdtkugel in ihnen haben, kan ich nicht sagen. Kein ungläublich ding ist es nicht; dann sie haben zum wenigsten dergleichen andere Faculteten: Als daß die Form in einem jeden Kraut ihre Zierdt weiß zu bestellen, der Blumen ihre Farb gibt, nicht *materialiter*, sondern gar *formaliter*, auch ihre gewisse Zahl von Blättern hat. Daß die Mutter *Matrix* und der Saame so dreyn fällt, eine solche wunderbarliche Krafft hat, alle Glieder in gebührender Form zu zubereytten, da dann der Esel dem Menschen nichts bevor gibt, sondern es ist uberall der *instinctus divinus rationis particeps* und gar nicht deß Menschens eygne Witz.

Daß aber auch der Mensch mit seiner Seel und deroselben niderern Kräfften ein solche Verwandtnuß mit dem Himmel habe wie der Erdtboden, mag in viel wege probiert und erwiesen werden; deren ein jedweder ein Edels Perl auß der *Astrologia* ist, keines wegs mit der *Astrologia* zu verwerffen, sondern fleissig auffzubehalten und zu erklären.

65. Dann erstlich mag ich mich dieser Experientz mit Warheit rühmen, daß der Mensch in der ersten Entzündung seines Lebens, wann er nun für sich selbst lebt und nicht mehr in Mutterleib bleiben kan, einen *Characterem* und Abbildung empfahe *totius constellationis coelestis, seu formae confluxus radiorum in terra*, und denselben biß in sein Grube hieneyn behalte. Der sich hernach in formierung deß Angesichts und der ubrigen Leibsgestalt so wol in deß Menschen Handel und Wandel, Sitten und Geberden mercklich spüren lasse, also daß er auch durch die Gestallt deß Leibs bey andern Leuten gleichmässige neygung und anmuhtung zu seiner Person und durch sein Thun und lassen ihme gleichmässiges Glück verursache; dadurch dann (so wol als durch der Mutter Eynbildungen vor der Geburt und durch die Auffzucht nach der Geburt) ein sehr grosser Unterscheidt unter den Leuten gemacht wirdt, daß einer wacker, munder, fröhlich, trauwsam, Der ander schläfferig, träg, nachlässig, liechtscheuh, vergessentlich, zag wirdt und was dergleichen für general Eygenschafften seynd, die sich den schönen und genauwen oder weytschichtigen unformlichen *figurationibus* auch gegen den Farben und Bewegungen der Planeten vergleichen.

Dieser *Character* wirdt empfangen nicht in den Leib, dann dieser ist viel zu ungeschickt hierzu, sondern in die Natur der Seelen selbsten, die sich verhält wie ein Punct, darumb sie auch in den Puncten deß *confluxus radiorum* mag transformiert werden, und die da nicht nur deren Vernunfft theilhafftig ist, von deren wir Menschen vor andern lebenden Creaturen vernünfftig genennet werden, sondern sie hat auch ein andere eyngepflantzte Vernunfft die *Geometriam* so wol in den *radiis* als in den *vocibus*, oder in der *Musica*, ohn langes erlernen, im ersten Augenblick zu begreiffen.

Gleich wie es mit dem Schwimmen und mit dem aufrecht eynhergehen beschaffen, das muß der Mensch mit grosser Mühe und langer weil lernen: ein Kalb kan es von Natur ungelernet.

66. Zum andern und ferrners, gleich wie ein jedes Kraut seine Zeit trifft, wann es zeitigen oder blühen solle, Welche Zeit demselben in der Erschaffung vorgeschrieben und durch eusserliche Wärme und andere Mittel zwar etwas erlängert oder verkürtzet, aber niemalen gar verkehret werden mag, also empfähet auch deß Menschen Natur im eyntritt ihres Lebens nicht nur ein augenblickliches Bilde des Himmels, sondern auch den Lauff desselbigen, wie er hienieden auff Erden scheinet etliche Tage nacheinander, und gewinnet auß diesem Lauff ihre Art, zu gewissen Jahren diesen oder jenen *humorem* zuergiessen, welche Jahr sie auch auff Vorschreibung der ersten wenig Tagen ihres Lebens gantz genauw und scharpff trifft. Welches ein sehr verwunderliches Werck und gleichsam ein *species* oder *effluxus* ist *proportionis naturalis diei ad annum (ut sicut fit effluxus lucis non causa temporis, sed causa loci, et effluxus soni causa loci et temporis, sic fiat effluxus huius proportionis causa temporis, non causa loci)*, also daß diese kurtze Zeit *seu tempus typicum* sich bey dieser deß Menschen Natur *per partes* in 365 multiplicirt und das gantze natürliche Leben von dieser Multiplication hero, die da ihr steyff in Gedächtnuß bleibt, deducirt und alsgleich von einem Kneyel Garn abgewunden wird. Der gestalt dann das gantze künfftige Leben, *quoad naturales affectiones*, gleich vom ersten viertheil Jahr an bey dieser deß Menschens Natur in einem Büschelin zusammen gewickelt und beygelegt ist.

Es lässet sich aber eine solche Ursach und *proportio naturalis* nicht auff die *profectiones* ziehen; dann nicht das *Ascendens* oder die Sonn, sondern nur der *Jupiter* in 12 Jahren umbgehet wie der Mondt in 28 Tagen, und gehöret demnach das beste von den *Profectionibus* unter die *transitus,* das uberig ist ein unnütze Schaal.

Ich hab offt die Gedancken gehabt, es werde nichts mit den *directionibus* seyn, weil man die Ursach so weyt holen muß und nicht anders bestellen kan. Ich muß aber bekennen, daß dannoch die ursach der Natur gleich siehet, weil sie braucht *proportionem naturalem* und daß die Erfahrung so klar, daß sie den *Astrologis* nicht abzuläugnen, allein daß man nit wie *Sixtus ab Hemminga* ohne gnugsamen Bericht und allzugenauw damit verfahre und die *Experimentatores* mit den *individuis casibus* gefahre, in erwegung, daß das jenige, was die Natur heut gethan hatte, auch gar wol durch allerhand Hülff oder Verhinderung gestert geschehen seyn oder morgen geschehen kan.

Es wird auch das Gemüht selbst in seinen natürlichen Geschäfften und Qualiteten der gestalt ein Jahr für das ander auffgemundert.

67. Fürs dritte ist diß auch ein wunderlich Ding, daß die Natur, welche diesen *Characterem* empfähet, auch ihre angehörige zu etwas Gleichheiten *in constellationibus coelestibus* befürdert. Wann die Mutter grosses Leibs und an der natürlichen Zeit ist, so suchet dann die Natur einen Tag und Stundt zur Geburt, der sich mit der Mutter ihres Vattern oder Brudern Geburt Himmels halben *(non qualitative, sed astronomice et quantitative)* vergleichet. Doch lässet es ihme zu nemmen und geben wie alle natürliche Dinge.

68. Zum vierdten, so weiß eine jede Natur nicht allein ihren *characterem coelestem,* sondern auch jedes Tags himmlische *configurationes* und Läuffe so wol, daß, so offt ihr ein Planet *de praesenti* in ihres *characteris ascendentem* oder *loca praecipua* kömpt, sonderlich in die *Natalitio* sie sich dessen annimbt und dadurch unterschiedlich *affectionirt* und ermuntert wird.

69. Endtlich und zum fünfften, so gibt es auch die Erfahrung, daß ein jede starcke Configuration für sich selbst ohne Ansehung der Verwandtnuß mit einem gewissen Menschen die Leute in gemein (wo ein Volck in einer Ordnung bey einander) auffmundert und zu einem gemeinen Wesen *habilitirt*, daß man zusammen setzet, gleich wie die Sterne damals *harmonice* zusammen leuchten. Wie in meinem Buch *de stella serpentarii* außgeführt worden.

So hab ich auch vielfältig gesehen, daß bey allgemeinen Landtseuchen allezeit die *humores* mehr turbirt, nemlich die Naturen ermundert werden, die *humores* außzutreiben, wann starcke *constellationes* fürhanden gewest.

Wie dann alle diese Puncten und, so ihrer noch mehr auff diesen Schlag fürzubringen, auß einerley Ursach entspringen, und die Müglichkeit deß einen auß dem andern bewiesen und bewehret werden mag.

70. Wann *D. Feselius* diese Puncten und ihre Ursachen betrachtet, so hoffe ich, er soll auch nunmehr seinem *Galeno* und fast der gantzen *Medicae facultati* desto gerner glauben, daß die Natur deß Menschens, wann sie in einem neuwen Werck ist, einen *humorem* durch ein Kranckheit zu exturbiren und darüber zart, blödt, leicht beweglich und sehr empfindtlich wirdt; dann zumal auch mit dem Mondt verwandtnuß habe und sich mit dessen Lauff verändere und verkehre oder antreibe in dem Werck, das sie fürhat, und dahero die *dies critici* fürnemlich verursachet werden.

Dann ob es wol nicht ohne Einreden zugehet, so läst sich doch ein *Philosophus* mit dem meinsten begnügen zu Schöpffung eines Philosophischen Wohns und sihet hernach, wie dem ubrigen geschehe.

Ich zwar hab etwa gesehen, wie junge Kindtbetter Kinder *secundum appulsus Lunae ad planetas* sich einen Tag für dem andern rühiger oder unrühiger befunden.

Ich hab die *doctrinam crisium* zwar nicht gestudiert, daß ich wüste, der *Medicorum experientiam* zu deß Monds Lauff zu reymen. Wil aber meine Meynung sagen: Es kömpt der Mondt mit sieben Tagen zu dem *quadrato* deß Orts, von dannen er außgelauffen, mit dem 14 zu dem *opposito*, mit $20^{1}/_{2}$ zu dem andern *quadrato*, mit $27^{1}/_{3}$ wider zu seiner ersten Stell. Wann man nun *exclusive* zehlt vom Anfang der Kranckheit biß nach 7 gantzer Tagen zu dem Anfang *criseos*, so reymet sich die *observatio critica* deß 7., 14., 20., 27. nicht ubel. Daß man aber *exclusive* zehlen und den *Articulum orientis morbi* zum *termino a quo* machen, gedünckt mich, auß *Hippocratis Aphorismo* zu erweisen seyn, welcher zwischen dem 7. und 11. auch drey leere Täge, nemlich den 8., 9., 10. in Gleichnuß deß 1., 2., 3. daher gehen lässet. Und müste derowegen die Meynung seyn, wann 7 gantzer Tag vom ersten anfang der Kranckheit vergangen, im anfang deß achten sey der *Articulus criseos*.

Und warlich, wann die *observatio* beständig und gewiß ist, daß nach dem 7. und 14. hernach der 20. und 27. *Critici* seyen, so muß es allein von deß Mondts Lauff sub *Zodiaco* herkommen. Oder es müste *Hippocrates* seine Rechnung nicht auß der Erfahrung, sondern auß einer Chaldaischen *Astronomia* hergenommen haben, in welcher *reditus Lunae sub Zodiaco* bekandt gewest. Dann der Griechen *Astronomia* hat sich nur umb den *reditum Lunae ad Solem* angenommen zu *Hippocratis* zeiten.

Dann wann die *Critici dies* anderstwohero folgen solten dann auß des Monds Lauff zu den festen Sternen, warurmb solte nicht für den 20. der 21. und für den 27. der 28. Tag *Criticus* seyn? Damit also nit allein die andere Wochen nach *Hippocratis* Lehr, sondern auch die dritte und vierdte der ersten gleich were.

Etliche legen die Ursach auff die *concurrentiam motuum bilis et Melancholiae*. Aber auß demselben würde folgen, daß nach dem 1. und 7. hernach der 13., 19., 25., 31. *Criticus* were.

Es möcht aber *D. Feselius* fragen: Wann er gleich zugebe, daß mit dem ersten Augenblick und Anfang der Kranckheit der erste Tag in der Zahl anfahen und hernach mit Vollendung deß 7., 14., 20., 27. die *Crises* eynfallen, daß sich also wol auff deß Monds Lauff schicken solle, Wo dann die zwischen eyngespickte *indicatorii dies* bleiben, als der 4., 11., 17., 24. Ob dann hernach diese sich auch zu deß Monds Lauff schicken?

Antwort: Ordentlicher beständiger weise schicken sie sich anders nicht, als daß der Mondt dieser zeit *ad loca semiquadrata* kömpt. Nun spüre ich sonsten zwischen den Planeten nicht, daß der *semiquadratus*, der auß dem *Octangulo* fleust, eine merckliche Krafft haben solte. Es begibt sich aber offt, daß ein Kranckheit anfahet, da der Mondt hernach im vierdten Tag zum *Saturno*, im eylfften zu dessen *quadrato*, im 17. zum *opposito*, im 24. zum andern *quadrato* kömpt, welches auch die Ursach zu den *intercidentibus* seyn mag. Weil aber diß nicht allwegen auff diese *indices* oder *intercidentes* geschicht, gebe ich den *Medicis* zu bedencken, ob ihre *observatio* auch so gewiß und beständig durch alle *exempla* zutreffe. Dann sie machen solche mit ihrem mannigfaltigen distinguiren und mit iren *indicibus, iudicibus et intercidentibus* eben so wol verdächtig, daß sie nit so gar an diese gewisse Täge gebunden seyn möchten.

Da aber je die *Experientia* beständig, so möchte man sagen, daß beyde Ursachen, nemlich deß Monds Lauff und die Bewegung der Gallen und *Melancholiae*, allwegen am dritten und vierdten Tage (welche nit deß *humoris*, sondern *naturae seu facultatis animae humorem respicientis et excernentis* eygenschafft ist) zusammenschlügen, und zwar der Mondt mit seinen *locis oppositis* und *quadratis* allemal etwas verrichte, aber der *humor* zuvor den dritten oder vierdten Tag das Werck anfahe, wie er es gewohnt ist. Als so einer einem grossen Gefäß mit Wasser einen stoß gibt und hernach das Wasser hin und wider schlecht seiner Natur nach; dann, daß beydes zumal geschehen und der *humor* nit allein auff seinen Anfang auffmercken und also den 4., 7., 10., 13., 16., 19. seine *Paroxysmos* beständig halten, sondern nebens auch von einem newen anfang, welchen der Mondt oder vielmehr *natura in Lunam intenta* am 14. Tag machet, auch den 11., 14., 17., 20. observiren könne, lässet sich Exempels weiß erklären mit der vermischung zweyer unterschiedlicher Fieber wie auch mit dem Wasser: Da es sich offt zuträgt, daß etwan die Wellen gegen Orient fallen, aber nichts desto weniger durch etwan einen Steinwurff andere kleine Wellen gegen Mittag oder Norden, aber die andere grosse und langsame Wellen gantz schnell dahin fahren, und lang keiner den andern turbiert.

Es möcht einer sprechen, kan die Natur ihren gewissen Umgang treffen mit dem *motu humorum* uber den dritten und vierdten Tag für sich selbst ohne den Himmel, so kan sie auch die *dies criticos in ipso motu humorum* ohne den Himmel treffen. Antwort: es ist kein zweifel, die Natur thue es, die in deß Menschen *humoribus* dominiert, und gar nicht der Himmel für sich, es ist aber die Frage, ob die Natur ihre Täge auß dem Himmel nemme oder also ungefehr erhasche. Dann, weil ihre Täge sich auff deß Monds Lauff reymen und man sonsten dieser Zahlen kein andere Ursachen nit weiß, so bleibt man nit unbillich in dem Wohn, daß die Natur ihr auffmercken auff deß Himmels Lauff habe. Dann diß ist also ein alt herkommen, dardurch man die gantze *Philosophiam* entlich erlernet hat.

Item, so werden auch die *humores* selber nach deß Himmels Umbgang beweget. Dann lieber, sag mir, warumb fallen *in bile flava* gerad zween Täge ins Mittel, *in atra* geradt drey; ist dann zwischen *bile flava* und *atra* die Proportz wie zwischen zwey und drey? Und gesetzt, sie sey also zwischen ihnen, lieber, warumb seynd es aber gemeiniglich gantze Täge, köndt es nit eben so wol bey *bile flava* mit 30 bey *atra* mit 45 Stunden zugehen? Warlich, auff den Himmel muß die Natur achtung haben und wissen, wann ein gantzer Tag herumb ist. Dann es geschicht dieses, wann auch gleich der Mensch nicht zu gewissen Stunden isset, im Beth, im finstern, in der still ligen bleibt. Und mag vielleicht die Ursach seyn, warumb die *crisis* geschehe nach 7, 14, 20, 27 Tägen *praecise* und nicht völliglich nach dem Monds Lauff nach $20^{1}/_{2}$ und $27^{1}/_{3}$.

Was aber die *anticipationes* belanget, die werden von den *Medicis* selbsten für *extraordinarias* gehalten, da die Natur durch zufällige dinge verhindert oder befürdert wirdt.

Ich muß von den eyngespickten Tägen, nemlich von dem 4., 11., 17., 24., noch etwas melden. Es ist nit allein in *Astronomia* der halbe Umbgang deß Monds (doch *a Sole ad Solem*) der Gleichheit halben beschaffen wie sonsten eines Planeten gantzer umbgang, also daß der Mond, *quoad Solem* in einem Monat zweymal hoch, zweymal nieder kömpt, zweymal ein grosse *latitudinem,* zweymal ein kleine gewinnet, auch sein *motus medius* selber nit *medius,* sondern zweymal, nemlich im neuw und voll Mondt, schnell und zweymal, nemlich in beyden viertheiln, gemach gehet (Dahero die *Astronomi* von Behendigkeit wegen allezeit *distantiam Lunae a Sole* duplirn müssen), sondern auch in dem ab- und zulauff deß Meers thut der Newmondt so viel als der voll Mond, und sein *punctum oppositum* so viel als er selber. Daher zu bedencken, ob nit auch *in crisisibus* sein halber *circulus* für ein gantzen zurechnen. Dann also wirdt auß einem *semiquadrato* ein gantzer *quadratus,* ein *figura efficax (obiective),* und erreychete er allwegen ehe dann in $3^{1}/_{2}$ Tagen ein solchen *quadratum,* das würde sich auff die zwischen innen stehende Täge ziemlich reymen.

Schließlich zu melden, wann ein *Medicus* seiner Patienten *Geneses* und *Crises* so fleissig auffgezeichnet hette, so fleissig ich diese 16 Jahr das Wetter auffgezeichnet habe, so wolte ich vielleicht etwas mehrers und zur Sachen dienstlichers darauß abnemmen und fürbringen können. Er müste aber mit seiner Experientz fürsichtig handeln und sich von keinen Patienten mit falschem Bericht betriegen lassen. D. *Feselius* wölle sich hinder diese *partem Medicae cognitionis* machen, damit wirdt er viel besser Ehr eynlegen, als wann er viel guter Sachen mit sampt dem Astrologischen Aberglauben unter zudrucken sich befleissen wolte.

71. Was von dem Mondt und seiner Krafft *in crisibus* gesagt worden, das ist auch von allen andern Dingen, die mit deß Monds Liecht wachsen und abnemmen, in seiner Maaß zu verstehen. Hierbey dann sonderlich der *Menstruorum* bey allen Thieren zu gedencken, also daß die *Medici* nach der Personen Alter ihre außtheilung auff deß Monds Alter machen, da gemeiniglich mit widerkerung deß Monds zu einerley Liecht und Stelle gegen der Sonnen auch diese Ergiessung widerkehret. Das muß man nicht ansehen wie ein Kalb ein new Thor, sondern gedencken, daß es auch ein Stück sey von dem jenigen Bandt, damit Himmel und Erden zusammen verbunden, und daß es nicht *materialiter* zugehe, sondern daß die Natur *facultas uteri* oder Seel im weiblichen Leib ihr verborgenes auffmercken auff den Himmel und deß Monds Liecht habe.

72. Was dann andere Dinge belanget, als die Kräutter, das Holtz im Waldt, die Krebs, die Austern und was mit deß Mondsliecht zu und abnimmt, Da ist man bey den gemeinen *Philosophis* in dem einfältigen Wohn, welcher weder Hände noch Füsse hat, daß die *humores* mit deß Mondes Liecht wachsen, und wirdt gemeiniglich das ab- und zulauffen deß Meeres unordentlicher und ungeschickter Weise hierunter gezogen, eines mit dem andern zu probieren, ja vielmehr zu confundiren.

Wann man denn fragt, wie deß Monds Liecht die *humores* vermehren köndte, da ist die einige Antwort, es sey ein Wunderwerck Gottes. Das ist zwar wahr, aber viel ein grössers Wunderwerck würde es seyn und Gott dem Schöpffer zu viel grösserm Lob von uns gedeyen, wann es mit unserer Unwissenheit und Unverstandt nicht verdunckelt und befleckt were.

Sage derohalben, daß es einen Fehl habe, wann man sagt: die *humores* vermehren sich mit deß Monds Liecht; sondern man muß das Leben darzu setzen. Dann ein Faß, so in dem Neuwmondt mit Wasser gefüllet wirdt, das laufft in dem vollen Mondt nicht uber (es sey dann ungefehr), aber die lebende Dinge haben ein solche Krafft, daß die *forma*, die *anima*, die natürliche Seel sich nach deß Monds Liecht richtet; dann sie hat die Art, solches Liecht wunderbarlicher weise zu mercken, wirdt von denselbigen Gemercknuß wegen der verwandtschafft auffgemuntert, groß und kräfftig gemacht, darmit sie dann ihr Werck in Pflantzung,

Bawung und Besserung ihrer untergebnen Matery oder Leibs desto schleiniger und mit besserm Nachtruck verrichtet und also volleibig wirdt.

Und sey also hiermit gnug gesagt von der Verwandtnuß zwischen Himmel und Erden und wie alles das, so in dieser nidern Welt am Gewitter oder von Thieren, Kräuttern und Menschen verrichtet und fürgenommen wirdt, von dem Himmel hero regieret werde und desselben auff seine Maaß empfinde. Welches mich bey anziehung deß Spruchs *Aristotelis* außzuführen und zu erklären für gut angesehen.

73. Damit ich aber wider auff *D. Feselii* Text komme B 3, verhoffe ich, es soll bey ihme nicht mehr bedörffen dann nur allein dieser Erinnerung, fürter werde er dieses selber passiren lassen und helffen erweytern und außbreytten. Dann er siehet, daß hie allen Kräuttern und Thieren ihre Eygenschafften gelassen werden, sie seyen ihnen gleich am dritten, fünfften oder sechsten Tag gegeben. Weil aber das fürnembste Stück ist auß allen Eygenschafften, daß ein *instinctus Geometriae* in ihnen allen ist und sie mit ihren *formis* oder *animalibus facultatibus* dem Liecht verwandt, die Sterne aber am vierdten Tag also geschaffen worden, daß sie auff den Erdtboden herunter leuchten solten, also folgt, daß unangesehen eine jede Sach das jenige, was sich mit ihr begibt, selbst thut, das Kraut selbst wächset, das Thier selbst schläffet oder wachet, der Mensch selber krieget oder fried hält, dannoch all ihr Thun und Lassen durch diese hieniden auff Erden anwesende und von den Creaturen vermerckte Liechtstralen und durch die *Geometriam* oder *Harmoniam,* so sich zwischen ihnen durch Mittel ihrer bewegung zuträgt, ihren schick empfahe und unterschiedlich formiert und verleyttet werde, nicht anderst, als wie die Herde von deß Hirten Stimm und die Rossz am Wagen durch deß Fuhrmanns Anschreyen, der Bawerntantz durch die Sackpfeiffen.

Dann wahr, daß die Erdt das grüne Kraut und die nohtwendige befeuchtung dazu auch für sich selbst ohn zuthuung eusserlicher hülff, wie *Basilius* wil, herfür gebracht hette. Aber doch ist auch wahr, daß nach dem ihr jetzo der Himmel darzu leuchtet, sie sich in diesem ihrem herfürbringen nach demselben Liecht, so viel müglich, richte.

Und hat *Feselius* nit Ursach, sich uber das Sprüchwort zu beschweren: *Annus producit, non ager.* Es ist mehr *moraliter* dann *Physice* geredt. Ob wol der Saame die Krafft zu wachsen bey sich hat, so würde doch er nit wachsen, wann nicht der Himmel die Wärme zu gewisser Zeit darzu gebe.

Darneben ist es *physice* allerdings wahr, *ager producit, non annus,* daß die Sonn keinen Stein so sehr erwärmen könne, daß er frucht bringe, sondern nur den fruchtbaren besaameten Boden.

Und ist zu verwundern, weil *Feselius* diß alles bekennet, was ihn dann verursache, diese deß Himmels wirckung mit spöttlichen Worten zu verkleinern, da er sagt, daß auff deß Himmels wirckung ein klein wenig mehr als nichts folge. Ob er vielleicht hiemit auff die vermeynte vorsagung gestochen, das hette seinen bescheidt, wie folgen solle, dann *physice* kan ich nit umgehen, *Feselio* zu widersprechen; dann ich sage, daß der Himmel die Wärme zum wachsen aller ding gebe *primario et per se,* weil die Sonn warm ist, und keins wegs *secundario* oder *per accidens* macht sie kalt und Winter. Derhalben ich *Heraclito* wol nachaffen und sagen mag: *Cuncta tandem frigescere, si solem e mundo sustuleris,* wann kein Sonn in der Welt were, so würde aller Creaturen wärme bald ein endt uberwältiget und untergedruckt werden, wie die Holländer Anno 1594 hinder der Moscaw wolerfahren, da sie der Sonnen nur drey Monat gemangelt.

74. Wann aber *Feselius* auff den *effectum ultimum* siehet, als daß der Wein wol gerahtet, daß einer ein reich Weib erwirbet &c., da wird ihm niemandt läugnen, daß die himmlische Liechtstralen hierzu ein weyt herrührende gemeine und verschiedene ursach gegeben, die allein durch Mittel gewircket, und daß solches ein zufällige Ursach sey, in Erwegung, daß die Wärme auch anderst dann durch die Sonn erhalten werden könne, aber doch ist sie darneben ein beständige nimmer außbleibende Mittursach; dann es geschicht nichts in der Welt, da der Himmel sich nicht auff vorbeschriebene weise mit eynmischete.

Ich erkläre mich ferrners *solenniter,* ob ich wol eben viel starcke Puncten auß der *Astrologia* außgenommen, dieselbige zu vertheydigen, daß doch sie alle (so viel ihrer die Menschen, Viehe, Kräutter aller Wegen angehen) nur allein solche Ursachen seyen (gegen den allerletzten erfolg aller ding zu rechnen), wie sie jetzo beschrieben worden.

Und weil dann wahr, daß kein solcher außdrücklicher *effectus* (als daß einer ein Königreich erwirbt) auß dem blossen Himmel oder vielmehr auß oberzehlten ursachen allein nit folget, daß nemlich die himmlische Liechtstralen sampt dero harmonischer erscheinung in der Geburt und hernach auff gewisse Jahr so schön, so annemlich, so geschickt, so munder, glücklich oder auch einem vorabkommenen König *astronomice* mit der Nativitet so verwandt gemacht, sondern es müssen auch andere mittelende Ursachen darzu kommen: Er muß auch Fürstlichen Herkommens, ein Landtsmann, ein Erbherr &c. seyn. Es muß auch zuvor ein Königreich erlediget, die Unterthanen nicht zu widerwertig, ein böser Nachtbaur nicht zu starck seyn. Also folgt recht, daß ein *Astrologus,* der nur den Himmel sihet und von solchen zwischen Ursachen nicht weiß, nur allein *probabiliter,* nit Messungsweiß (allermassen wie *Feselius* wil) – das ist ein klein wenig mehr dann nichts – von dem letzten Erfolg vorsagen könne. Und diß von jetztbesagter Ursachen wegen, nicht aber eben darumb, weil der Sternen *actio uniformis* und gleichförmig.

Wahr ist es zwar, *actio stellarum* ist *uniformis* und jederzeit einig. Wir reden aber nicht von *actione stellarum,* sondern von *receptione,* das ist *passione,* in den Naturen der irrdischen Cörpern und, was solche ihnen auß der Sternen Liechtstralen mehrers und uber das, so ein jeder Stern an ihm selber hat, abnemmen. Dann die *Geometria* oder *Harmonia aspectuum* ist nicht zwischen den Sternen im Himmel, sondern hienieden auff Erden in dem Puncten, der die Liechtstraalen samptlich auffahet.

75. So gestehe ich auch B 4 die Generalitet, daß wie die Sonne und der Haasen Mutter und Vatter einen Haasen ziehlen (in diesem Verstandt, daß die Sonne den Frühling gebracht, da es warm worden, oder was sonst dergleichen von der Sonnen herkömpt, und nicht, als ob die Sonne die *facultatem formalem* darzu gebe; dann die muß dem Haasen anerschaffen seyn) ist ein besser Exempel dann *Feselii* Ofenschürer. Also auch alle oberzehlte *modi connexionis naturarum cum coelo* den Creaturen nichts mittheilen, sondern allein deroselben eyngepflanzte Eygenschafften erwecken, etliche eusserlich als die Wärm von der Sonnen, etliche mehr innerlich als die ab- und zunemmung deß Monds Liechts und die *Geometria aspectuum.*

Diß ist aber kein solch ungewisses, ja gar magisches, sortilegisches Affenspiel wie das jenige, damit *Feselius* diese natürliche gantz ernstliche und wolgegründete Policey der Natur verschimpftet, ja zu gäntzlicher Verwerffung erklären wöllen.

Dann ob wol nicht, ohn daß ein *coniunctio Jovis et Martis in sextili Solis et Mercurii* den 1. Martii *St. novo* (die hie *Feselius* anzeucht), ein starcke Bewegnuß aller *humorum* verursachet, sonderlich *in corporibus neutris,* vielmehr *in morbidis,* so gibt doch einem Geistlichen sein Infel, einem Edlen sein offener Helm nichts hierzu, und kan ein Bauwer eben so baldt drüber zur Kranckheit kommen, es were dann etwan der *locus undecimus Tauri* mit einer gewissen Person, die ohne das bawfellig *astronomice* verbunden.

Allhie kan ich nicht umbgehen, mich zurühmen; dann *Feselius,* wie hie erscheinet, verträgt gern.

Dann ich eben mit dieser *constellatio* bessere Ehr eyngelegt habe und demnach ich etwan 14 Tag zuvor die Natur deß Winters schon gesehen, hab ich mich verlauten lassen wider einen, der mir die *Aspecte* nicht wölle passieren lassen, Wann es dann umb den 1. Martii still bleibe bey den vier *sextilibus* (dann mit den zwoen *coniunctionibus* allein wolt ich gemächer gefahren seyn) und nit ungestümme Windt und Regen gebe, so wolle ich etwas, was mein grosse Ungelegenheit, zu thun schuldig seyn. Wie nun der 1. Martii herbey kommen und ein grausamer Sturmwindt einen sehr schwartzen und dicken *Nimbum* daher geführet, darvon es uber Tisches an vorerwehntem Ort so dunckel worden, als were es eine halbe Stundt nach der Sonnen Untergang, Wegen welcher jählingen veränderung etliche mit verwunderung angefangen zu fragen, was das seye? Hat einer zur antwort gegeben: Der Keppler kömpt, und also die Erinnerung gethan, daß es der längst von mir gezeigte Tag sey. Was dünckt nun jetzo *D. Feselium* von diesem *Aelo nimbiuolo*.

Diß schreibe ich der *experientiae tempestatum* zur stewer und nicht, wie mir möchte außgelegt werden, daß ich hiermit fürgebe, es habe eben müssen so finster werden, oder als ob es an statt deß Regens nicht auch schneyen, ja gar trucken und doch ungestümm hette seyn können.

76. Es gefällt mir auch *Feselius* in diesem sehr wol, daß er die Verwandtnuß etlicher Kräutter mit dem Lauff der Sonnen und, was *Mizaldus* von den Epffelkernen, die sich im *Solstitio* umbwenden sollen, geschrieben, nit durch die Banck hinweg verneinet oder abläugnet, sondern allein erinnert, daß nicht die Sonn für sich selbst, sondern deß Krauts und Apffels Eygenschafft dieses verursache, welche auff den Sonnenschein oder Lauff gerichtet seye. Derowegen man mehr auff diese Eygenschafft dann auf deß Himmels Lauff sehen müsse. Dann *D. Feselius* nunmehr sehen wirdt, daß diß allerdings meinen *principiis* gemäß. Und ich mich uberall seiner Regel halte und eben darumb die *Astrologiam* nit gar verwerffe.

Was aber sein *Philosophiam* belanget *de contactu stellarum immediato*, den er läugnet und hingegen, wil, die *Elementa* seyen die Mittelsach, durch welche deß Himmels wirckung in die Creaturen kommen, darüber ist schon allbereyt mit vielem geantwortet.

Ein *contactus immediatus lucis et creaturarum omnium* geschicht und ist nicht zu läugnen. Ja, ich köndte es auch einen *contactum lucis et animarum* heissen.

· Und hingegen seynd die *Elementa* viel zu plumb darzu, daß der himmlische Antrieb durch sie solte zugehen und geschehen, sondern die *Harmonia radiorum* gehet *immediate in ipsas animas*, und da geschicht alsdann der *impulsus, in parte principe, motus origine*, so folget als dann die Bewegung erst in die Leiber *Humores* und *Elementa*..

77. Es stehet mir auch hie *Zabarella* uberzwerch im Weg, welcher fürgibt, die Lufft sey für sich selber warm; ich sage, sie sey kalt an ihr selber und nur allein da warm, wo sie von ihrer Subtiligkeit wegen von aussen leichtlich erwärmet wirdt.

Und hoffe ich also, ich hab der Lufft eygen *gradum caloris*, nemlich *nullitatem meram*, ergrieffen und darff mich derowegen *Feselius* oder *Zarabella* mit diesem nichtigen Exempel nicht abmahnen, die *causas remotas* nicht außzuecken oder ihre Particularwirckungen nit zu suchen. Ich hab andere hinderungen hierzu, die auch ohne dieses nichtige Exempel mich genugsam abhalten.

78. Dann es hienebens wahr, daß der Himmel nichts *immediate* wircke (allein die Wärme und Befeuchtigung mit ihren Differentien außgenommen). Dann an statt deß Luffts, welchen *Feselius* für das *Medium* angibet, seynd andere warhafftige *media*, nemlich die *animales facultates rerum sublunarium*, die bewegen hernach ihre *corpora* und verursachen die *effectus*, wann sie zuvor von den Liechtstralen obbeschriebener massen characterisirt oder ein zeit für die ander gestupffet werden.

Daß die eygentliche erste Verrichtung der himmlischen Liechter anders nichts seye als den Unterscheidt der Zeit zu machen, das würde der bißhero geführten Speculation nichts schaden, wenn mans gleich schlecht hinweg zugeben müste, dann ich droben vermeldet, daß sie die Naturen *per harmonicas concinnitates* bewegen *secundario*, dann war das diese *Harmonica concinnitas* ihre Liechtstralen *per accidens* anfalle allererst hienten uff

Erden *in loco;* vielmehr wird ihnen diß *per accidens (sed per incessabile accidens* und auß gemessener vorsehung Gottes) begegnen, daß sie die Naturen und Gemühter hienten auff Erden bewegen und also zu allem dem, was hienieden auff Erden geschicht, concurrirn müssen und sich also wie das Feuwer, die Lufft, das Wasser, die Erdt brauchen lassen.

Dieser Gebrauch, der da geschicht bey den lebendigen Creaturen, ist zwar ein *accidens essentiae,* auch ein *accidens propriae operationis,* aber nicht ein *accidens finis,* zu welchem sie erschaffen seyndt.

79. Doch muß man *Feselio* diß nicht so schlecht hinweg gestehen, daß die eygentliche und erste Verrichtung deß Himmels anders nichts seye, dann von uns den Unterscheidt der Zeit zu machen. Ich hab droben *num.* 18 erinnert, *unius rei multos fines esse posse* und daß nicht zu verneynen seye, daß nicht auch die Sterne für sich selbst, auch ohne Ansehung der Erden und Menschen, ihre noch eygentlichere vordere Verrichtungen haben.

Ich weiß nicht, ob ich sagen solle, daß die Engel nichts anders seyen dann dienstbare Geister zu der Gläubigen Seligkeit. Dienen thun sie hierzu; denn die Schrifft bezeuget es. Daß sie aber auch mit ihrem Wesen *eiusque fine* dem Menschen unterworffen, subordiniert und nachgesetzt und nit vielmehr in einem höhern *gradu* stehen als der Mensch selbst, das wirdt kein *Theologus* sagen. Seynd sie dann für sich selber edele selige Creaturen und Gottes Ebenbilder auch ohne Betrachtung deß Diensts, den sie bey dem Menschen verrichten, so werden sie gewißlich an dem Geschöpff Gottes Himmels und der Erden auch ihre Ergetzlichkeit haben und Gott drüber loben. Werden also die Planeten auch ihnen umblauffen, ob schon sie keiner Zeit, Tag oder Nacht bedürfftig seynd.

Ja, wer wil sagen, daß die Sterne von Gott nicht auch zum theil ihnen selbst zu gutem erschaffen. Dann so wenig diese Meynung über den Engeln umbgestossen wirdt durch ihren Dienst, den sie dem Menschen leysten, so wenig wird sie auch umbgestossen über den Sternen durch die Zeugnussen heyliger Schrifft, welche sagen, Gott hab die Sterne erschaffen allen Völckern zum Dienst.

In specie hab ich *in libro de Marte* erwiesen, daß die Sonne *proprietate essentiali* der Ursprung sey aller bewegung der Sterne, so wird sie ja nicht fürnemlich oder nur allein zu neuwe-

rung oder zur erleuchtung dieser kleinen Erdenkugel und zu
anders nichts erschaffen seyn.

Und mag hierwider auß dem allegierten *loco Platonis* nichts
erzwungen werden. Dann sagt er nicht alles was die Sterne verrichten, sondern er sagt nur allein, warumb man auff sie mercken solle, und sagt zwar nicht von allen Ursachen, sondern nur
von denen Ursachen, von welcher wegen sein *Respublica* oder
Gemein darauff mercken solle. Sonsten und warumb ein *Philosophus* absonderlich darauff mercken solle, meldet er an andern
Orten.

Wann es bey *Platonis* nutzen bliebe, der in diesem einigen Ort
eyngeführt worden, so were es falsch, daß man die *Astronomiam*
auch zu Gottes Ehr gebrauchen solle. Dann was nutzen die fünff
Planeten einer Gemein zum Unterscheidt der Zeit, zur Ordnung
der Täge in dem Monat, der Monat in das Jahr?

Wie dann *Feselius* selber nechst hernach auß *Galeno* mehr
Nutzen eyngeführt, die deß *Platonis* Gemein nichts, sondern nur
einen *Medicum* angehen.

80. Allhie gewinnet *Feselius* einen rechten und den *Medicis* absonderlich gewidmeten Kampffplatz, warzu nemlich dem *Medico*
die *Astronomia* diene. Und nimmet anfangs an, daß er durch
Erscheinung und Verbergung der unbeweglichen Gestirne lerne,
die Jahrszeiten zu unterscheiden, das extendirt er auff die vier
Jahrs Quartaln, Item auff derselben *Particular* Abtheilungen
und auff den Unterscheidt durch absonderliche Landtschafften.
Und verwehret es auß *Galeno, Hippocrate, Plinio.* Item er
zeuchts auch auff die Gelegenheiten und *opportunitates temporum,* auff unterschiedliche Kranckheiten, er erweyterts *ex Platone* auch auff den Ackerbauw, Schiffart, Kriegsgewerb. Lasset
diesen Nutzen darumb passiren, weil er jederzeit erfolge, da
hingegen die *Influentiae,* sagt er, offtermalen weyt fehlen.

81. Antwort: deß Nutzens bin ich ihm geständig, und lobe ihn
hierüber, daß aber die *Influentiae* fehlen, ist es von den erdichteten kein wunder, von denen aber, so ich gesetzt und vertheydiget, soll diß nicht verstanden werden; dann es kan so wenig
verbleiben, daß ein Natur durch einen Aspect nicht bewegt
werde, so wenig der Tag verhütet werden mag. Und so diese
Bewegung außbliebe, müste es nur also zugehen, als wann einer
in einer finstern Küchen versperret und verschlossen lege und
keinen Tag hette oder als wann er kein Gesicht hette. Dann bey-

der Orten kan es zwar *in parte* und *individuo* fehlen, aber *universaliter* fehlet es nicht.

Es folgt aber darumb nicht, daß auß dieser bewegung und antrieb der Natur durch die Sterne auch einige Handelung folgen müsse. Dann die Handlungen seynd jetzo nicht mehr *influentia coelestis*, sondern *actio naturae, in quam coelum influxit*.

82. Nun wolan, *Feselius* hette seiner meynung in diesem Blat schier zuviel zugegeben, zeucht derhalben den Zügel zurück und wil nicht gestehen, daß solche *exortus et occultationes siderum* die zeiten verändern, ihnen andere Qualiteten machen, sondern nur bezeichnen. Als nemlich, sagt er C 2, wann *Hippocrates* vor den Hundtstagen warne, meyne er nicht den Hundtssterne, als ob es ein wühtender Hundt were. Dann die gifftige art der Hundts Täge komme nicht vom Sternen her, sondern von der Sommer Hitz, dardurch deß Menschen Leib geschwächet, an Kräfften erschöpffet und zur Artzeney ubel geschickt werde.

Nun ist es ein guter Fürschlag und gefället mir die Waar, allein bahr Geldt hab ich nicht, wann aber *D. Feselius* lust hette zu dauschen, wolten wir deß Handels leichtlich einig werden. Dann alles, was hie *Feselius* eynführet, ist von *Gemino Astronomo* noch vor Christi Geburt gar schön und stattlich außgestrichen und beschrieben worden. Ich wil auch *Feselium* dieser mehrern Ursachen erinnern, warumb die Hundts Täge so ungesundt, weil nemlich die Hitz als dann ihren *fomitem* mehr in dem Erdtboden hat als von der Sonnen Höhe; dann die Sonne zwar, welches *Feselius* nicht bedenckt und redet von ihr als wanns im Junio were, fähet in Hundtstägen an zu fallen, der Erdtboden aber behält die alte wärme vom Junio her und schlegt sie zu der neuwen, so die Sonn noch alle Tag, doch je länger je weniger verursachet. Da wirdt die Lufft von unten auff heyß, da ist *superficies aeris* hoch und biß in alle Höhe erhitzet und darzu dämpffig: und das das ärgste, so erstirbet die Hitz allgemach, weil die Sonne beginnet abzulassen und die Hitz sich nur allein in der Matery auffhält, daß es also in der Lufft und Erden als gleich wie in eines Menschen Leib, der da erstorben, eine Fäule verursachet, daher auch letztlich die stinckende Nebel kommen.

Und halte ich also den Hundtssstern, sonderlich *propter rationes Gemini*, gantz und gar für entschüldigt. Dann es wirdt umb diese zeit *in anno tropico* diese Gelegenheit bleiben hie bey uns, wann schon der Hundtssstern in einen andern Monat hinauß wandert; dann es widerfährt denen in India eben dieses im Februario und Martio, weil sie in der andern *Zona* wohnen und *rationes oppositas* haben. Dahero ihnen, wie *Costa* schreibet, die Fasten viel schwerer zu halten als hie zu landt.

Sey also hiermit *D. Feselii* fürgeben von den Hundstägen bestättiget, hingegen muß er sich auch nicht wegern folgende Puncten anzunemmen.

83. Erstlich, wann Sonn und Mond so auch die unbewegliche Stern deß Lufts und anderer Elementen anerschaffene Qualiteten bewegen, wie er bekennet, so soll er mir zugeben, daß ein *Medicus* eben so ein gut auffsehen auff die Planeten habe; Dann sie bewegen es auff offtangedeutete Maaß, die nidere Welt eben so starck als die Sonn, allein nicht so langsam. Deßhalben sie desto mehr zu *consuliren* und zu betrachten, weil ihre wirckung bald fürüber gehet, der Sonnen langsamkeit aber von dem Patienten nit außgedauwret werden mag.

Zum andern verwundere ich mich sehr, warumb *D. Feselius* auch den *Aphorismum Hippocratis* ungewiß mache, daß die Mägen zu Winter und Frülingszeit am hitzigsten. Wann ein anderer dieses wider einen *Medicum* sagete, was würde solcher ihme nicht zur Antwort geben, so es doch hie *D. Feselius Medicus* selber sagt, nur daß er die *Astrologos* auch der Ungewißheit beschuldigen köndte.

Es ist aber guter Unterscheidt in den Worten zu halten; dann ob es wol *in individuo* ungewiß, daß eines jeden Magen im Winter hitziger, er möchte in Hundtstagen ein hitzig Fieber und erhitzten Magen haben, so ist es doch *positis ponendis* und meistentheils gewiß, wie wolt sich sonst *Feselius* darauff verlassen können als auff einen *Aphorismum* und durchgehende Regel. Und folgt nicht, der Winter oder das Gestirn verursacht diß zufälliger weise, *per accidens,* darumb ist es ungewiß.

84. Zum dritten vermeynet *Feselius,* dann zumal allein seyen die Hundts Täge ungesundt, wann sie heyß und trucken seynd; so es sich aber begebe, daß sie kalt und feucht weren, so sey die Gefahr desto geringer.

Ich wil zwar keinem *Medico* fürschreiben, was für Zeiten und Qualiteten der Lufft ihm am liebsten seyn sollen, *purgationes* zu verordnen, Das mag ich aber mit Warheit sagen, daß mir im *Augusto* das Bier viel ehe sauwer wirdt, wann es Regenwetter gibt, dann wann beständige Hitz ist. Ob auch die Wein gern bey nasser Zeit im *Augusto* umbstehen, wölle *Feselius* selber in acht nemen, der sitzet bey einem guten Trunck. Die Ursach folgt auß vor offterwehntem Discurs. Dann ein Regenwetter zeuget von einem starcken Aspect, der unruhiget die Natur oder *facultatem animalem*, die den Erdtboden und die Lufft durchgehet.

Ob diese Turbation an die *liquores* gelange *per contagium* oder aber, weil der Hopffen und der Maltz noch etlicher massen *vitam plantae* behalte auch im Bier, das laß ich andere disputiren.

85. Zum vierdten, wann *D. Feselius* auß der Constitution deß Luffts muhtmassen kan, was sich für Kranckheiten ungefehrlich werden erregen, warumb schilt er dann auff die *Astrologos*, daß sie auß den *configurationibus planetarum, tanquam ex causa priori*, die den Lufft verändern hilfft, gleiche Muhtmassungen schöpffen, was sich ungefährlich für Kranckheiten erregen möchten. Dann ob ja wol die *astra* umb einen Tritt weyter hinder dem *effectu* stehen dann die Lufft, lieber, sie sagens auch ein Jahr ehe dann der *Medicus*, und wann der *Astrologus* eben zu der Zeit auffmercket, die dem *Medico Feselio* zu seiner Nachrichtung täuglich, so hat allwegen der *Astrologus* zwey Augen, da der *Medicus* nur eins hat. Dann dieser betrachtet nur die Lufft, jener aber siehet auch die himmlische mithelffende Ursach zu dieser Constitution deß Luffts.

Jetzo wölle nun ein jeder sagen, ob ich oder *Feselius Hippocratem* besser außlege von der *Astronomiae* Nohtwendigkeit in der *Medicina*.

86. So berichten mich die *Medici*, C 3, daß *Galenus lib.* 3 *de diebus decretoriis* 1. die Beschaffenheit deß Luffts keines wegs ubergehe, sondern der veränderung desselben auch seinen Platz lasse neben den *diebus septimanae criticae*. 2. Daß er der zwölff Zeichen nicht anderst gedencke dann von wegen der *Aspecte*, als *oppositionis et quadraturarum cum loco unde Luna exivit*, daß er also nicht den Zeichen, sondern den *Aspectibus* die Krafft zuschreibe, welches anderst nicht dann durch vermittelung der Natur deß Patienten, die solches alles mercket, zugehen kan. 3. So schreibe er auch etwas zu den *Aspectibus Lunae cum Planetis*, welches die dritte Ursach sey, so zu den *crisibus* komme, Wie dann zum vierdten er auch deß Mondsliecht herzu ziehe. 5. Er urtheile uber den Außgang der Kranckheit keines wegs auß dem Mondt allein, sondern, wann zuvor die Kranckheit tödtlich, so urtheil er auß dem Mondt allein diß, welchen Tag der Todt folgen solle, welches mit diesem ubereynstimme, das sonsten bey den *Medicis* bekandt, daß nemlich die Krancken in den stärckesten *accessionibus* dahin gehen. Item er urtheile auß dem Mond allein diß, welche *crises* beschwehrlicher seyn werden dann die andere. 6. Berichten solche mich, daß *Galenus* setze den Umbgang des Mondts mit den *Astronomis* in 27¹/₃ Tagen und mache darauß 27 gerader Täge, nicht darumb, als solte diß ein besonderer *motus lunae* seyn, sondern nur anzuzeigen, warumb die Natur deß Patientens deß Anhangs von etlichen Stunden nichts achte. Die Ursach hab ich droben *num. 70* auch angerühret und anderst geben. 7. Wol sey es wahr, daß er fürgebe, wie der Mondt nur 27 Täge und nicht gar so lang gesehen werde und so lang in dem Lufft seine wirckung habe. Es sey aber dieses nur ein ubereintziges Argument, und bestehe *Galenus* mit seiner Rechnung nichts desto weniger auff der warhaff ten widerkehrung deß Monds an sein vorige Stelle. 8. So sey diß *Galeni* selber eygentliche meynung, ob er sie wol bey den Egyptiern gelehrnt habeṇ möge. Welches alles mir sehr wol zuschlägt.

Dann daß *Galenus* ungeacht deß Monscheins Adern öffnen heisset, das ist diesem, so bißhero *de diebus criticis* auß ihm angezogen, nicht zuwider. Hat er doch an angezogenem Ort nit von der Cur geschrieben. Ja, wann er gleich geschrieben hette, man solt im Neuwmondt oder bösen Aspect nicht Aderlassen, so were es doch nicht vom Nohtfall zu verstehen, so wenig als *Hippocratis* Lehr von den zehen Hundstägen oder von reychung der Medicamenten *diebus intercalaribus et paribus,* das ist von verschonung der *criticorum dierum.*

So sagt auch *Galenus* nit (ich noch viel weniger), das deß Monds Lauff etwas thue, Gott gebe, die Matery sey darzu geschickt oder nit. Wie dann *Galenus* mit den angezogenen Worten *de criticis lib. 2.* das gantze Geheymnuß entdecket und meinen gantzen *Discurs* bestättiget, Daß nemlich die Natur gewisse Ordnung halte und, wann sie uberhandt gewinne, sie ihre Bewegungen in gewisser Proportion verrichte, wann sie aber der Matery nicht Meister sey, so werde sie an ihrer Proportion verhindert.

Hierauff ich so viel sage: Ist die Natur geschickt, gewisse Proportion und ordnung zu halten, welches ein Werck der Vernunfft ist, so ist sie auch geschickt, solche ihre Proportion auß deß Himmels Lauff, weil derselbig sich ihr durch seine Liechtstralen insinuirt und ertheilet, herzunemmen.

Und mag also ich mit *Feselio* fortfahren und noch einmal sprechen, daß die oberzehlte wirckungen der himmlischen Liechter bey den untern Creaturen und sonderlich bey den Patienten *in crisibus* gäntzlich und allerdings *accidentariae*, zufällig, seyen - nicht der Natur, denn die treibt diß als ihr eygen Werck, sondern den himmlischen Liechtern, als welche sonst andere verrichtungen haben, zu welchen diese wirckung als gleichsam von aussen herzu kömpt

Auß welcher Distinction dann folget, daß solche Wirckungen nicht anderst ungewiß zu halten, als wie der Galenisten Fürgeben *de diebus criticis* auch etwan ungewiß gescholten werden möchte, nemlich, wenn man diesen und jenen Patienten *in individuo* ansehen wolte, da ihre Regel wegen zusammenschlahung vieler Ursachen auch fehlen kan, und bleibt doch *in genere* gewiß, daß wo die Ursach nit verhindert werde, ihr Effect gewiß erfolge.

87. Derowegen man in *Astrologia* so wol als in *Medicina* etlicher massen gewisse *Effectus* praediciren köndte, nemlich beyderseyts mit herzuziehung anderer beykommender Ursachen und mit außdingung – nicht zwar wie man die Zigeuner vexiert: »Du lang lebst, du alt wirst«, sondern wie die *Medici* außdingen: »Wann der Patient gute *Diaet* hält, so wirdt die Kranckheit sich auff gewisse Täg so und so anlassen, es komme dann ein böses Ungewitter darzwischen, das mag auch ein Enderung bringen«, und was dergleichen.

88. Hinwider so kan man auch auß dem *effectu* der Sternen anerschaffene eygenschafft etlicher massen erkennen. Dann was hierwider auß *Zabarella* angezogen, ist mir nit zuwider. Ich gestehe, daß diese Erkandtnuß *adaequirt* sey ihrer *causalitati*; dann wann der Effect allzuwet von der *causa* entanstehet, so kommen andere *causae* ins mittel und ist also jene nur ein Theil von einer Ursach, derowegen sie auch nur stücksweiß auß einem solchen *effectu* zuerkennen.

Wann es sich offt begebe, daß ein *directio Horoscopi ad corpus vel radios Martis* ein drittäglich Fieber verursachte, *ad corpus vel radios Saturni* ein viertägliches (unangesehen, nicht der Himmel oder die Sterne, sondern die Natur deß Menschen, die diesen *characterem directionis* noch in der Kindbeth in sich empfangen und eyngedruckt, solches verrichtet und also die Natur ein mittlende Ursach ist, auch die *Geometria accidentaria aspectus* darzu kömpt und, so das meinste, der *effectus* viel langer Jahr, nach dem die *causa* schon fürüber, hernach folget), so köndte ich warlich nichts desto weniger schliessen, daß *Mars* mit der Gallen, *Saturnus* mit *melancholia* etwas Gemeinschafft in dieser niedern Welt hette, und würde hierdurch gestärcket, ihrer beyder Farben desto mehr zutrauwen.

89. In diesen *terminis* mag auch *Manardi distinctio* statt haben, daß der Sternen Regiment *universale, aequivocum et remotum* und gar nicht *particulare*, viel weniger *malignum* an und für sich selbst; Dann *per accidens* kan ein jedes gute Kraut auch einen bösen *effectum* bringen, warumb nicht auch ein Stern.

Sonderlich lässet sich das Wort *aequivocum* in dieser Matery wol brauchen. Dann man ist gewohnt zu sagen: Der Mond disponiere und gubernire die Kranckheit, da doch nicht der Mond selber diß verrichtet, sondern vielmehr die Natur deß Menschens, die auff deß Monds Lauff achtung gibt. Wie man sonsten sagt, die Gesetze erhalten ein Gemein oder *Rempublicam*.

90. Daß *Marsilius Ficinus* von seiner Persuasion endtlich abgestanden, daran hat er sehr wol gethan. Dann in seinem Buch *de vita coelitus comparanda* ein grosse Anzahl Astrologischer Aberglauben, ja viel Magische und Abgöttische Stücklin stecken.

So erinnert er recht, daß, was von Himmel in uns komme, nicht anderst dann gut seye. Daß aber die böse *affectiones* C 4 der Menschen von den Planeten verursacht werden, daran seynd sie gar leichtlich zu entschuldigen. Dann erstlich den *Astrologis* ihr Wort zu reden, so hetten die Stern im Standt der Unschuldt nichts anders geben dann nur allein einen Unterscheidt der Leute ihrer hitzigen oder kalten Natur nach. Kömpt derowegen das böse heut zu tag von deß Menschen Ubertrettung her, und ist kein Temperament ohne Mangel. Dann, ob wol *Jupiter* temperirt ist, so beschreiben ihn doch die *Astrologi* also, daß er hoffertiger Art *in effectu* seye.

Fürs ander, meine eygene Meynung belangendt, so vermag dieselbige, daß in den Sternen selber nichts seye dann Liecht, Farben, Qualiteten nach der Farben Anzeig, Wärme, Befeuchtigung und endtlich hienieden auff Erden *in concursu radiorum* die *Geometria* oder *Harmonia*, das seyndt lauter gute Sachen. Wie nicht weniger auch der *character* dieser dinge, der da in deß neuwgebornen Menschen Natur eyngedruckt wirdt, eine gute heylsame ordnung Gottes seyn muß, weil alles gut, was Gott geschaffen. Daß aber diese deß Menschens Natur hernach so und so geräht und der Verstandt des Menschens hernach sich dieser und jener eyngedruckter Qualiteten und Harmonien so und so mißbrauchet, Daran ist nicht der Himmel noch seine Liechtstraalen, noch die *Harmonia,* noch der *Character,* sondern die Erbsündt und der böse Will, der sich von der Erbsucht anreytzen lässet, allein schuldig.

Und ist ohne noht, daß *Feselius* mit vielem erweisen wil, daß die Sterne eine gute Creatur Gottes. Ich bin ihm seinen Schluß geständig, aber die Ursachen zu diesem Schluß, die *Feselius* brauchet, seynd einander sehr ungleich. Und gestehe nicht, daß die Sterne alle einander gleich seyen, mich hierüber auff *numer. 32 & seq.* beruffendt.

Viel weniger seynd ihrer Liechtstralen *configurationes* einander gleich, sondern etliche *Harmonicae,* etliche
mehr oder weniger. Besehet *num. 59.*

91. So seynd die Sternenkugel nicht anders als die Erdenkugel der Corruption unterworffen oder nicht unterworffen: Was hie sey oder nicht sey, wirdt auß heyliger Schrifft zu erörtern seyn, nicht auß *Aristotele,* wie er dann auch an angezogenem Ort sich auff die Experientz zeucht.

92. Es haben zwar die *figurae Harmonicae* kein *contrarietatem,* dann es seynd *quantitates,* und doch *qualitativae quantitates,* sie haben aber *alteritatem,* sie haben *maius et minus,* sie haben *fortius et remissius,* sie haben *contrarietatem intellectualem,* die gilt an diesem Ort; dann sie wircken auch nicht anderst, dann durch ein *intellectum instinctum.* Besehet *num. 59.* Dann seynd das nicht *contrarietates intellectuales regulare, irregulare, possibile, impossibile, aequabile cum diametro, inaequabile.* Seynd diß nicht gantz augenscheinliche *differentiae, rationale latus, rationale quadratum lateris, relictum quadratum lateris ex quadrato rationali, ablato rationali cum complementis, compositum quadratum lateris ex quadratis rationalibus, figura completa,* und was dergleichen. Seynd diß nit unterschiedliche *gradus rationalitatis et aequationis,* und derwegen, wann die Natur nach diesem der Figuren *archetypo* ihre Wirckung anstellet, auch sehr unterschiedliche *gradus* der Wirckungen?

Es ist aber drumb nicht noht, daß ein Figur in die ander wircke, dieselbige zu destruirn oder eine gute in ein böse zu verkehren oder dem Gestirn ein Ursach zu werden, daß sie ihre anerschaffene Güte verlieren oder verlohren haben solten. Dann mir ist deren ungereymbte dinge zu behauptung meines Fürgebens keins vonnöhten.

93. Wil hiermit die jenige Fantastereyen, welche hie *Feselius* taxiret, nicht vertheydiget haben, von Außtheilung der Glieder deß Menschens unter die zwölff Zeichen und anstellung der Aderlaß nach solcher außtheilung, von außtheilung der zwölff Zeichen unter die Planeten, von den widerkäuwenden Zeichen. Dann diese kindische *observationes* haben mit meinen *rationibus* nichts gemein. Ich hab sie auch hin und wider *in Prognosticis, libro de stella serpentarii,* in meiner Antwort auff *D. Röslini Discurs,* theils auch in dieser Schrifft, *num.* 39, 41 mit gutem Grundt verworffen.

Doch gedächte ich, wann *D. Feselius* die Baderköpfflin und rohte Creutzlin, welche den Medicis einen Eyntrag thun, auß den Calendern außmustern köndte, solte er die Schären nur also fort stehen lassen. Dann wie die Arbeyt ist, Haar und Nägel abzuschneiden, so ist auch die Fürsichtigkeit, die der vernünfftige Bauwer hie eynwendet, so ist auch die Treuw deß *Astrologi,* so ist auch das Zeichen: *ubique dignum patella operculum.*

94. So wil ich auch den *Medicis* nicht fürschreiben, ob sie nicht allein auff diese Fabeln, sondern auch auff die *Aspectus* selbsten *Planetarum inter se* (welches seynd *veluti crises universales*) einige achtung geben oder der Lehr *Manardi* folgen und den Harn für die Sterne, den Puls für die *Aspecte* anschauwen und betrachten sollen.

Wann aber ein *Medicus* mich zu raht fragte, wolt ich ihn auff die *praecepta de diebus critics* weisen und rahten, er solte mit einem Tag, da ein starcker Aspect ist, nit anderst handeln als mit einem *di critico.* Kan er deß *diei critici* mit Verordnung einiger Vacuation nicht verschonen wegen innstehender Noht, so dürffe er auch deß *Aspectus* nicht verschonen, *et contra.* Dann so die jenige *vacuationes* zu uberflüssig wircken, die da verordnet werden *in crisibus* oder *accessibus,* so hat es auch den Bescheidt mit denen, die zur Zeit der *Aspecte* angestellet werden.

Anno 1604, den 19./29. May, hat ein bekandte Person Reynigkeit halben sich in ein warm Wasser gesenckt, dessen sie sonst nicht viel gewohnt, also daß der Wärm zuviel werden wöllen, derowegen sie es gar kurtz gemacht, desselbigen Tags so wol als folgenden 30. gesundt geblieben. Den 31. hat sie bey gesundtem Leibe von Praeservation wegen, ohn einigen Argwohn einer

Kranckheit, nur allein nach jährlichem gebrauch, ein *Panchymagogum moderato effectu* genommen und darauff den 1. Junii *moderate* Ader gelassen, baldt abendts sich ubel befunden, folgenden zweyten Junii *in choleram* gefallen, uber sich eine grosse menge Gallen excernirt und darauff ein sechswöchniges Fieber *varie errantem* außgestanden.

Es mag die dreyfache *commotio humorum* etwas gethan haben. Ich habe aber die *constellationes* darbey nicht ubergehen können; dann ♀ den 29. vom △ ♂ zum ♄ gelauffen und den 1. Junii △ ☉ ♂, den 2. ein ♃ ♀, Item ein ☉ ♄ gewest, die auch die Lufft sehr verunruhiget und viel Regen gemacht.

Hette dieser die Astrologische Observation, wie er wol köndt, nit verachtet und zuvor den *oppositum Solis et Saturni* und die ubrige zusammenfallende *aspecte* fürüber gehen lassen, so were er vielleicht gesundt geblieben. Und so dergleichen sich mehr zutrüge, würde warlich *Manardus* endtlich müssen unrecht haben, der uns nur auff den Harn und von den Sternen allerdings abweisen wil.

D 1. Dieses Exempel hab ich dem Exempel *Langii* von einem Münch beyfügen wöllen, damit sie beyde nebeneinander in acht genommen werden. Dann ich denselbigen aberglaubischen Münch, der von deß verworffenen Tags wegen die Noth, ein Ader zu öffnen, nit einsehen wöllen, eben so wenig entschüldige als so einer ein gleichen Fehler begienge von deß *diei critici* wegen.

95. Wie dann auch sonderlich der Newmondt bey dieser Consideration wenig statt hat, so auch die verworffene Täge, die von den Calenderschreibern in grosser Anzahl im Calender gesetzt werden, nur allein von wegen deß Monds, daß derselbige auff einen solchen Tag zum *Saturno* oder *Marte* kompt, und nicht bedencken, daß er in wenig Stunden so weyt fürüber kömpt, als andere Planeten offt in vielen Tagen von einander weychen, auch offtermalen ein so grosse *latitudinem* hat, daß es so viel ist als gar keine *coniunctio* oder *oppositio*.

Wann ich aber auch gleich selbst verworffene Täge in Calender setzte, welches ich wegen anderer Planeten *aspecte* mit guten Ehren und Grundt thun köndte, Lieber wolte darumb D. *Feselius* an mich begehren, daß ich überall die Distinction darzu setzen solte? thuens doch die *Medici* nicht, welche *Medicinam methodo analytica* tradiren; ihre *generales regulas* setzen sie und wöllen hernach denselben durch die *specialia* derogirt haben.

So habe ich Calender gesehen, die diese *cautionem* ausser der Noth gantz fleissig vornenher setzen.

96. Daß aber der gemeine Mann sich der rohten Creutzlin und Baderköpfflin abergläubisch und kindisch mißbrauchet, Darvon ist viel zu sagen. Erstlich geschieht den *Astrologis* darmit ungütlich, sie gestehens nicht, daß sie es von alles solchen Mißbrauchs wegen in den Calender setzen. Und ich halte etlicher solcher Zeichen für nützlich, die doch gleich so wol mißbraucht werden können. Warlich, ein Patient, der die *doctrinam crisium* gestudirt, köndte sich deroselben in seiner Kranckheit auß melancholischer Eynbildung gantz gefährlich mißbrauchen Und ist darumb *Hippocrates,* der solche *doctrinam erfunden,* nicht dran schuldig.

Were derohalben ein ding, wann *D. Feselius* für die Bauwern ein Instruction schriebe, was massen sie sich der rohten Creutzlin und Baderköpfflin gebrauchen solten, damit also die *Astrologi* künfftig die Nachrede nicht mehr allein haben dörfften.

Fürs ander, so lautet diese Klag uber den Mißbrauch fast dahin, daß ein Obrigkeit solche rohte Creutzlin in den gemeinen Calendern verbieten solle.

97. Und wil ich niemandt vorschreiben, was jede Obrigkeit für Unterscheidt bey ihren Unterthanen halten soll. Man läst nicht allerley Bücher in gemein feyl haben und gestattet doch etlichen gewissen Personen, daß sie solche Bücher von deß Nutzens wegen, den sie auch auß ihnen haben köndten, gebrauchen mögen. Ob nun auch gleicher weiß mit dem Kern auß der *Astrologia* (dann von Spräuwern wil ich nichts sagen) zu verfahren, das laß ich, wie gesagt, andere bedencken und wil hie *D. Feselio* nicht zuwider seyn, mich hinauff auff *num.* 4, 5, 6, 7 referirendt.

98. Die *regulas Medicorum,* daß man in geschwindigen Kranckheiten nit langen verzug machen solle von der *aspecte* wegen, neme ich an ohne Schaden meines Fürgebens, wie offt erkläret.

So wil ich auch kein *Medicum* beschüldigen, der einem Krancken ein Ader öffnet, wann der Mond im Zwilling new oder verfinstert ist, wann schon *exempla* eins oder zwey fürhanden, da es ubel gerahten, in betrachtung, daß dessen viel ursachen mehr seyn köndten, wie *Manardus* erinnert, auch diese verbottene stelle deß Monds keinen Grundt in der Natur haben, wann mans gleich hin und wider erwiegt.

99. D 2 *D. Feselius* beschleust diß andere Stück mit eim zeugnuß *Leonhardi Fuchsii Medici*, welcher sagt, diß Theil auß der *Astronomia* sey dem *Medico* von nöhten, welches handele von Auff- und Nidergang deß Gestirns.

Wann *Fuchsius* lebete und diese meine Schrifft lese, würde er auch diß theil hinzusetzen, welches handelt von den *aspectibus Planetarum inter se mutuo* und ihrer wirckung in dieser nidern Welt.

Wann dieser Zusatz zu den Worten *Fuchsii* geschicht, dann so wil ich vollendt mit seinen ubrigen Worten beschliessen und ihme nachsprechen, daß ein *Medicus* diesen theil, welcher durch abergläubisches auffmercken auß dem Gestirn wunderbarliche ungehewerliche Sachen, erschreckliche Lügen, nemlich den endtlichen Außgang und Erfolg künfftiger Händel, vorsagen wil, von dessen wegen sie *Astrologia* und Wahrsagerey benamset wirdt, für ein gewisse merckliche Hindernuß der *Medicina* halten und getrost in Windt schlagen und fahren lassen solle. Dann solche mit vielem sehr abergläubischem Affenspiel und Narrentheydungen besudelt, mit gantz abscheuwlichen alten vetterischen Fantaseyen behenckt sey und einem Christen Menschen keines wegs zustehe.

Dieses, sprich ich, mag einem angehenden *Medico* gar wol vorgesagt werden und wird darumb dem jenigen, was noch warhafftig unter der *Astrologia* für gute Sachen verborgen stecken und bißhero in ziemlicher anzahl herfür gezogen und entdeckt worden, nicht zu nah geredt. Dann ein *Medicus* mag etliches ubergehen, welches ein *Astrologus* nicht ubergehen kan, wann es schon auß einem sehr unflätigen Misthauffen (welches *Fuchsio* auch zuzugeben) herfür zu würlen und zusuchen ist.

Das III. Argument

100. Im dritten Puncten, welcher handelt von den Worten im ersten Buch Mosis am 1. Cap., daß die Liechter deß Himmels sollen Zeichen geben, Werden etliche *Theologi* eyngeführt, die wider die *Astrologiam* schreiben.

Nun bin ich anfangs mit der Außlegung deß Worts Zeichen zufrieden, daß Moses auß dem Mundt Gottes damit nichts anders gemeynt habe, dann Zeichen zu dem unterscheidt der zeiten. Gleich wie es aber nit folgt, daß sie darumb nit auch Zeichen seyen der Allmacht Gottes, ob schon Mosis Wort an diesem Ort nicht außtrücklich hiervon lauten, also soll auch *Feselius* nit schliessen, daß sie drümb nit seyen Zeichen, zu bewegen die Naturen in dieser nidern Welt, *signa obiectiva*, oder daß sie nicht auch seyen zeichnende Zeichen, *signa characterisantia*, durch die Harmonische Verbindung der Liechtstralen, die sie hienieden auff Erden anfället.

Und liebt mir derhalben wol, daß es seyen nit Narrenzeichen, sondern nützliche und zum Gebrauch dieses Lebens nohtwendige Zeichen zu ordnung der Jahrszeiten, auch nicht Zeichen aller und jeder künfftiger Dinge, welche mit allen Umbständen zu erforschen, allein Gott zugehört, sondern nur allein Zeichen natürlicher unverschiedener künfftiger Dinge, die sich halten wie die Zeiten selbst, die auß ihnen herfolgen.

Dann ob wol die Ehr, künfftige Dinge eygentlich vorzusagen, Gottes eygen ist, so würdiget er doch den Menschen eines theils von deroselben (in der *Astronomia*, und in der *Medicina*, dessen *Galenus* sich in aller *Medicorum* Namen sonderlich hoch rühmet) und ist derowegen nit ungereymbt zu gläuben, daß er diß auch in *Astrologia* mit etlichen Generalstücken thue. Und bleibt doch zwischen Gott und Menschen nach *Phavorini* Lehr der Unterscheidt, daß Gott allein recht eygentlich wisse, was und wie es geschehen soll.

D 3. Daß die Menschen haben wissen wöllen die Natur deß Himmels und der Gestirn, ist nit unrecht, sondern es ist ein eyngepflantzte Eygenschafft deß Menschens *(num. 4)*, wann sie es nur nicht von Fürwitz wegen gethan hetten.

Daß aber keine Erfahrung vom Himmel gehabt werden möge, darumb muß man nicht die *Theologos*, sondern die *Opticos* und *Astronomos*, auch zum theil die *Physicos* hören; dann es ist ein *materia Physica*, darumb man in *Theologia* so wenig weiß als von der Zahl *coniugationis nervorum in corpore humano*.

101. Doch ist wahr, daß die *Astrologi* inen freye Macht angemasset, zu tichten, liegen, triegen und vom unschuldigen Himmel zu sagen, was sie gewolt. Diese Macht aber ist man ihnen nicht geständig, sondern die *Philosophi* haben ihnen hingegen diese Macht angemasset, der *Astrologorum* Fürgeben auff die Goldtwag zu legen und darvon zu gläuben, so viel darvon die Prob hält, das ubrige mit vernünfftigen Ursachen zu widerlegen.

Dann ob wol die *Philosophi* so wenig an Himmel reychen mögen als wie die *Astrologi*, so seynd sie doch solche Spürhundt, daß sie denselben uberall auff den Fußsohlen nachgehen und zusehen, wie sie diese himmlische Lügen zu ihnen herunter gauckeln, und können sich also auß diesem Astrologischen *procedere* gar wol einer Erfahrung erholen ihrer Lehre und Irrthumbs, daß solche wol mit voller, aber nit mit sicherer ungestraffter Gewalt liegen können.

Dann sie einem *Philosopho* nicht erweisen, daß ein gewiß Zeichen, darunter, so einer geboren, derselb ein Spieler werden, ein reicher oder ein weiser Mann werden, erschlagen werden müsse, daß wer auff diesen oder jenen Tag freyet, bauwet außgehet, es demselben also und also ergehen müsse (Dann die Sterne im Himmel ja nicht also genaturt, auch nit solche Ding in den Menschen wircken, ob sie wol *quoad actuositatem generalem maiorem vel minorem &c.* [wie Gott selber *quoad actus naturalis conservationem*] auch in den Sünden mitwircken) Dann sie nemmen das *principium actionum*, das *liberum arbitrium* als den Brunquel alles bösen keins wegs eyn so wenig als Gott. Sie unterwerffen nichts *specialiter* dieser Kunst, ob sie wol uberall mitwircken.

Und doch ist nebens zu erbarmen, daß auch die vernunfft so verderbt, daß sie mit gantzer andacht auff die *Astrologiam* gefallen, eben darumb, daß es grobe Lügen seynd und hübsche unnütze Fabeln, also daß man nicht wol untersechiden kan, wann ihr etwas, so da heylig und gut, und wann ihr ein solches unnützes Ding gefalle; dann es ist der Pfeffer unter den Mäußkoth gemischet, und ist sehr blindt, daß sie es nicht wol untereinander erkennen kan.

Doch ist auch Gott darfür zu dancken, wann er sie durch natürliche oder Geistliche Mittel umb etwas erleuchtet, das sie anfahet, das gute vom bösen zu unterscheiden.

Wahr ists, Sonn und Mondt dienen uns die Zeiten zu unterscheiden, den Ackerbauw anzustellen, das Viehe und die gantze Haußhaltung zu versorgen; sie dienen aber uns zu noch mehrerm Nutzen.

102. Dann ob wol solche Nutzen, die man täglich herfür sucht, nicht auß dem einigen Wort Zeichen (Genes. 1) zu erweisen, so ist es darumb nicht gleich ein Fabel oder Lügen, daß einer vor dem andern ein geschicktere oder ungeschicktere Natur gewinne, nachdem er unter einer Configuration oder Zeichen geboren. *num.* 65.

Buler zwar oder weise Leute werden vom Himmel allein nit erzogen, sondern durch böse Gesellschafft und fleissiges auffmercken auff der Welt Lauff. Gleich wie aber ein guter oder harter Kopff zur Weißheit, ein schamhaffte oder muhtwillige Natur zur Bulerey fürschub thut, also thut es auch der Himmel. Ursach: weil es nicht mehr der Himmel selbst, sondern sein *character* ist, in deß Menschen Seel und Temperament drinnen steckend. Wie droben *num.* 65 erkläret.

103. Unter einem gewissen Planeten in sonderheit geboren seyn, halte ich ein Stück auß den Astrologischen Aberglauben, die mit den *dominationibus Planetarum super domos et super genituram* umbgehen und ihr Spiel damit treiben. Aber dannoch seyndt etliche Nativiteten, die eine wolgeschickte läuffige Natur verursachen, ob es drumb nicht eben von deß *Mercurii* wegen ein Kauffmann seyn muß; dann das *genus vitae* steht nächst seiner *general inclination* zu seinem oder der seinigen freyem Willen.

104. So ist auch nicht gläublich, daß man auß der Nativitet sehen könne, wie es einem allerdings ergehen werde. Dann ob wol gemeiniglich ein jeder seines Glücks eygener Meister ist, so uberhäupt dahin zu schreiben, so seynd doch vielmehr zufällige Ursachen dann nur der Himmel oder nur deß Menschen Gemüht und Sitten, deren jede für sich selbst ein Gewirr in deß Menschen zustandt machen und denselben verkehren kan.

Doch behält allweg der himmlische in die Natur eyngepflantzte *character* den Zügel *in genere* in der Handt gleich wie Gott *in ultimis et individuis, eventibus, eorumque mirabili coaptatione,* da alles endtlich den Weg hinauß gerahten muß, welchen er für den besten erkennet.

Bleiben also diese dreyerley Ursachen deß eusserlichen Glücks deß Menschens neben einander, und ist nicht noht, daß einer die andere hindere, sondern sie vermischen sich untereinander. Erstlich die natürliche, die seynd *universales,* als der Himmel oder vielmehr die Abbildung deß Menschens natürlicher Seelen nach der Constellation, die zur zeit der Geburt gewest, und das *ingenium* und Temperament, welches sich derselbigen abbildung oder *characteri* nachartet, so wol auch die täglich eynfallende starcke oder schlechte auffmunderungen der Natur von dem Himmel darvon gehandelt worden *num.* 65, 66, 67, 68, 69. Dieses alles seynd General ursachen, welche deß Menschen zustandt ein jede nach ihrer Art uberhaupt formiren und von einander unterscheiden. Welcher Unterscheidt aber weder *Ethicus* ist, noch *Metaphysicus,* sondern allein *naturalis,* weil er nit handelt von Sündt oder Tugendt, nit von gut oder böß, das ist von erhaltung oder verderbung deß Gebornen, sondern allein von Auffmunderung *naturae, etiam quatenus bruta,* von Geschwindt- oder Langsamkeit, von Gallen, Melancholy, *pituita, sanguine* und was dergleichen, welches alles in sich selbst und ein ordnung Gottes ist.

Die andere ursach zu deß Menschen Glück, die auch, wie gesagt, neben den jetzterzehlten ihren Platz findet, ist deß Menschens Willkühr, *princeps animae facultas,* die ist und bleibt frey, ob sie wol mit den anreytzungen ihres Fleisches, mit einer so wol als mit der andern zu kämpffen hat, wegen deß geschehenen Falls schwach ist und leichtlich uberwunden wirdt, nicht zwar von dem Himmel, aber doch von seinem Fleisch und Blut, in welches der himmlische *character* natürlich eyngedrückt ist, welcher *character in bruta et irrationali facultate (quae tamen et ipsa instinctam habet rationem naturalem)* weder gut noch böß, aber wegen der Ordnung Gottes nur allein gut ist und im Standt der Unschuldt ebenso wol zu unterschiedlichen Tugenden als jetzo zu Sündt und Lastern gereychet haben würde.

Diese Ursach begreifft *specialia et individua facta,* und weil sie so mancherley, so viel Leute mit dem gebornen Gemeinschafft haben, so viel neuwer Gedancken in eines jeden Menschen Kopff durch alle und jede innerliche und eusserliche Anmahnungen entstehen und erweckt werden köndten, so ist demnach unmüglich, dieselbige zu erforschen.

Und diese Ursach ist *Ethica,* gibt den Unterscheidt zu Sünden oder guten Wercken, Laster oder Tugenden. Da ist das Sprichwort wahr, wie einer ringt, also ihm gelingt.

So fern aber doch die Anreytzungen von den General Ursachen beständig und einerley, Item so fern es mit dem gefallenen Menschen nunmehr dahin kommen, daß er sich von seinen Anreytzungen viel uberwinden lässet, so mag ein *Astrologus* mit deß Menschen Zustand *in genere* so genauw zutreffen, so genaw er mit dem Temperament und Anreytzungen auch Eygenschafften deß Gemüths zutrifft.

Zum Exempel, wann ich sehe, daß in einer Nativitet viel schöner *Aspecte* seynd, also beschaffen, daß kein Melancholey oder Fehl der Vernunfft, sondern vielmehr eine frewdige Natur erscheinet, Wann auch der Mensch schon sein ziemliches Altert hat, lediges Standts und in einem Landt ist, da man nicht viel ewige Keuschheit gelobt, So mag ich *in puncto coniugii* wol sagen, Ein solcher werd nach keiner geringen Condition stehen und also ein reichs Weib erlangen. Dann wann mans bedencket, so hab ich hiermit nichts *specialiter* prognosticirt und muß es auch mit dem Heyrahten im zweifel bleiben lassen, ob es geschehen werde oder nicht, sondern mein unfehlbarlich Fundament ist general, daß es ein gute vernünfftige Natur sey, die ihr wol werdt wissen, wol zu betten. Das ubrige, was solche Particular Puncten anlanget, ist allein vermuhtlich.

Hingegen aber so seynd diß gantz und gar nichtige, grundtlose, abergläubische, sortilegische Vorsagungen, daß deß Gebornen Gemahl werde auß diesem oder jenem Landt bürtig seyn, am Leib einen verborgenen Fehl haben, daß sie bey ihrem Mann nicht werde fromb bleiben, so oder so viel Kinder und der geborne zwey, drey oder mehr Weiber haben.

Und wie diese Wahr ist, also ist auch der Werckzeug darzu: *Dominus septimae in decima, si beneficus, si Jupiter, si in propria domo,* soll ein reich Weib bedeuten. *Venus in domo Saturni* ein Alte, *in octava* ein Wittib, *Mars in domo Veneris et trino Lunae* ein Unkeusche, *Venus sub radiis* ein Krancke. Bey diesen und dergleichen *dominationibus domuum* und darauff gebawtem eusserlichen Glück oder Unglück *sine interventu hominis naturae* sage ich mich auß und halt nichts darvon. Bin der Meynung, es sey dieser Striegel also erdacht worden, der Leute Fürwitz zu krauwen; dann, weil sie viel fragen, so gedencket der *Astrologus* auff Mittel, viel zu antworten, Gott gebe, er finde es in der Natur oder nicht. So viel von der andern Ursach.

Damit aber nicht der Mensch mit seinem Glück und Unglück der Natur und ihme selbst allerdings frey gelassen werde, So kömpt nun zum dritten die *causa Metaphysica* darzu, nemlich Gott der öberste Haushalter in der Welt und einige *Monarcha* deß gantzen menschlichen Geschlechts, welcher bey sich beschleust, ob die *causae naturales universales* und deß Menschen *specialia et arbitraria actionum instituta* demselben zu gutem oder zur Züchtigung und also zu Glück oder Unglück gedeyen, und worzu ein solcher Mensch sonsten in Gottes uberauß weytten haußhaltung dienstlich seyn soll.

Die Ursach ist *universalis* und *particularis,* mit und wider die beyde vorerzehlte. Dann Gott erhält die Natur in ihrer Ordnung, doch bricht er sie auch etwan zu zeiten, wiewol nicht offt. Also erhält er den Menschen bey seinem freyen Willen und dessen Gebrauch, bricht ihme denselben auch offt, wann er allzuhart an will.

Wann aber gleich beydes, Natur und deß Menschen Willkühr,

in ihren *terminis* erhalten werden und Gott gar nichts *extra ordinem* darzu thut, So seynd aber doch noch der *singularium fortuitorum* so viel, daß es Gott gar leicht ist, dieselbige dahin zu leyten, daß die oberzehlte Ursachen, wann sie schon ihr bestes oder ärgstes gethan haben, dem Menschen zu Glück oder Unglück und also zum Widerspiel gedeyen müssen und dennoch *in eventu* mit ihrer natürlichen oder willkührlichen Güte, auch im bösen Zustandt, der dem Menschen von Gott auffgesetzt, mögen erkennt werden.

Derhalben so wenig einer sündiget, der ein Tochter außzusteuren hat und auß deren Gesellen, die sich anmelden, Art, Sitten, Geberden und Gestalt, ihme die Nachrechnung machet, wie es ihnen und seiner Tochter mit ihnen ergehen möchte, in betrachtung es gemeiniglich zutreffe, ob schon etlich sich etwan mit mehrern Jahren bessern, auch Gott alles ändern kan, so wenig ist es auch unrecht, auß einer Nativitet (weil die nunmehr nit der Himmel, sondern deß Menschen Natur selber ist) eine gleichmässige vermuhtung von deß Menschen künfftigem Glück oder Unglück zu schöpffen.

105. Lassen also auch die *Philosophi* nicht weniger als die *Astrologi* der *Astrologorum* grobe Lügen fahren, bleiben aber doch bey dem einfältigen Verstandt, daß wie die Sterne Zeichen seynd, deren sich die Schiffleute gebrauchen und sich darnach richten auff dem Meer, also sie auch gleich so wol Zeichen seyn können der Witterung und der Gebornen artung und natürlicher Geschicklichkeit, darauß deß Menschens zustandt *in genere* zum grossen theil her folget. Dann sie auch also so wol als bey den Schiffleuten nit sonderliche Krafft und Wirckung haben zu dem jenigen, so man auß ihnen vorsagt, sondern schier lauter blosse Zeichen darzu gewest, indem die Natur deß Menschen selber ihr den *characterem* von diesen Zeichen abgenommen, ihr solchen eyngedruckt und dreyn verwachsen.

106. Ob die Finsternussen an Sonn und Mond wie auch die versammlung der obern Planeten von Gott dahin angesehen und gebraucht werden, daß er seine langverursachte Straffen und Plagen biß dahin spare, wann solche im Himmel erscheinen, darmit sie also zu solchen Plagen Gottes vorbotten werden, Welches hie auß *D. Feselii* anzug folgen wil, Das were von den *Astrologis* selbst viel gesagt und bedünckt mich eine hohe nachdenckliche Frage.

Andere werden sich finden, die da behaupten, die Finsternüssen und grosse *coniunctiones* haben dergleichen nichts zu bedeuten, sondern sie treffen also ungefehr mit allgemeinen Landtplagen ubereyn. Damit werden solche Gott den Schöpffer von dem Gestirn als seinem Geschöpff salviren und ihme mit außtheilung seiner Straffen seine Freyheit lassen wöllen.

Ich hab mich in meinem Buch *de stella serpentarii* auff einen *modum Philosophicum* erkläret und zu bedencken geben: Ob nicht die Natur dieser nidern Welt so wol auch in gemein aller Menschen Naturen durch solche Seltzamkeiten natürlich erschrecket, geirret und zu einer Ubermaß verursachet werden.

Dann hiermit diese allgemeine Landtplagen Gott nicht auß den Händen genommen werden, er kan sie deßhalben ungehindert gleich so wol wenden, schärpffen oder mildern, wie er wil.

107. Mit was maaß der Eynfluß deß Gestirns in den Menschen zuzugeben oder zu läugnen, ist droben von *num.* 65 biß 70 außgeführet: Dann es keines wegs ohne verkleinerung der Werck Gottes für Narrenwerck anzugeben ist, daß der Mensch nach den *configurationibus stellarum naturali necessitate* geartet und genaturet werde, welches doch viel eygentlicher möchte genennet werden ein Einfluß der Natur deß Menschens in das Gestirn (wie eines flüssigen Gips in ein Form) dann hingegen deß Gestirns in den Menschen. Und ist doch auch wahr, daß es falsch und erdichtet, daß der Mensch müsse so ein Leben führen, eines solchen Todts sterben, wie die *Astrologi* gemeiniglich in Hauffen hineyn rahten, wie es einem jeglichen ergehen soll.

108. Wahr ist es, die Sterne seynd nicht darumb geschaffen, daß sie mich meistern, sondern zu nutz und Dienst. Und daß sie uber Tag und Nacht regieren, aber uber mein Seel, was die Vernunfft und Willkühr belanget, kein Regiment noch Gewalt haben sollen. Aber wahr ist auch darneben, daß mein natürliche Seel, so fern sie bedacht wird als *bruta et irrationalis quantum ad discursus carentiam*, also erschaffen seye, daß sie in der Geburt von dem Gestirrn einen *characterem* empfahen und in denselben verwachsen, auch sich in folgender Zeit durch starcke *constellationes* auffmundern solle.

Derohalben ob wol der Himmel mehr nicht von sich geben kan dann Liecht, Wärme, Zeit und dieser Dinge mancherley Unterscheidt, als droben bey *num.* 32 außgeführet ist, so kan aber meine Natur mehr auß ihme hernemmen, dann er selber hat; Dann es kömpt auff das Liecht hieunten auff Erden etwas mehr an, nemlich die *proportio confluxus radiorum*. Besiehe *num.* 59.

109. Es mögen die *Astrologi* zwar Narren seyn, indem sie außfechten wöllen auß ihrer Kunst, warumb ein Landt vor einem andern etwas trage, verstehe, wann sie die Ursachen auß den *Triangulis Terrestribus* und *Planetarum dominationibus* herfür suchen, sie sollen aber Narren gescholten werden den *Philosophis* ohne Schaden, als welche auch diesen Ursachen nachforschen und zwar nicht läugnen, daß es Gott also gefallen, einem jeden Landt seine Güter zu geben, aber doch ferrners nachsinnen, warum es ihme also gefallen, und diesen Particul deß Ebenbildts Gottes nicht verachten, wann sie etlicher massen die Ursachen erreychen und befinden, daß solche nach der Sonnen und ihrer Wärme gerichtet seyen.

In Italia gibt es guten hitzigen Wein; dann die Landtschafft häldet nach der Mittag Sonnen. Am Reynstrom gibt es auch viel, aber lindere Wein; dann die Landtschafft häldet nach Norden und hat doch tieffe Thäler zu auffenthalt der Wärme. An der Thonaw gibt es oberhalb keinen Wein, weil die Landschafft vor den rauhen Lüfften auß den Schneegebürgen nicht geschützet. Unterhalb aber in Oesterreych und Ungarn wird guter starcker Wein, weil die Landt gegen Orient und Mittag halden und anfangen, tieff zu werden zwischen sehr hohen Gebürgen. Die Elb bringet wenig Wein; dann die Landtschafft haldet gegen Norden und ist mehr eben dann andere *tractus*.

Also fragstu, warumb Gott der Herr die Thier in der Moscaw mit so guten Peltzen versehen? Warlich du must zugeben, daß es darumb geschehen, weil sie nicht viel Sonnen haben.

D 4. Diese und dergleichen *considerationes* seynd unwidertreiblich und lassen sich mit dem nicht umbstossen, daß die Erdtgewächs vor der Sonnen erschaffen seyen; dann Gott schon in seinem *Archetypo* wol gewust, was jedes Landts himmlische Eygenschafft, *coeli ingenium*, und Witterung seyn würde. Ja, er hat dem Erdtboden eine solche Natur gegeben, die hernach selber an täuglichen orten täugliche Kräutter pflantzet und also auff deß Himmels Gelegenheit ihr auffmercken hat.

110. Und halte ich nicht, daß Gott die Ordnung der Täge in der Erschaffung von der Narren wegen halb auffzeichnen lassen, daß man ihnen nicht gläube; dann auff solche Weise sehr viel Dings hette müssen geschrieben werden zu verhütung vieler Aberglauben, die in der Welt seyndt.

Es kan einer gläuben, die Kräutter kommen von der Sonnen Eynfluß oder Wärme, und kan es gleichwol ein Göttliche Ordnung seyn lassen, dabey bleiben und seinen Glauben reyn behalten.

Wann Sonn und Mond nicht mehr schaffen, noch Krafft haben solle, dann im 1. Buch Mose am 1. Cap. geschrieben ist, so ist die gantze *Philosophia* nichts und umbgekehrt und folgt nicht, hette ihnen Gott mehr gegeben, so hette er mehr lassen auffschreiben. Dann es sagt der Evangelist Johannes auch von unserm Erlöser, daß die Welt voller Bücher werden müste, wann alle seine Wunderthaten und heylsame Reden weren auffgezeichnet worden.

111. Daß *Astrologia in saniore sensu* ein Kunst sey und ihre *principia* und *demonstrationes* habe, ist droben *num*. 13 gesagt, dann daß die *Astrologi* von der Experientz anfahen, nach den Fällen urtheilen, wie sichs zuträgt, sagen und fürgeben, diß sey einmal oder zwey geschehen, darumb muß es ein andermal auch geschehen, und von denen Fällen still schweigen, die da fehlen: Das begibt sich alles in andern Künsten gleicher weise mit dem Anfang zu einer jeden Wissenschafft und sonderlich mit der *Medicina* und mit den Tugenden und Eygenschafften der Kräutter in Heylung der Kranckheiten. Da seynd in der erste auch viel falsche *experientiae*.

112. Und erachte ich, *D. Feselius* werde nunmehr auß dieser Schrifft sehen, daß die *Astrologia* nicht, wie er sie bezüchtiget, mit nichts anders dann mit lauter Mißbrauch und eytelen Sachen zu tun habe. Die Täfelin der erwehlung und die Nativiteten, wie sie von gemeinen *Astrologis* gestellet werden, hiermit nicht vertheydiget; dann solche Tagwehlereyen in willkührlichen Wercken und sortilegischen Puncten in Nativiteten mögen hinfahren.

113. Es folgt nun ein wichtiger Punct von den Cometen, in welchem anfänglich zu gegeben wird, daß sie seyen warnungen Gottes. Darwider aber finden sich etliche *Philosophi*, die sagen wie von den Finsternüssen, daß die Cometen Wercke der Natur seyen und derowegen nichts zu bedeuten haben. Was meine Mittelmeynung sey und wie es zugehen könne, daß die Naturen in dieser niedern Welt ein Impression wegen solcher neuwer Sternen empfahen, durch welche sie zu einer Ubermaß verursachet werden, das findet man in meinem Buch *de stella serpentarii* und in der Beschreibung deß Cometen Anno 1607.

Nachmals ist die Frag: Ob man auß den Cometen etwas in *specie* vermuhten und solche Specialitet auß den Astronomischen und Astrologischen Umbständen hernemmen solle.

Hieruber ist meine Meynung *in libro de stella* gewest, daß man die Umbstände ihres Lauffs nit allerdings in Windt schlagen könne, ob man schon nicht allerdings gewiß, wie solche Umbstände außzulegen, derowegen ich der Außlegungen uber den Cometen deß 1607. Jahrs allerley eyngeführt. Hab mich auch gegen Herrn *D. Röslino* erklärte, daß ich viel auß denen *coniecturis*, deren er sich vernünfftiglich gebrauchet, in ihrem Werth passiren lasse.

Und weil unter den Astrologischen Umbständen etliche seynd, die in dieser Schrifft so wol als auch sonsten hin und her von mir verworffen werden, so hab ich doch auch von denselbigen nit läugnen wöllen *in libro de stella*, daß nicht etwa Gott selber einen neuwen Cometen auff solche willkührliche Umbstände richte, darmit etwa sonderlich den Astrologischen Hauffen etwas zu erinnern.

114. Ob aber ein *Astrologus* sich einer solchen Außlegung gebrauchen möge, ob ein Idiot denselbigen Glauben geben oder sich darmit erlustigen solle, wann es sich schon also verhielte, wie ich Anmeldung und Erinnerung gethan, da erhebt sich ein Streit zwischen den *Theologis* und *Philosophis*. Die *Theologi* führen das Ebenbild Christlicher Lehr scharpff und vollkommen wider allerhand Aberglauben und unnöhtigen Fürwitz. Die *Philosophi* wöllen kein Ordnung Gottes verachten, kein Mittel verabsaumen, dardurch die Weißheit Gottes in seinen Wercken ans Liecht gebracht und kundt gemacht wirdt, solt es auch gleich nicht nur durch rechtmässigen Gebrauch der guten Geschöpff Gottes, sondern auch durch anderer Leute Mißbrauch und Aberglauben zugehen. Nemen ihnen derowegen, einer mehr als der ander, diese Freyheit, sich auch mit solchen unformlichkeiten etlicher massen zu beflecken, auß Hoffnung, dadurch etwas guts an Tag zu geben.

Hierinnen sie sich abermal denen *Medicis* und *Medicinae studiosis* vergleichen, die da nach Henckermässigen Cörpern der Ubelthäter stehen, die sonst andern ehrlichen Leuten anzurühren bey Straff verbotten, dieselbige betasten, zerschneiden, sieden und brahten, ja bey nächtlicher weil verbottener waglicher weise in die Gräber eynsteigen, auch ehrlicher verstorbener Leute Cörper herauß zwacken und also mit denselbigen in öffentlichen *Auditoriis* die *Anatomiam* exercieren. Etliche andere *Medici* von weytterem Gewissen dörffen sich auch verbottener unchristlicher Curen anmassen, wann sie getrauwen, dem Patienten damit zu helffen. Als daß einer sich solle vollsauffen und uber sich auß purgieren. Daß einer, dem es Stands halben nicht gebühret, ihme selber von etlichen Kranckheiten mit der Liebe Wercken abhelffen solle. Es finden sich auch hochgelehrte *Medici*, welche *Praeservativas* in ihren Büchern anzeigen, was einer für Harnisch anlegen solle, damit er sich an gemeinen anzücken Weibern nicht verunreynige und anstecke. Und was sonst etwan für ein Kraut und *Modus* auß dem *Horto Veneris* gut darzu ist, daß ein ungeschickt Weib baldt schwanger werde, welche *recepta* sie selber nicht schrifftlich, viel weniger mündtlich, sondern nur geschnitzelt oder gemahlet in verschlossenen Schachteln den Patienten zu Hauß schicken. Sie lassen auch offt an Ubelthätern, die der Hencker mit dem Strick straffen solte, ihre Gifft und *Antidota* probieren. Ja man sagt fürnemmen *authoribus anatomicis* diß nach, daß sie die Leute *in actu Venerio* eygener Handt gewürget haben, die *motus viscerum* zu erlernen.

Dieses und dergleichen, ob es wol von Christlichen verständigen *Medicis* nicht alles miteinander gebillichet wirdt, Lassen sie es doch ihnen von den *Theologis* und Obrigkeiten auch nicht alles mit einander nemmen, ob sie wol mit ihrer Singularitet die allgemeine Praxis zu predigen nicht verhindern können, sondern mit Verdruß und Verspottung leyden müssen.

Und möchte also auch noch wol ein *Astrologus*, der da einen Cometen *Philosophiae causa* durch die *Astronomiam* und durch die *regulas Chaldaicas* zeucht, bey der *Theologorum* scharpffen Eynreden fürüber gehen *(supra 5)* mit diesen Gedancken, daß er seines guten Intents halben nicht unter dem gemeinen Hauffen begriffen seye, sich solcher Straffpredigten den gemeinen fürwitzigen Mann annemen lassen und, was ihm *in specie* zu nah kommen wolte, am Bart abstreichen.

115. Doch wirdt er in seinem Gewissen desto ruhiger seyn, wann er die Sprüche der H. Schrifft, auff welche die Prediger sich beruffen, erwegen wirdt.

Wahr ists, daß *Levitici 19 et 20* verbotten wirdt die *Magos* und *Ariolos*, Teutsch die Wahrsager und Zeichendeuter, raht zu fragen. Wie aber raht zufragen? Wann einer etwas wichtiges wil anfahen und kömpt zu einem *Ariolo* mit Forschung, was diß sein angefangen Werck werde für ein Außgang gewinnen, und sich nach demselben richten wil. Wie der Römer gantzes Regiment im Heydenthumb auff solche *ariolationes* gebauwet gewest, daß sie nichts haben fürgenommen, ja auch von allem wichtigen Fürnemmen abgestanden, wann ihnen nicht der *Ariolus* seine Zeichen glücklich gedeutet und außgelegt.

Da ich dann bekenne, daß es gleich gelte, der Wahrsager brauche sich hierzu deß Himmels oder deß Vogelflugs oder Crystalls und was dergleichen. Dann solche *Arioli* seynd gewest zu Rom, die den Keyser *Othonem* verführet und, da er gefragt, ob ihm das, was er im Sinn habe, glücken werde, ihme von einer guten Revolution und glücklichem Fortgang gesagt, darauff er seyn Fürhaben mit Ermordung deß Keysers *Galbae* ins Werck gesetzt und an sein statt Keyser worden, aber baldt hernach einem andern Keyser *Vitellio* gleicher weiß den Sattel raumen und sich selbst ermorden müssen. Welcher Historien Beschreibung dem *Cornelio Tacito* zu dem jenigen Spruch Ursach geben, den *Feselius* fornen auffs Buch gesetzt: Daß nemlich die *Mathematici* (war deßmal so viel als jetzt *Astrologi quaestionarii*. Item *malefici imaginum scilicet cerearum fabricatores sub constellatione ferali, in perniciem tertii*) seyen *genus hominum, potentibus infidum sperantibus fallax*. Denen, die Regiment in Händen halten, untreuw, dann sie schwatzen ihnen auß der Rativitet, verrahten ihre böse *constellationes*, andern Expectanten und Speranten, die ihnen nach dem Regiment stehen, bringen sie auff etwas anzufahen, verführen sie doch entlich.

Derohalben, so einer zu mir käme, mich bete, ich solte ihm sagen, ob sein Freundt in ferren Landen lebendt oder todt were oder ob sein Krancker genesen oder sterben werde? Und ich stellete dieser seiner Gedancken die Nativitet, sagte ihm ja oder nein, so were ich ein *Ariolus* und ein Verbrecher an Gottes Gebott und Aberglauben, nit allein wegen deß Intents und der meynung dessen, der da fragt, sondern auch weil die Mittel, die ich hie brauchete, gantz und gar grundtloß und nicht natürlich.

Wann aber Keyser *Otho* mich gefragt hette, wie es jetzo in seiner Nativitet stünde, und ich nicht gewust hette, wo er hinauß wolte, ihme in Eynfalt meines Hertzens geantwortet hette: Er habe diß Jahr ein gute Revolution, weil mir bewust, daß es natürlich, daß eines Jahrs *Revolutio* besser als die ander *in terminis*, wie droben *num. 68*, so hette er wol ein Aberglauben in seinem Hertzen gehabt. Ich aber were an demselben unschultig, dann ich ihme nur das gesagt hette, was natürlich, mit so gutem Gewissen, als hette er mir *urinam Galbae* gebracht, fragendt, ob er nicht kranck und bald sterben würde, dabey er eben so wol diesen Gedancken bey sich verborgen haben können, daß er gern an sein statt Keyser were.

Vielmehr ist der *Astrologus* entschuldigt und unter dem Verbott Levit. 19 und 20 nicht begrieffen, wann ein Comet erscheinet und er auff einigerley weise, die er sich bedüncken lässet in der Natur oder in Gottes Fürhaben gegründet seyn, außführet, was er meyne, daß ein solcher Comet bedeuten werde. Dann er gibt hiemit niemand keinen Raht zu seinem Fürhaben, wie der *Ariolus* gleichsam an Gottes statt sich vermisset, auch erdichtet er kein neuwes Zeichen, sondern das jenige Zeichen, das da vor Augen am hohen Himmel stehet, betrachtet er als ein Werck Gottes und discurrirt von seiner Natur und Eygenschafft, so gut er kan, trifft ers nicht mit der bedeutung, so fehlet er ohne einige Gottlosigkeit, so wol als wann *Aristoteles* disputiert von der Stelle der Cometen und der Warheit wider seinen Willen verfehlet.

Gleiches von den Practicken zu schreiben, dann ob ich wol *Philosophice* viel ungereymbts Dings drinnen finde, so folgt drumb nicht, daß Gott Levit. 19 und 20 wider solche ungegründe Sachen gewest oder dasselbige verbott mich von den Practicken abschrecken soll, so wenig als mich abschrecket, daß ich Helffenbein nit für Gifft brauchen soll, ob wol dieses auch ohne grundt von etlichen gebraucht wird, die da meynen, es thue so viel (oder vielleicht so wenig) als Einhorn.

Gewiß ist es zwar, daß in erzehlten und sonst mehrern Astrologischen Stücken es nicht bey allen so richtig zugehe, wie jetzo erkläret worden, sondern nebens auch Geistliche Hurerey, das ist Abgötterey, begangen werde, darüber Gott grewlich zürne und nicht haben wölle, daß Christen Menschen darmit umbgehen. Sonderlich wann sie die Practicken so sehr mißbrauchen, daß sie ihnen mehr glauben dann Gottes Wort (E 1), den Calendern und Practicken zulassen, was ungefehr getroffen wirdt, für ein *Stoicum fatum* halten, die Lügen in Windt schlagen und vergessen. Und muß ich auß eygner Erfahrung bekennen, daß man in gemein bey hoch und nidrigen Standts Personen voller Aberglauben und ich nit wisse, ob die Calenderschreiber närrischer oder die begierige Leser; dann die wil kein Instruction helffen, wann der Calenderschreiber sich auffs beste verwahret, so machen sie doch seine Wort zu *oraculis*, und ihn zu einem Abgott.

Derhalben ich mich darumb nit anneme, was die wolbestellte Regiment zu abstrickung solchen Mißbrauches für Ordnungen machen und wie die Geistliche sich auff den Cantzeln mit Ernst darwider legen sollen. Bin der Zuversicht, vernünfftige Obrigkeiten und Seelsorger werden ein solches Mittel treffen, dardurch nicht allein die Gemein gebessert, sondern auch den *Philosophis* der Weg, zu mehrern *arcanis naturae* zu gelangen, wann es schon ein Holtzweg were, unversperret bleibe, so wol auch bedencken, was sich bey dem Pöfel thun lasse und was ich sonsten deßhalben bey *num. 5, 6, 7* erinnert.

Aber die H. Schrifft wider eines jeden Orts vorhabende Matery allzuweyt extendirn auff Sachen, die zwar an ihnen selbst auch unrecht, aber doch nicht der Wichtigkeit seyndt wie die jenige, wider welche solche Sprüche eygentlich gerichtet, bedünckt mich auch unrecht, gefährlich und dem gebrauchten Ernst deß heyligen Geistes verkleinerlich. Derohalben auch *D. Feselius* hie recht meldet, daß diß ziemlich harte Reden seyen.

Es mag ein Obrigkeit das rahten im Calender von willkürlichen Sachen wol eynstellen, aber nicht eben darumb, weil Gott sein Angesicht auch wider einen närrischen Calenderschreiber so wol als wider einen Zäuberer und Wahrsager setzen und ihn außrotten solle oder weil es ein Teuffels Prophet seyn solle. Dann ein Obrigkeit hat macht, nicht nur die Teuffelspropheten, sondern auch die wahnsinnige närrische Propheten abzuschaffen, wann schon von solchen im Gesetz Mosi nichts specificiret.

Man zeucht den Propheten Jeremiam am 23. Capitel viel an und nemmen allda das Wort Zeichen für Wunderzeichen, die *Astrologi* so wol als die *Theologi*, gestehen, daß die Heydnische Furcht ob himmlischen Zornzeichen so wol verbotten sey, als wol einem Christen verbotten ist, sich zu entsetzen ob den *signis* und *indicationibus diei quartae malis* und drüber an Gott zu verzagen, als müste er darumb gewißlich auff den siebenden Tag sterben.

Derhalben antworten die *Astrologi,* daß Jeremias nicht läugne, daß nicht Zeichen künfftigen ubels am Himmel seyen; und ob man wol im Christenthumb keines Zeichendeuters so hoch bedürfftig, so muß man doch auch nit eben keine natürliche Zeichendeuter leyden, als ob darmit der Christen verbottene Furcht zuvorkommen were. Sonst müste auch keinem *Medico* gestattet werden, daß er deß Harns und etlicher gewisser Täge Zeichen auff den Außgang der Kranckheit deutete. Diß antworten die *Astrologi*.

Ich laß es *in genere* dabey verbleiben. Was aber diesen Spruch Jeremiae belanget, bedünckt mich auß Umbstandt deß Texts, Jeremias rede von den Bildern deß Monds, der Sonnen und der Planeten, welche die Chaldeer (unter welcher Joch damalen die Juden waren) an statt ihrer Götter verehreten und hiermit frommer und heyliger seyn wolten dann andere grobe Abgötter.

116. Es ist ein guter raht, wann ein Christ eines Regens bedarff, daß er nicht dem Calender zulauffe, sondern fromb werde und Gott darumb bitte. Es ist aber darumb ein Calender, der auß natürlichen Ursachen einen Regen verkündiget, kein Abgott, daß man den Regen von ihme erbitten oder ihn mit der Ablesung ehren müste zu erhaltung deß Regens als von ihme; so ist auch der Calender nicht darumb geschrieben, daß die Christen auff solche Täge wo ein Regen stehet, nicht betten, sondern sich darauff verlassen und Schandt fortfahren sollen, sondern der Calender, wann er auff natürliche Ursachen gehet, ist ein Prediger von der wunderbarlichen Ordnung Gottes deß Schöpffers, die er herauß streichet und für Augen stellet, und so er zutrifft, so werden fromme Christen erinnert, den Wunderthaten Gottes nachzudencken.

Zu geschweigen deß Nutzens, den die Schiffleute hierauß haben köndten, wann sie ein jede Ungestümme vorher wissen möchten. Dann was den Feldtbauw und die Haußhaltung belanget, gehet es etwas mißlicher damit zu; dann nicht alle Ursachen deß Gewitters auß der *Astronomia* zunemmen, sondern der Erdtboden selber hat auch seine verwechselungen an Feuchte und Dürre, wie in meinem Buch *de stella serpentarii* angedeutet worden.

Vom rechten Gebrauch eines Calenders, daß man sich in jährlichen und täglichen Geschäfften darnach richten könne, bin ich gleicher meynung; wann man die natürliche Vorsagungen mit eynschleust, dann man sich auch darnach richten kan. Item, wann man einer Philosophischen betrachtung auch deß jenigen, so nichts nutzet, ihren Raum gibt. Dann was nutzet die Vorsagung einer kleinen Monds- oder Sonnenfinsternuß? Dannoch ist es der schönesten nützlichsten und erbauwlichsten Stück eines im Calender.

Ich gestehe aber nebens auch, daß mans bey diesem rechten Gebrauch nicht bleiben lasse, sondern sich unrechtmässiger weise von künfftigen Sachen und Fällen zu sagen unterstehe, mit welchen der Leute Fürwitz gebüsset werde.

Darunter soll aber nicht alles verstanden werden, was die Leute nicht angehet. Zum Exempel ein Finsternuß gehet sie auch nit an, und ist doch kein Fürwitz, daß sie einer solchen gantz fleissig zusehen, Gott uber seiner Himmels Ordnung und uber der Gnad, die den *Astronomis* gegeben, anfahen zu loben.

So gebraucht sich auch dieser *Theologus* eines vernünfftigen Unterscheids, daß er die erwehlung zu säen, pflantzen, Holtzfällen, artzeneyen, curiren &c. gestattet. Wie er nun diß nicht darumb zugibt, weil es ihn also gedünckt, sondern weil ein jeder in seiner Kunst dergleichen natürliche Vorsagungen fürgibt (darumb er auch der Urtzeney gedenckt, weil ihm bewust, daß *D. Feselius* und die es in verwerffung *Medicinae Astrologicae* mit ihme halten nicht allein *Medici* seyen, sondern auch *D. Helisaeus Röslinus* und andere hochgelehrte Männer, welche viel darauff halten), also wirdt diese sein Concession auch auff die jenige Puncten zu extendirn seyn, die man noch täglich auß den *arcanis naturae* von neuwem eröffnet, ungeacht solche Puncten hiebevor etwa auß unwissenheit für abergläubisch möchten gehalten worden seyn.

Wird also hiedurch einem *Philosopho* gestattet, unter dem Mist deß Aberglaubens eine zeitlang seines gefallens zu wüelen, ob er vielleicht ein Philosophisches Perlin finden möchte.

117. E 2. Im ubrigen bekenne ich gern, daß es eine vermessenheit sey, von Glück und Unglück der gantzen Welt, eines Landts, einer Statt &c. zu sagen. Dann der Welt kan man kein Nativitet stellen, so ist die außtheilung der Länder unter die zwölff Zeichen ein Fabel, bestehet nur auff einer schlechten auffmerckung etwa eines einigen zutragenden Falls, da ein Finsternuß im Zwilling und zumal ein Sterben in Würtemberg gewest &c., und laufft im ubrigen der *doctrinae de futuris contingentibus* zuwider, hat kein natürliche Ursach, ja keinen Schein einiger natürlichen Ursach, sonderlich die *ascendentes conditarum urbium* und *Inthronisationis Regum*.

Gleiche Musterung gehöret auch in das Täfele der Erwehlung, da viel kindisches und mit deß Menschen willkürlicher Eygenschafft streittendes mit unter gemischet als von Kleyder anziehen &c.

Mit Hunger und Theuwrung ist deß *Astrologi* Intent wol gut und passierlich, dann es gehört zur Haußhaltung, weil aber das Gewitter nicht gantz vorgesagt werden mag, auch nicht allein zur Theuwrung hilfft, so ist es demnach dem *Astrologo* unmüglich zuerrahten und gibt nichts dann ein gar weytläufftige ungewisse *coniecturam*, die aber drümb kein Vermessenheit zu schelten, weil sie dennoch auff *naturam* und *partem causae* gehet, man wolt es dann für gar gewiß außgeben.

118. Was aber besondere Menschen belanget, ist es kein Vermessenheit, ihnen von ihrem künfftigen Glück und Unglück *generalia* zu *prognosticiren;* ursach: der *Astrologus* nimbt für sich einen natürlichen Grundt, daß jeder ihme selber sein Glück schmiede, Gottes Haußhaltung und Eyngrieff *extra ordinem* außgenommen, wie droben *num.* 104 gemeldet. Nun mag er die Qualitet dieses Schmiedes, das ist deß Menschen Natur etlicher massen erkennen auß dem Gestirrn, dessen *character* in der Geburt in die Natur eyngedruckt.

Wolte aber einer *ad individua* descendirn und die *casus* mit umbständen formiren, bekenne ich, daß solcher nicht allein wider die *Philosophiam* handelte, sondern auch, da er etwas dergleichen für gewiß fürgebe, Göttlicher Majestätt einen Eyngriff thete, wie die Chaldeische *Astrologi* zu Babylon im Esaia.

Dann was diesem zuwider eyngewandt werden wil, als ob in einem neuwgebornen Kindtlin noch keine muhtmassung erscheine zu dem jenigen, was ihme der *Astrologus* uber sechtzig Jahr hinauß vorsaget, derowegen solches vorsagen nicht neben der *Medicorum crisibus* statt haben möge, Das ist gesagt von den *eventibus determinatis per locorum personarumque et similes circumstantias*, mit denen sich die *Astrologi* gemeynglich schleppen, und gar nicht von den *Generalitatibus*. Dann es erscheinet an einem Knäblin erstlich diese muhtmassung, daß es an Leib vollkommen und ein Mensch, es erscheinet diese muhtmassung, daß es in einem Landt geboren, da jeder sein eygen Weib nimbt, es erscheinet diese muhtmassung, daß (wie droben *num.* 65, 66, 68 erkläret) die *configurationes stellarum* (die in deß Menschen Natur eyngedruckt werden) wol proportionirt und kein Astrologische Ursach fürhanden zu grosser Bewegung der Natur bey jungen Jahren. Es erscheinet diese Muhtmassung, daß er mit Eltern, Freunden, Landtsfürstlichem Schutz also fürsehen, daß er nicht hülffloß seyn werde. Endtlich erscheinet diese vermuhtung, daß in seinem eyngedruckten *charactere directionis* etwa das dreyssigste Jahr *in proportione naturali* durch *Jovem, Venerem, Solem &c.* vor andern Jahren in auffmunterung deß Gemühts und gestaltung deß Leibs kräfftig und thätig werden soll. Wann dann auch der *character nativitatis* ein hohes, ein fürsichtiges, ein embsiges Gemüht andeutet, so mag ihme jetzo auß natürlichen Ursachen diese *speranza* gemacht werden, er werde umb das 30. Jahr eine gute Heyrath thun, ob wol es nicht eben diß, sondern ein anders Glück seyn mag. Dann der Schmidt darzu wirdt umb das dreyssigste Jahr wol besunnen seyn mehr dann sonsten, was ihm nur für ein Metall unter handen kömpt, darauß wird er ihm sein Glück schmieden, *si Deus voluerit*, sagt der *Arabs*.

119. Es ist ein erhebliche Außrede, *astra inclinant non necessitant*, wann mans nicht mißbraucht. Dann wann ein Regel viertzigmal fehlt, biß sie einmal trifft, so halte ich diß für kein *inclinationem* zum treffen. Item, so ist mancherley Neygung: der Sternen Neygung an und für sich selbst ist *general*, neygen zu nichts anders als zur Nüchterkeit, Wackerheit, Fleiß, Arbeytsamkeit und was deßgleichen, Item zu dem jenigen, was mit ihren Farben und lauffen *in genere* ubereyn kömpt. Zu diesem allem, als offt gesagt, neygen nit die Stern selber, sondern deß Menschen Natur neyget sich selbst hierzu, *symbolisirt* und *incorporirt* gleichsam den *characterem constellationis* in allen ihren Wercken. Und macht hiermit eine *necessitatem naturalem*, daß also diese *Inclination* nicht so leicht fehlen kan wie ein Calender. Ein zorniger jäher Mensch (als da seynd die etwa *quadraturam Martis, Solis et Mercurii, Lunam cum fixa ignea in trino Martis* oder *Martem orientem* haben) der hat allezeit die *Inclination* zum Zorn, auch dannzumal, wann er ihme selber abbricht, welches ihn darumb desto schwehrer ankömpt.

Auch zu denen *special* Sachen, darvon die *Astrologi* reden, so offt sie fehlen, geben die *astra* kein mehrere *Inclination* als zu einer andern, als daß einer darzu inclinirt, daß er soll mit schwartzer Farb Unglück haben, daß er soll in seinem Vatterlandt ersterben, drey Weiber haben, Kinder verlieren, diesen oder jenen Todtschlag begehen und dergleichen. Da ist es falsch *astra inclinant*.

120. Daß man den Sternen so grossen Glauben gibt und hiermit die Warheit so schrecklich verdunckelt wirdt, daß endtlich eins mit dem andern gehen muß, halt ich auch eine Verhengnuß Gottes, doch mehr die erste Verhengnuß uber die Erbsucht, dahero auch ohne sonderbare folgende Verhengnuß aller dieser Unrhat folget in *Astrologia* so wol als in *Medicina*.

121. Daß einer mit Eyngebung eines neuwen Jahrs in einen Calender schauwet, was es für ein Jahr werden werde, halt ich für einen solchen Fürwitz, wie mit den neuwen Zeittungen und *discursibus* vom Außgang schwebender Kriege und dergleichen. Ist eins recht, so ist das ander auch recht, mag eins verbotten werden, so mag auch das andere verbotten werden, und gesetzt, man habe beyder Orten gleiche *fundamenta,* so ist auch bey einem so viel nutzen als bey dem andern. Und bleiben gleichwol die Erinnerungen der Seelsorger in ihrem werth, daß einer sich im Calender so wol auch in andern erscheinenden Muthmassungen nicht gar vergaffen, sondern gedencken soll, daß solche ungewiß und Gott allein künfftige Dinge gewißlich vorsagen könne und, wo Gott zörnet, allda die Sterngucker vergeblich von Glück sagen, niemandt helffen könne, nicht wissen, was uber die Welt kommen werde, sondern seyen wie Stoppeln, die das Feuwer verbrennet (allermassen wie auch von eines grossen Herren (so ihme Gott hette drauwen lassen) hochgelehrten Leibmedicis möchte gesagt werden); und drümb weder das Harn- noch das Sternbesehen verworffen wird, sondern das Gottloß vertrauwen darauff.

122. E 3. Bißher hat *D. Feselius* zwar angefangen, vom Wort Zeichen Genes. 1 zu reden, wie es zu verstehen, aber die *Theologos* nebens allen ihren Willen reden lassen, derowegen ich uberall beygesetzt, wie ferrn eines jeden Fürgeben möge passirt werden.

Meines theils bleib ich dabey, ob wol dasselbig Hebraische Wort, so man gibt Zeichen, auch von Zeichen künfftiger ding gebraucht werde, wie Deut. 13, so sey doch die meynung Genes. 1. nur allein von den Jahrs- und Monatzeiten. Dann es nicht noht dewest, daß alle Geheymnussen der Natur Genes. 1 oder auch Sapient. 13 eyngeführet werden solten.

D. Feselius aber gehet mit dem Spruch Deut. 13 so gefährlich umb, daß nicht allein die *Astrologi,* sondern auch die *Astronomi* und die *Medici* mit ihren *crisibus* für Zeichendeuter angegeben und außgerottet werden müsten, wann es sich mit der Außlegung und Text selbsten nicht anderst verhielte.

Wann die Hispanier in der neuwen Welt zu den Indianern gesaget hetten, Keyser *Carolus* were ein Gott, dem solten sie nun füro Göttlichen dienst leysten, zum zeichen soll ihnen seyn, daß der Mond morgenden Tags sich soll in Blut verwandeln (welches ein warhafftige Astronomische, zuläßliche vorsagung ist *de totalibus Ecclipsibus Lunae sine mora*), so hetten sie doch unter den Hauffen gehöret, von dem Gott Deut. 13 gebeut, Nicht weniger dann auch ein *Medicus,* der da zu einem Patienten sagt: Ich wil dich gesundt machen, wann du mich hernach anbetten wilt, und hernach, wann er ihn zu seiner Gesundtheit gebracht, diese anbettung von ihm haben wolte.

123. Ich gestehe, daß Moses nicht geschrieben, daß die himmlische Liechter sollen Zeichen seyn der Menschen Geburtszeiten und zufällen; es stehet aber auch nicht, daß sie es nicht seyn sollen. Dann es ist der Mertz auch nit zu solchem Zeichen gegeben, daß man demselbigen zulegen solle, er fresse die alte Leute. Dannoch ist es ein gemeine unsträfflige Regel, daß alte Leute es böser haben in der Mertzen Witterung. Ursach: es ist natürlich (obs schon nicht jedermann so wol weiß als jenes), daß deß Menschen Natur nach den *constellationibus* etlicher massen gerahte, das wirdt man mit starckem abläugnen nicht wenden, ist auch nit vonnöhten; dann der Mensch darumb nichts desto unedeler, ja viel edeler ist, wann man bedenckt, daß auch eines Bawern Natur die *Astronomiam ex instinctu* wisse.

124. Daß die, so unter dem Neuw und Vollmondt geboren, blödt und selten alt werden, die jenige erblinden, welche haben *Lunam cum stellis nebulosis,* das gehöret in ein Philosophisches Examen, da nimbt man diesen Regeln diese eusserliche rauhe Schalen und behält den Kern darvon, nach dem die *exempla per experientiam conquisitia* beschaffen seyndt, ohne noth, allhie weytläufftiger außzuführen.

125. Holtz zu fällen nach der Liechter Schein, ist billich zugelassen; dann diese Regel den Bauwern so bekannt, daß die *Astrologi* sie von ihnen entlehnt haben, so wol als sie von den *Medicis* etliches entlehnen und also alle *Professiones* einander die Hände bieten. Welches der *Astrologia* mit nichten verkleinerlich, daß sie soll von den Bauwern lernen, so wenig es den *Medicis* verkleinerlich, daß sie sollen von den ungestudirten *Empiricis* und alten Weiblin die *virtutes* der Kräutter gelernet. Und ist darumb weder der Bauwer ein *Astrologus,* noch das alte Weib ein *Medica,* sie sey dann ein *Pharmaceutria.*

Schließlich, daß der Bauwer säen soll, wie und wann er kan, und nicht zuviel auff den Windt oder gute Säezeichen achtung geben oder die Zeit verlieren soll, das ist eine gute Regel und so nohtwendig als dergleichen einem *Medico* vonnöhten. Dann auch das säen selbst, das ist den Saamen in einen druckenen Acker werffen, also beschaffen ist, daß es scheint nichts daran gelegen seyn, was für ein Constellation sey, wann der Saam eynfalle, sondern vielmehr, was für Gewitter sey, wann er nun der Feuchtigkeit empfindet und beginnet herfür zu stechen.

Und sey hiermit *D. Feselii* Schreibens dritter Theil abgefertigt.

Das IV. Argument

126. Wann *D. Feselii* Widerparth also argumentiret, eins Menschen verborgenes Gemüht wirdt erkennet auß seinem Angesicht, eines Krauts Eygenschafft und Nutzen auß seiner eusserlichen sichtbaren Farb und Gestalt, &c. Warumb sollte nicht auch eines Planeten Eygenschafft auß seiner Farb und Klarheit zu erkennen seyn, und also die Stern an Kräfften und Eygenschafften wie an Farben unterschieden seyn?

Hierauff antwortet *Feselius* erstlich, diese *Imagination de signaturis rerum* sey nichts anders dann ein lustige Fantasey müssiger Köpffe, die nit feyren können und gern etwas zu dichten haben.

Ich aber sage, daß *D. Feselius* wündschen solle, daß er diese Wort nicht geschrieben hette; dann ihme warlich sein *existimatio professionis Philosophicae partim et Medicae* drauff stehet. Dann solte die *signatura rerum* mit diesem Titel Fantasey oder *lusus* schimpffs und außlachens halben gemeynt seyn, so würde solche Verschimpffung nicht allein auff die schöneste zierlichste Geschöpff Gottes, sondern auch auff Gott selber kommen. Wil derhalben *D. Feselii* Wort auff etwas bessers deutten und sage demnach, daß Gott selber, da er wegen seiner allerhöchsten Güte nicht feyren können, mit den *signaturis rerum* also gespielet und sich selbst in der Welt abgebildet habe. Also daß es einer auß meinen Gedancken ist, Ob nicht die gantze Natur und alle himmlische Zierligkeit in der *Geometria symbolisirt* sey. Dann ich hab vor 13 Jahren in meinem *Mysterio Cosmographico* zu der Sach einen trefflichen Anfang gemacht und erwiesen, daß die Himmel, in welchen die Planeten umblauffen (zu verstehen von den Refieren und Gezircken, in welchem ein jeder bleibet und niemalen darauß weichet), in den Geometrischen *quinque corporibus regularibus* ihrer Proportion halben abgebildet und je ein *corpus* zwischen zweyen Himmeln innen stehe, den ausseren mit seinen Spitzen, den innern mit seinen Blättern oder Feldungen berühre.

Und wie die himmlische *corpora (orbes) vel quasi* in den Geometrischen *corporibus signirt* und abgebildet, *et contra*, Also wöllen sich auch die himmlische Bewegungen, die da geschehen in einem *circulo* zu den Geometrischen *planis circulo inscriptis* schicken. Besehet droben *num.* 59.

Ja, es ist die hochheylige Dreyfaltigkeit in einem *sphaerico concavo* und dasselbige in der Welt und *prima persona, fons Deitatis, in centro*, das *centrum* aber in der Sonnen, *qui est in centro mundi*, abgebildet; dann die auch ein Brunquell alles Liechts, bewegung und Lebens in der Welt ist.

Also ist *anima movens* abgebildet *in circulo potentiali*, das ist *in puncto plagis distincto*. Also ist ein leiblich ding, ein *materia corporea* abgebildet *in tertia quantitatis specie trium dimensionum*. Also ist *cuiusque materiae forma* abgebildet *in superficie*. Dann wie ein *materia* von ihrer *forma* informiret wirdt, also wirdt auch ein Geometrisches *corpus* gestaltet durch seine eussere Feldungen und *superficies*. Deren ding dann vielmehr angezogen werden köndten.

Wie nun Gott der Schöpffer gespielet, also hat er auch die Natur als sein Ebenbildt lehren spielen, und zwar eben das Spiel, das er ihr vorgespielet. Daher es dann kömpt, daß droben *num.* 59 in der *Music* keines Menschen natürliche Seel mit keinem *septuangulo, nonangulo, &c.* nit spielen, noch sich darob, wann es den Stimmen sein Proportz gibt, erfreuwen wil, weil Gott mit diesen *figuris* nicht vorgespielet. So wol auch die Geistliche Natur, so in der Erden steckt, wil keinen Zug thun, wann *in confluxu radiorum coelistium* solche von Gott ubergangene *figurae* auff die stupffen, da sie doch deren Figuren, die Gott erwehlet, als *quinquanguli, &c.* gar bald empfindet und sich antreiben lässet.

So nun Gott und die Natur also vorspielen, so muß dieses der menschlichen Vernunfft nachspielen kein närrisches Kinderspiel, sondern eine von Gott eyngepflantzte natürliche anmuthung seyn, daß die unmüssige Köpffe, das ist, welchen bey deß gemeinen Hauffens Unwissenheit nicht wol ist, *ingenia luxuriantia in inquisitione veritatis* auff die *signaturas rerum* sehen und nachforschen, ob nicht etwa Gott selbst in Erschaffung eines Krauts mit ertheilung seiner Farb und eusserlichen Gestalt auff den nutzen gedeutet habe. Dann was in etlichen Stücken geschehen, dem mag man auch in andern Stücken mit guter Vernunfft nachtrachten. Hat nit Gott selber mit Anstellung der Finsternussen an Sonn und Mondt dem Menschen auff erlernung deß Himmels Lauffs gedeuttet? Hat er nicht in Gestaltung und Formirung deß Rosses und seines wolgeschickten Rückens dem Menschen auff das Reitten gedeutet? Warumb solte man dann nicht auch weytter gehen und erkündigen, ob nicht solches auch in noch verborgernern Dingen statt habe?

Dann was die Kräutter belanget, so findet der Hirsch, die Schwalbe, die Schlange, die Geyß, ein jedes Thier sein bequemliches Kraut warlich anderst nicht dann durch Mittel deß eusserlichen Anblicks. Es kennet aber solches ihme für bequemlich auß anerschaffener eyngebung *ex instinctu*. Weil aber der Mensch an statt deß *instinctus divini* (so viel seinen ewsserlichen Wandel belanget) sein Vernunfft hat gleich wie er an statt der natürlichen Bekleydung und bewehrung (die andere Thier von Geburt haben) die Hände hat, daß er ihme seine Kleyder und Wehr selber machen solle, Warumb solt er nicht auch durch seine Vernunfft ihme den *instinctum divinum*, der Kräutter Eygenschafft auß ihrer Gestalt zu erkennen, selber machen können?

Darbey doch nicht geläugnet wirdt, daß einer anfangs nicht auch köndte betrogen werden, sonderlich darumb, weil der Stücke an den Kräuttern sehr viel seyndt, wie nit weniger auch der Nutzen und der *symptomatum* bey einer Kranckheit viel seyndt. Da muß es gewißlich weyt fehlen, wann man Kräutter, so auff einigerley weise einander gleich sehen und deren etwan eins für die Hitz gut ist, darumb alle miteinander zum Ungarischen Fieber brauchen wolte, wie dann diß gar gemein. Dann die Leute seyndt einfältig, haben die Augen zu ihrem einigen Lehrmeister, die Augen aber sehen ein Ding *confuse* an mit Haut und Haar. Daher es kömpt, daß solche Leute nicht unterscheiden ein Ding in viel unterschiedliche Dinge, und mit einem Wort ihrer Vernunfft sich nicht gebrauchen.

Und bedüncket mich, die Warheit zu bekennen, D. Feselius thue allhie den *Medicis* die rechte Philosophisch vernünfftige *experimentationem herbarum* allerdings benemmen und sie einig auff die alte Weiblin und auff den Glückfall oder Gerahtwol verweisen.

Wann *Aristotelis* Buch *de Plantis* noch fürhanden were, würde er drauß wol zu ersehen haben, wieviel die *rerum signatura* gelten würde. Dann auß seinen Büchern *de animalibus* erscheinet leicht, was er würde für einen Proceß geführt haben. Wer wil glauben, daß er drinnen ubergangen habe, daß die stachelechte

Bäum oder Gesträuß in ihren Früchten einen Safft haben, der da eynbeisset *(incidit)* und also den Durst leschet und für die Hitz gut ist. Wann schon es sich nicht durchauß also verhält in allen *speciebus*, so wirdt er aber schon die nohtdürfftige zusätze auch gefunden und die Gleichheit zwischen dem stechen deß Dorns und zwischen dem stechen deß Saffts nicht in Windt geschlagen haben.

Was nun hie *D. Feselius* für *instantias* etlicher Kräutter eynführet, besorge ich, ein *Medicus* möchte auch etwas einzureden haben (E 4) und etwan nicht gestehen, daß die rohte Rose allerdings kalter art, ob sie schon für die Hitz gut, weil ich bey Herrn *Tycho Brahae* gesehen, daß er den allerschärpffesten, hitzigsten und auff der Zungen gantz subtil brennenden Brandtwein auß rohten Rosenblätter ohne Maceration in einem andern Brandtwein extrahirt. Item möchten sie sagen, man soll nicht eben auff die Farb sehen oder man soll Blüht und Frucht von einander unterscheiden. Oder auch diß, *D. Feselius* soll die *mineralia* und *vegetabilia* nit unter ein *regulam* ziehen und was dessen dings mehr, welches ich, als der ich kein *Medicus*, an jetzo fahren lasse.

127. Allein diß zu melden, daß auß den Farben der Sternen Liechts ihr Eygenschafft viel vernünfftiger erforschet werde dann in den Creaturen, die nicht also leuchten, sonderlich wann diß *principium* angenommen und gesetzt wirdt, daß solches Liecht ihr eygen und auß den durchleuchtenden Kugeln herfür komme.

Ich sage nicht eben, viel warhafftiger, sondern allein viel vernünfftiger. Dann ob es wahr und uns deß *Martis* fewriger Schein nicht betrüge, das muß man hernach auß der Erfahrung lernen gleich wie ein *Medicus* auß eines *stachelichten* Baums ersten Anblick ihme den Wohn schöpffe, er trage sauwre beissende Früchten, trauwet aber nicht, bricht eine Frucht ab und kostet dieselbige, damit also eins dem andern die Handt biete und beyde Gedancken mit einander gestärcket werden.

Es wil aber *D. Feselius* nun fürs ander fürgeben, die Stern seyen an ihren Kugeln nicht gefärbet, sondern es werden ihre Liechtstreymen erst im durchgang durch den Himmel biß zu uns herab gefärbet, Gleich wie droben *num.* 28 gesagt, daß der Sonnen Schein im Regenwasser gefärbet werde und den Regenbogen verursache.

Spricht, es sey die Farb nicht ein Ding mit dem Liecht; das ist zwar eins theils wahr, der Apffel behält seine rohte Farb auch im Keller, wann ihn schon niemandt siehet. Wann man aber den

Apffel siehet, so siehet man ihn durch einen Liechtstralen, der vom Apffel ins Aug gehet. Da mag man das Liecht von der Farb nicht abscheiden; denn das Liecht ist roth so wol als der Apffel, und die röhte im Liecht *praesupponirt* die andere röhte im Apffel.

Damit nun das Exempel zu den Sternen gezogen werde, so ist auch etlicher Planeten und *Fix*sternen Liecht roht und *praesupponirt* derowegen eine andere röhte entweder im Durchgang oder an den Sternen selber.

Welches aber auß diesen zweyen wahr, muß man also unterscheyden.

Wann alle grosse Sterne gleich roht scheinen, aber solches bald vergehet, so ist die Schuldt an dem Lufft, durch welchen die Sterne herab leuchten, geschiehet, wann die Sterne nidrig stehen.

Wann aber zween Planeten oder Sterne neben einander stehen und nur einer roht ist, auch jederzeit roht bleibt, so kans der Durchgang nicht verursachen, sonst würde es seinem nechsten Nachbaurn auch begegnen.

Diß ist auch von der Nähe der Sonnen zu verstehen; dann *Venus* ist näher bey der Sonnen dann *Mars*, *Jupiter* aber ist weytter darvon, und ist doch nur *Mars* roth.

Bleibt also, daß der Planet *Mars* und das *cor Scorpii* &c. warhafftig an ihren eygenen Cörpern etwas haben, das ihre röhte verursachet. Gleich wie der Kohl etwas hat, dadurch sein Glantz roht gemacht wirdt, nemlich hat er die Schwärtze, wann nun das Feuwer durch die schwärtze herauß leuchtet, so wirdt auß der Contemperation deß klaren oder gelben Liechts und schwartzen Kols ein rohter Schein. Und bleibt also Liechts halben der *Mars* ein feuwriger Kohl, *Saturnus* ein Eyßzapff oder etwas dergleichen, darüber mage *D. Feselius* ihme die gnüge lachen.

D. Feselius bringt noch ein Argument: Die Farben seyen widereinander und *praesupponirn contraria principia*, nemlich die *elementa*. Das Liecht aber sey himmlisch und nicht elementarisch, könne ihme selber nicht zuwider seyn, die Sternkugeln, viel weniger auß den Elementen gemacht oder mit widerwärtigen *qualitatibus* begabt, seyen einfache und gleichförmige Cörper. Haben derowegen keine Farben.

Wider diß Argument hab ich gar viel zu streitten. *Nego praemissas et conclusionem.*

Erstlich seynd die Farben nicht widereinander wie Feuwer und Wasser, sondern weiß und schwartz ist untereinander wie ja und nein. Andere Farben seynd *disparata, non contraria,* wöllen sich fast mehr umb *maius et minus* annemmen wie die *quantitates*, wie dann die Farben im Regenbogen entspringen *ex obumbratione et refractione, vel ex copia luminis et copia aquae maioribus vel minoribus*.

2. Hierauß erscheinet, daß nicht alle Farben auß vermischung der vier Elementen herkommen und das Buch *Aristotelis de coloribus* einer erleuterung und ergäntzung bedörffe.

3. So nimbt das Liecht Farben an, die seyen nun einander zuwider oder nit, und bleibt gleichwol *immateriata*, es sey himmlisch oder irdisch; dann auch die Katzen ein Liecht in Augen haben, deß Steinholtzes oder Carfunckels (deren ich zwar nie keinen gesehen, der gedeuttet hette wie jenes Bergmännlins Fingerlein) zugeschweigen.

4. Auch frage ich hie, wie *D. Feselius* in Himmel gestiegen, daß er so gewiß wisse, was die Kugeln für Cörper seyen, hat er doch droben den *Astrologis* nicht so viel glauben geben wöllen.

Ich frage aber, was er meyne, daß die Erdtkugel für ein *corpus* seye, ob er meyne, daß sie auß vier Elementen bestehe? Warumb daß sie dann nicht auch untergehet? Oder kan die Erdt bleiben, so kan *Aristoteles* auß der unveränderlichen wehrung auß außdauwrung der Sternen nicht schliessen, daß die Sterne nicht auß widerwärtigen Materien bestehen. Dann was die zergängliche dinge belanget hie auff Erden, die seynd viel zu klein, daß die im Mondt dieselbige sehen köndten? Derohalben auch dergleichen in einer Sternkugel wol geschehen, aber von uns nicht gesehen werden kan. So hab ich probiret in meinem Buch *de Marte*, daß Sonn und Erde ein verwandtnuß haben, sonderlich aber die Erde und der Mondt, wie wir zwar schier mit Augen sehen und zu erkennen haben: Und wird doch der Mond von *D. Feselio* in Himmel gesetzt. Ja, was soll ich sagen, die Erdtkugel selbst ist im Himmel und läufft drinnen herumb.

5. Derhalben ich droben *num.* 32 mich nit gescheuwet, auch den Sternen selbsten ihre *alterationes* oder, ob man wil, ihre *contrarietates* zu ertheilen, in billicher erwegung, daß sie viel zu weyt von einander und einander nicht beissen oder auffessen.

6. Was solte mich dann irren, ihnen nach anzeig ihrer Liechtstralen auch unterschiedliche Farben zuzuschreiben.

Es meynt aber *D. Feselius*, weil alle Sternen leuchten, seyen sie alle (wann man gleich warhafftige Farben zugebe) feuwerfarb. Derwegen sie nur ein Qualitet haben, nemlich die Wärme, die da auch trücknet, und nicht die Kält oder Feuchte. Mit dieser gantzen *Pericopa* wil ich den Leser hinauff zu *num.* 26, 27, 28 gewiesen haben, da er sehen wirdt, daß das Liecht von den Materien, darinnen es ist und durch welche es gehet, gefärbet werde und demnach solche Materien an *qualitatibus* unterscheiden seyn müssen. Da ich die dünnere und dückere Substantz, welche *Feselius* zugibt, nicht außgeschlossen haben wil.

Und das auß allen *corporibus species immateriatae* ihrer *qualitatum* außgehen und andere *corpora*, die sie antreffen, *afficiren* und *alteriren*.

Item, woher dem Mondt die Eygenschafft zu befeuchtigen komme, *num.* 30, und entlich, wie auß Wärme und Feuchte und ihrer vermischung *secundum maius et minus* fünff Unterscheidt entstehen, die sich zu den fünff Planeten gar wol schicken, *num.* 32.

128. Allhie gebraucht sich *D. Feselius* einer Regel *(magis et minus non tollunt rerum essentias)*, darauß auch in meinem angezogenen *Discurs* folgen wil, daß *Saturnus* keyn Eygenschafft habe zu Kälten. Ich zwar mag es passiren lassen, möcht es aber auch läugnen. Und beliebt mir derowegen *D. Feselio* ein Frag auß meinen *Opticis fol.* 12. fürzulegen, die ich bey mir selber noch nicht wol erörtern kan.

Es ist *D. Feselio* bewust, daß *tenebrae* nur ein *privatio* oder *negatio lucis* seyen; dann da ists finster, da kein Liecht ist. Nun hält sich in den Farben die weisse zum Liecht, die schwartze zu der Finsternuß. Und kan ich nicht sagen, die schwartze Farb bestehe in der Matery, dann die weisse Farb hat auch ihre Matery in gleicher schwehre, sondern ich muß mich dessen behelffen, daß ich die weisse Farb beschreibe, daß sie sey ein verleibtes Liecht *(lux materiata)* und daß die schwartze sey ein gäntzlicher Abgang alles verleibten Liechts oder eine verleibte Finsternuß.

Nichts desto weniger so wirdt diese *carentia negativa* ein *qualitas positiva* durch die eynverleibung; dann diese schwartze Farb färbet mir auch das Liecht, und gehet der Streym von derselben gleich so wol schwartz in mein finsters Kämmerlein und mahlet sich schwartz an eine weisse Wandt, so wol als das Graß sich an der weissen Wandt grün mahlet, wiewol jens nicht so starck.

Ein anders Exempel: Ich hoffe *D. Feselius* solle mir zugeben, daß die Kälte sey ein *privatio caloris*. Darumb seyndt alle todte *materiae* an und für sich selber kalt, auch ohne eine anerschaffene Tugendt. Und so bald die Wärmung von aussen auffhöret, so werden die *corpora* wider kalt. Also ists auff hohen Gebürgen kalt und ewiger Schnee, weil die Lufft dünne und den Sonnenschein nit auffhält, sondern durchfallen lässet.

Wie kömpt es dann, daß auch diese *negatio caloris* ein *positiva qualitas* wirdt und der Windt oder fahrende Lufft, der doch *Aristoteli* von Natur warm seyn soll, alle Gefröhr verursachet und ein ubernatürliche Kälte in das Wasser bringt, also daß solch Wasser darüber auch sein natürliche Eygenschafft die Flüssigkeit verliehren soll und *actu* nicht feucht, sondern trucken wirdt?

Oder wil *D. Feselius* lieber bekennen, daß auch die so hart anziehende Windt noch nicht allerdings ohne Wärme, sondern nur kälter seyen dann das Wasser? Er sage nun eins oder das ander, so kann mein *Saturnus* darneben hinhotten, also daß entweder auß seinem *minus* oder *carentia* in der Wärmung ein gantze völlige *positiva qualitas frigoris* und Kälte werde oder daß er noch alle weil dieses *minus* behalte und dannoch kalt mache bey denen *Creaturen,* die noch wärmer seyndt als er.

129. F 1. *D. Feselius* kömpt weytter und sagt, aller Planeten Liecht sey von der Sonnen und sey derowegen einerley, hab keine verschiedene Qualiteten.

Antwort: ob alles Liecht von der Sonnen außfliesse, ist ungewiß von den Sternen. Bey uns auff Erden gibt das Feuwer und die Katzen Augen auch ihr Liecht und haben es nicht von der Sonnen, *Optice* darvon zu reden. Dergleichen kans mit den Sternen auch zugehen. Dann *D. Feselius* stellet sich zwar, als wölle er der *Astronomorum* Eynreden alle beyde widerlegen, nimbt sich aber nur umb eine an, und das auch nicht nach Nohtdurfft.

Ich frage, wann *Martis* und *Veneris* Liecht von der Sonnen kömpt, warumb sieht man sie so starck *in coniunctione cum Sole* oder nahent darbey? *Venerem* hat *Braheus Anno 1582 in ipsissima coniunctione cum Sole secundum longitudinem* gesehen, da doch *Venus* zwischen der Sonnen und zwischen der Erden gestanden, da man doch deß Mondts, der so viel grösser scheinet als *Venus,* einen Tag oder zween erwarten muß, bis er von der Sonnen herfür kömpt, ehe dann man ihn sieht.

Also frage ich auch, warumb die *Fix*sternen nicht verfinstert werden vom *Saturno;* dann *Saturnus,* sagt *D. Feselius,* hat selber kein Liecht, so folget, daß er mit dem halben theil von der Sonnen uber sich finster seye und einen Schatten mache, welcher wol hundertmal grösser dann der Schatten von dem Erdtboden, und wann der *Saturnus* drey *scrupula in diametro* hette, so were er nach *Copernici Astronomia* so groß als die Sonne und würde demnach seinen Schatten nicht zu spitzen, sondern biß an die *fixas* werffen, wie dann die *fixae* gleich uber *Saturno* stehen sollen, wann *Ptolomaeus* wahr hat.

Wann aber schon die Sterne all ihr Liecht von der Sonnen hetten, so würde drumb nicht folgen, daß solches Liecht in der Planeten Cörpern also unvermählicht behalten und in ihren eygenen *corporibus* nicht tingiret werden solte. Dann der Sonnen Liecht ist hie auff Erden auch einerley, tingiret und färbet sich aber in allen *superficiebus* und nimbt solche Farben an sich, wie es die findet, führet sie auch mit ihme darvon in eines jeden zusehenden Menschen Augen und an alle *superficies luce secunda illustratas*.

Ob aber nur allein diß Liecht oder auch sonsten ein Ausfluß auß den *corporibus stellarum* ihre *qualitates* zu uns herunter bringe, darvon ist droben *num*. 29.

Bleibt also darbey, daß die Farben und Eygenschafften der Planeten *a posteriori* gar wol, die müglichkeit aber *a priori* gleichsfalls ziemlich erwiesen werden köndte, und mit den Farben die Sach so richtig, daß man gar wol drauff als ein gewisse Sache zu bauwen habe, so viel darauff zu bauwen ist. Darmit dann der vierdte Theil von *D. Feselii* Schrifft erleutert ist.

Das V. Argument

130. Es macht sich nun *D. Feselius* fürs fünffte wider die Experientz, welche die *Astrologi* für sich allegiren und anziehen, und mantenirt auß *Cicerone* das Widerspiel, daß die Calendermacher fehlen, welches er mit dem Exempel deß hochlöblichen Keysers *Maximiliani II.* bestättiget.

Nun habe ich die erfahrung der *Astrologorum* in meiner Antwort auff *D. Röslini discurs* auch etlicher massen in zweiffel gezogen und möchte derowegen mich hie schlecht hinweg *D. Feselio* an die Seitten stellen, wann es mir nicht umb meinen *Tertium*, das ist umb die *Philosophiam*, umb *Meteorologiam* und *Psychologiam* zu thun were.

Wahr ist es, wer da wil das Calenderschreiben, wie es jetzo im Schwang gehet, und alle die *principia*, darauff ein solcher Calender gebauwet ist, durch die tägliche erfahrung und durch das zutreffen, so die Calender thun, probiren und erweisen, der richtet nichts, hauwet sich vielmehr zum Widerspiel selbst in die Backen und, so es wolgeräht, so bestehet er, als der das künfftige Gewitter mit Würffeln daher spielet. Ursach: die Calenderschreiber haben in gemein gar viel falsche *principia* und wenig warhafftige Natürliche.

131. 2. Die jenige natürliche *principia*, die einem *Astrologo* müglich vorzusehen, seynd nicht allein die einige Ursach zum Gewitter. Dann es scheinet, als hab der Erdtboden innerhalb seine Dicke nicht anderst als wie ein Mensch innerhalb seines Leibs *in visceribus et vasis* seine besondere abwechselung mit der *materia*, das ist mit Feuchte und Dürre, und gleichsam seine Kranckheiten, daß er bißweilen mehr, bißweilen weniger oder gar nicht schwitzen und außdämpffen mag, Gott gebe, sein Geistische Natur werde angetrieben, wie sie immer wölle, (Dann obschon gesetzt wirdt, daß etliche Planeten befeuchtigen, versteht es sich doch nicht, daß sie vom Himmel herab Wasser zu giessen, sondern nur von der Zubereytung deren Matery, die sie im Boden finden) oder dämpffet wol auff, aber eine schwebelichte Matery, die nur einen glantzenden Rauch verursachet, Mag bißweilen nichts als Windt verursachen, bißweilen aber ist sie so voller Feuchtigkeit, an einem Ort mehr dann an dem andern, daß ein leichter Aspect sein mag, der sie zu Regen oder Schnee verursachet.

132. 3. Derohalben so verschneiden sich auch die *Astrologi* darinnen, daß sie das Wetter *specificirn*. Dann ob wol nit, ohn daß etwa zween Planeten vor andern zweyen mehr zu Windt oder sonst einem *special* Gewitter Ursach geben, so gehets doch zu wie *in Medicina*, da zwar auch die *folia senae* auff den *humorem Melancholicum* gerichtet, aber gemeinglich alle *humores* mit einander gerühret werden. Also auch hie ist Regen und Windt, kalt und warm sehr nahe aneinander knüpfft. Dann gesetzt, ich sehe, daß ein Windt gehen werde. Ist es im Sommer, so kan es auch schön dabey bleiben und die Lufft weiß und die Sonne bleych scheinen. Were es aber im December, da es in den Thälern bey stillem Wetter gern trüb und dämpffig ist, so wird dieser Windt den Himmel reynigen und schön, doch die Sterne groß scheinen machen. Gehet er auß einem andern Ort, so macht er unbeständigen Sonnenschein und Aprilenwetter, kömpt er von Westen, so bringt er gar Regen oder auch Schnee. Lege aber

etwa in hohen Gebürgen weyt und breyt ein Schnee, so möchte dieser Windt, ob es schon bey uns nicht Schnee hette, dannoch ein starcke Gefröhr verursachen.

133. 4. Dieser Fehl ist nicht allein bey den *Astrologis*, sondern auch bey denen, die einen Calender lesen, und bey *D. Feselio* so groß, daß ich mich nun füro wider ihn legen muß, meinem *Tertio* sein recht zu erhalten. Dann weil die *Astrologi* keine besondere Spraach haben, sondern die Wort bey dem gemeinen Mann entlehnen müssen, so wil der gemeine Mann sie nicht anderst verstehen, dann wie er gewohnet, weiß nichts von den *abstractionibus generalium*, siehet nur auff die *concreta*, lobt offt einen Calender in einem zutreffenden Fall, auff welchen der *author* nie gedacht, und schilt hingegen auff ihn, wann das Wetter nicht kömpt, wie er ihms eyngebildet, so doch etwa der Calender in seiner müglichen Generalitet gar wol zugetroffen. Welcher verdruß mich verursachet, daß ich endtlich hab auffhören, Calender zuschreiben.

In Summa, es gehet wie bey den *Philosophis Platonicis* mit den *sensibus* und *mente*, wann der Herr im Hauß ein Narr ist und nicht selber besser weiß, wie er eine ansage verstehen und auffnemen solle, so kan ihme kein Bott recht thun oder gnugsame nachrichtung bringen; dann der Bott selber, der *sensus*, ist viel zu grob und unverständig hierzu.

Und was stellet sich *D. Feselius* lang so seltzam, da ihm doch trückenlich wol bewust, daß es mit der *Experientia in Medicina* eben also zugehet. Da kömpt ein *Empiricus*, gibt einen Mithridat oder etwas dergleichen für alle Gebrechen, rühmet sich mit vielen Brieffen und Siegeln, wie er diesem und jenem damit von seiner Kranckheit geholffen habe. Wann man ihme nachzufragen weil hette, so würde sich finden, daß er wol zehenmal so viel darmit umbgebracht hette, welches alles er, mit Brieff und Siegeln zu bestättigen, nicht für ein Nothdurfft geachtet. Diese falsche Experientz hindan gesetzt, so bleibt gleichwol der Mithridat bey seinen Ehren und beruffen sich die *Medici* nichts desto weniger auch auff die Experientz, aber auff ein vernünfftige, bescheidnere, vorsichtigere Experientz, dann der gemeine Mann haben kan.

Hingegen wölle *D. Feselius* bedencken, wie offt es ihme begegnet, daß er mit seinem vernünfftigen Rath und heylsamen Artzeneyen bey den Patienten nach gestalt der Sachen viel nutzen geschaffet und dannoch diesen Danck verdienet, daß er drüber außgescholten, beschreyet und verkleinert worden, daß er nicht allein nicht helffen können, sondern auch das ubel ärger gemacht und alles das verursachet haben müssen, was etwa die ubermannete Natur oder das unordentliche Leben deß Patienten gethan hat.

Wann ich da auff die Klagen deß ungelehrten Pöfels, der von keiner Discretion nichts weiß, gehen wolte, meynte nicht *D. Feselius,* ich köndte ihm seine *Medicinam* eben so leichtlich umbkehren und verdächtig machen, als leicht er jetzo mit anmassung solcher Idiotischen Indiscretion den *Astrologis* die *experientiam aspectuum* benemmen und zu nicht machen kan.

F 2. Dann ich warlich in seinen Einreden, die er hie wider etlicher Jahr *prognostica* führet, nichts finde, das ein Philosophischer Kopff mit Ehren und Reputation fürbringen kan. Welches ich nit zu Beschützung derselben *prognosticorum,* sondern allein zur verweisung eines solchen liederlichen Eynwurffs gemeynt haben wil, welcher von einem jeden Bauwern fürgebracht werden köndte, ohne noht, daß ein *Philosophus* den Kopff drüber zerbreche und ein Buch darvon schreibe.

134. Belangent den *Aphorismum,* daß *coniunctio Saturni et Solis in Capricorno et Aquario* grosse Kälte verursachen solle, darauff die *Astrologi* sich verlassen und drüber, wie *D. Feselius* saget, heßlich stecken bleiben, da wil ich *D. Feselio* einen gantzen Philosophischen Proceß darauß machen. Erstlich setze ich die Witterung dieser Conjunction neben einander, so weyt meine *observationes* gelangen.

Anno 1592 9. Julij *Stylo novo, in cancro* hab ich noch nicht angefangen auffzumercken. Allein schreibet *Chytraeus,* daß der gantze Sommer sonderlich umb dieselbige zeit kalt und winterig gewest.

Anno 1593 24. Julij, *in principio Leonis.* Da ward ein grosse Confusion von Aspecten. Dann *Sol, Venus, Saturnus* waren conjungirt, *Mars in sextili Jovis et ultra, Mercurius ab opposito Jovis decurrebat ad Trinum Martis.* Den 20., 21., 22. viel Regen, Hagel, unstätt. Den 23. wülckig, den 24. Nebel ein Tag oder vier nacheinander und trüb, warm drauff. Diß zu Tübingen.

Anno 1594 7./8. August da hat es den 9. viel geregnet umb Raab, meine Verzeichnuß hab ich verlohren auff diß Jahr.

Anno 1595 21., 25. August, *in fine Leonis* zu Grätz in Steurmarck. Donner die gantze Nacht, Wurff, Hagelstein, ein Tag vor und nach schwülig Wetter, Gewülck.

Anno 1596 4. Sept. *in Virgine,* kalter Regen.

Anno 1597 18. Septembris. Abermal ein grosse Confusion von Aspecten: Da *Saturnus, Sol, Mercurius* drey *coniunctiones* gemacht und alle drey *in quadrato Martis* gelauffen. Da erhebte sich nach etlicher Täge Regenwetter den 13. ein sehr kalte Lufft, ward 14., 15., 16. kalt und trüb, 17. etwas wärmer, sprentzete offt, 18. kalte Regenlufft, Sonn bleych, 19. schön, 20. wider Aprilen Wetter den gantzen Tag, &c.

Anno 1598, 1. Octobr. *in Libra.* Es regnete starck, auch gantzer acht Tag lang vorher, dann zumal auch ein *coniunctio Martis et Mercurii* sampt einem langweiligen *sextili Martis et Veneris* gewest.

Anno 1599, 13./14. Octob. *in fine librae.* Den 12. Regen, kalt. Den 13. trüb, kalt, den 14. kalt, Sonnenschein. Von der zeit an hat Sonn und Mond roht geschienen durch ein feyste, rauchechte, nidere Matery also, daß auch die hohe Bergspitzen drüber außgangen als uber einen Nebel. Diß ward ein *general constitution.*

Anno 1600, den 24./25. Octobr. *in principio Scorpionis,* zu Praag. Den 24. Regen, Sonnenschein. Den 25. kalter Windt, gefroren, die Gefröhr wehrete biß fast zu Endt deß Monats.

Anno 1601, den 5./6. Novemb. *coniunctio Saturni, Solis et Mercurii,* den 1. winter kalt, 2. windt starck, 3., 4. schnee, 5., 6. regen.

Anno 1602, den 17. Novemb. *in fine Scorpionis.* 16. Nebel, trüb, 17. Nebel, kalt, schön drauff, 18. Winter kalt, schön, wegen eines kalten Windts.

Anno 1603, den 29. Novemb. *in sagittario,* da ist *Sol a Jove ad Saturnum* gelauffen, *Venere praesente.* Da es biß 27. lindt gewest, hat sich ein Windt erhoben; 28. zugefroren, von einem Sudost. Nachmittag wider getauwet, den 29. wards wider gefroren, windet und regnet Abends, den 30. *in simili.*

Anno 1604, den 8./9. Decemb.; den 7., 8., 9. kalte Lufft, bracht Gefröhr. Wardt zumal ein *sextilis Jovis et Veneris,* darumb es den 10./11. auffentlehnet mit Nebel.

Anno 1605, 20./21. Decemb. *in fine sagittarii.* Den 19., 20., 21., 22. gabe es kalte Lufft, starcke Gefröhr und schön Wetter. Vor und nach *propter aspectus Mercurii* ward es lindt und naß.

Anno 1606, letzten Decemb., und Anno 1607, 1. Januar, *in Capricorni principio, coniunctio Saturni et Solis, utriusque in sextili Martis.* Den 30./31. Decemb. starck geregnet, 1., 2. Januar Schnee und Regen starck.

Anno 1608, den 12. Januar, noch ein grössere *confusio aspec-*

tuum; dann *Saturnus, Sol, Mercurius in sextili Martis* gelauffen. Den 11. hat es nach einer langen Kälte anfahen zu dauwen, Kißbonen geworffen, West geben, 12., 13. die Wände außgeschlagen, starcker West, Schneelin.

Anno 1609, 22./23. Janu. *in principio Aquarii,* hatte vor ihme einen *trinum Jovis Mercurii,* nach ihme einen *semisextum Saturni et Veneris.* Den 19. Regen, 20. trüeb, kälter, 21. gefrohren Schnee, 22. Schnee, kalt, 23. kalte Lufft, schön, 24. auffentlehnt, Regen.

Auß dieser Induction vermercket man, daß dieser Conjunction Wirckung eben so wol *general* und zum wenigsten der Natur Ursach gebe, die Lüffte auffzutreiben, die machen im Winter den Himmel reyn, bringen Gefröhr; ist der Erdtboden, daher der Windt gehet, etwas feuchter, so mag auch Schnee darauß werden; im Sommer oder auch in linden Wintern bringt sie gar Regen, sonderlich wann ihr durch andere *aspecte* unter die Arm gegrieffen wirdt.

Wann dann dem also, so gehet nun ein *Philosophus* weyter, trachtet den Ursachen nach, warumb die *Astrologi* einen solchen kalten *Aphorismum* von dieser Coniunction geschrieben. Da findet sichs, daß sie auff die Außtheilung der zwölff Zeichen unter die Planeten gesehen. Dann *Capricornus* und *Aquarius* sollen *Saturno* unterworffen und sampt ihm kalter Natur seyn. Weil aber diese außtheilung Fabelwerck, so kans nicht anders seyn: der *Aphorismus* muß fehlen und treffen, wie sonst alle andere ertichtete Lösselkünsten.

Die Practicanten machen hernach ubel ärger, wöllen kurtzumb auß dem Eyntritt der Sonnen oder *coniunctione Solis et Lunae* im Steinbock, welches in einem Augenblick geschiehet, uber das gantze Quartal urtheilen, da doch ein jede Zeit ihre eygene mehrere oder wenige *aspecte* hat.

Zugeschweigen, daß *Saturni* Aspect nicht allein Meister, ja alle *aspecte* sämptlich uber das Gewitter nicht allein herrschen.

So seynd auch die *coniunctiones* nicht die stärckeste unter den *aspectibus,* sie seyen dann *corporales.* Sonsten, wann *Saturnus* in der Wag oder Wider laufft, steht er weyt beseytz und macht einen unvollkommenen Aspect.

135. Daß der Winter von Anfang deß 1608. so hart und streng gewest, daran ist nicht der Himmel allein schuldig. Dann weil es den vorgehenden Winter lindt gewest und wenig Schnee geworffen, daß also die Erde sich nicht recht außgelehrt, so hat es jetzo deß Schnees an Orten, da er pflegt zu bleiben, desto mehr geworffen. Das wirdt innerhalb deß Erdtbodens seine verborgene Ursachen haben: Auß vielem behärrlichen Schnee kommen viel Winde, die machen beharrliche Gefröhr, sonderlich wann Schnee auff vielen Gebürgen umb und umbliegt.

Also lesen wir, daß Anno 1186 gar kein Winter gewest, im Jan. die Weinreben außgeschlagen, im August der Wein gantz und gar zeitig worden, Hingegen ist im folgenden Jahr 1187 ein doppelter Winter gefolgt, der die Bäume und Rebwerck in grundt verderbt.

Also sihet man, wann es früh kalt wirdt und ein lindter Winter folgt, daß es hernach gern auch spaate Kälte gibt. Als ob die Kälte einer gewissen maaß *materialiter* außgemessen und sich von einer unnatürlichen Wärme wie das Wasser im Bach durch einen grossen Stein von einander theilen und halb hinder sich, halb für sich schalten liesse.

Die Wärme Anno 1606 im Decembr. hat gleichsfalls ihre verborgene Ursach in dem Erdtboden gehabt. Dann auch der Sommer zuvor feucht und ungesundt gewest, daher ein Sterben gefolgt. Dann wann es viel von unten auff dauwet, da ist es unnatürlich warm, dann nicht allein die Sonne wärme gibt, sondern auch die Erde in ihr selber eine Wärme hat (wie *Abrahamus Scultetus* in seinem Sermon wider die Sternguckerey recht erinnert), ohne welche Wärme nicht müglich ist, daß ein *materia aquosa* in die Höhe gehe. Dann wann diese Wärme nachlässet, dadurch eine solche *materia* hinauff kommen, so gehet sie tropffen oder flockenweiß zusammen und fället wider unter sich.

136. *Cardanus* mag den *Aphorismum* etwa *Anno 1548* geschrieben haben und nur auff ein Jahr, und zwar *totaliter* darauff gesehen, wie jetzo von den *Astrologis* geklagt worden. Er ist in *Astrologia* nit der beste, so anderst ein Mahl unter solchen Scribenten; wie gut er in *Medicina* sey, mag *D. Feselius* urtheilen. Wann er einer Sach mit Fleiß nachtrachten wöllen, glaub ich wol, daß er ein *divinum ingenium* möge gehabt haben. Er steckt aber so voller unbesunnener eynfälle, daß nicht müglich ist, er dem hundersten Theil mit gebührendem Fleiß nachgetrachtet habe.

Man siehet offt in seinen *Aphorismis*, daß er sie auß einem einigen Exempel daher schreibe, welches er fein nechst darbey oder nit weyt darvon setzt.

In Summa, er hat seinen Eynfällen getrauwet, als weren es

oracula, und hierzu sich seines erlangten Ruffs und der Leute Unwissenheit mißbrauchet, sonderlich die Teutsche vergaffte *ingenia* mit Fleiß gevexiret.

137. Was *Feselius* umb vexirens willen hie schreibt, die nachkommen werden nun füro sagen müssen, daß *Saturnus* die Wärme stärckt auch im Winter. Das ist in seiner maaß mein gäntzliche meynung schon längst, ehe dann er geschrieben. Dann wie erst gemeldet, so ist nicht müglich, daß etwas auß dem Erdtboden uber sich dämpffe ohn eine Erwärmung. Weil dann auch *Saturni aspectus* die Natur verursachet, Windt oder Nebel außzuschwitzen, so verursachet er je (Gott gebe, er an ihme selbst sey warm oder kalt) diese niedere Welt zu einer Wärme, wann schon hernach der außgebrochene Windt mit Hülff der Landtsgelegenheit die schärpffeste Kälte bringet.

138. Daß kein *Astrologus* mit grundt von einem gantzen Quartal deß Jahrs urtheilen könne auß einem einigen Anblick deß Himmels, ist jetzo gemeldet, Wie auch, daß man vergeblich auff ein viertheil den 18./28. Novemb. 1608 oder Volmondt den 11./21. Martii 1609 sehe, weil diese *aspecte* in der Witterung wenig thuen.

Und hat es zwar auch zu Praag den 3., 4., 5., 6., 7., 8. Januarii deß 1609. viel Regen gegeben. Die Ursach der auffdämpffung ist gewest *quadratus Martis et Mercurii,* den 3. *semisextus Saturni et Mercurii,* ungefährlich den 5. *Mercurii statio,* den 6. *circiter, semisextus Martis et Jovis* den 8.

Im Martio von 1./11. biß 10./20. ists zu Prag kalt und trucken gewest, den 20. bey dem *triangulo Saturni et Veneris* hat es genetzet, so auch den 21., 22. Windt und Regelin bey dem *semisexto Jovis Mercurii.* Darauff ists auch hie schöner Frühling worden, weil kein Aspect mehr gefolget ausser allein die *coniunctio Jovis et Veneris* auff den 16./26. neben einem schnell fürpassirenden *quintili Saturni et Mercurii.* Haben also die *aspecte* wol Haußgehalten.

Die viel Kranckheiten aber wil ich nicht in Abrede seyn, daß sie vom Gewitter oder vielmehr mit sampt dem Gewitter auß dem Erdtboden herfür kommen, wann derselbige, wie im gedachten Winter geschehen, mit herfürgebung vieler Feuchtigkeit ein Ubermaß thut.

Vom 19. Februar oder 1. Mart. ist droben *num.* 75. meldung geschehen, daß es starck gewittert; daß es nun drauff etwas kalt worden, gib ich die Ursach, daß es bey dieser starcken Witterung anderer Orten einen Schnee gelegt, daher bey uns kalter Windt worden. Es hat aber auch allhie drunter geschnyen in den nachfolgenden Tägen wegen eines *quintilis Saturni et Veneris*.

Den 24. Februar oder 6. Mart. ist zu Prag gleichsfalls das Wetter lindt worden, hat Nachts geschnien, den 7. warm und der Schnee ab. Den 8., 9. Regen, ungestümb; dann dieser Tagen gewest ein langsamer *semisextus Veneris et Mercurii*. Diesen Aspect kennen die *Astrologi* noch nicht, ist ihnen derhalben zu verzeihen, daß sie ihn ubergehen.

Ich zweiffel aber sehr, ob *D. Feselius* das Wetter vom 11./21. Martii biß 26. oder 5. April recht auffgeschrieben; dann es allhie den 31. Mart. Windt, den 1. April Regen und in der Nacht Schnee gegeben, recht Aprillen Wetter, *propter sextilem Saturni et Solis die 31. et semisextum Martis et Mercurii die 1. Aprilis*. Hernach ist es beständig schön, aber kalt geblieben; dann es wirdt 1. Aprilis in hohen Gebürgen noch einen beharrlichen Schnee geworffen haben, dahero es nachfolgende Täge bey uns kalte Windt gegeben.

139. Daß die Pestilentz nicht auß dem Gestirn komme anderst dann, so fern das Gestirn dem Erdtboden zur Geburt vieler Dämpffe verhilfft (da unterweilen die schwefelichte Grundtsuppen in aller tieffesten Abgrundt gereuttet wirdt), Das gib ich *D. Feselio* gern zu, hab es auch vor zehen Jahren selber defendirt in meinen *Prognosticis*. Mag derohalben *D. Cratonis* Urtheil von der *Astrologia,* dieses Punctens halben verursachet in maaß und ziel, wie abgehandelt, wol leyden.

Cardanus hat droben seinen Bescheidt bekommen. Ein schlechter *observator siderum* muß er gewest seyn, wann er den *Prutenicis tabulis* so viel getrauwet, die doch auff 1., 2., 3., 4. und fast 5. Gradt bißweilen verfehlen können. So ist *num.* 40. gemeldet, daß es die Wirckung der *aspecte* nichts angehe, es sey so oder so mit deß Himmels läuffen selbsten gestaltet.

Und lobe ihn gleichwol, daß er seinen Patienten von der *Astrologia* abgewiesen, der ihn gleichsam als ein *oraculum* von seiner Gesundtheit gefragt.

Doch möchte derselbige Patient entschüldiget werden, daß er gemeynet, es gehe natürlich zu, also daß man auch hülffe von den Sternen wie von *medicamentis* haben möge.

140. Wann dann nun also meinem *Tertio* sein *ius* begehrter massen unangefochten verbleibt und die *praedictiones generalium* der *Philosophiae* heymgewiesen werden, Dann so bin ich willig, mit *Phavorino* und *Feselio* den gehörnten *syllogismum* auff zu setzen und wider den Fürwitz künfftige *specialia*, so eines jeden eygenes Leben betreffen, zu erforschen, einen Anlauff zu thun, daß nemlich ein verständiger Mensch ihme solches, es sey gutes oder böses vorzuwissen, Verdruß und Gefahr zu verhüten, keins wegs begehren soll; und mit *Lipsio* zu erinnern, daß die *Astrologi* dergleichen auch nicht wissen oder vorsagen können außgenommen, was sich etwan durch einen gerahtwol schicket oder der Teuffel auß verhengnuß Gottes eyngibt; Endtlich mit *Mecaenate* zu sprechen, daß solche Astrologen, die einen Ruff haben und von grossen Dingen sich unterwinden *specialia* wahrzusagen, keines wegs in einem Regiment, das nur ein einig höchstes Haupt hat, geduldet werden sollen – auß Ursach, daß, ob sie wol ihrer Fehlschlüsse halben gnugsam bekandt, so lassen sich doch etliche nach Hochheit strebende Personen durch ein Stück oder zwey, so ein solcher *Astrologus* wahr saget, verblenden und zu neuwerungen verursachen, dadurch ein gantzes Reich in eine Confusion gesetzt werden mag.

Wil schließlich Herrn *D. Philippum* als *Medicinae* und *Philosophiae Doctorem* gantz fleissig und vertrewlich gebetten haben, Er wölle diesen meinen Philosophischen *Discurs* von mir im besten an und auffnemmen und sich nicht verdriessen lassen, daß durch anziehung seines Namens und Büchlins die Warheit *in rebus Philosophicis* (die ihme sonst seiner Profession halben handt zuhaben und zu ergründen gebühret) zu der Ehr Gottes deß Schöpffers und zur besserung deß menschlichen Geschlechts allem meinem Wundsch und Begehren nach erleutert und an Tag gebracht werden solle.

Ende.

Glossar

(Verzeichnis lateinischer und ungebräuchlicher Wörter)

accessio: Verschlimmerung, Zuwachs
actio: Wirkung
actu: in Wirklichkeit, tatsächlich
ad: auf etwas zu, bis
adaequirn: gleichmachen
aequinoctia: Tag-und-Nacht-Gleichen
aequivocus: bloß gleichlautend
Affection: Neigung
affectionirn: beeinflussen, einwirken
afficirn: beeinflussen
allegirn: anführen
alterirn: verändern
alteritas: Unterschied, Andersheit
ἀνάρμοστος (anharmostos): unharmonisch
anima: Seele
animalis (facultas): seelisch(es Vermögen)
anticipatio: Vorwegnahme
antidotum: Gegengift
aquarius: Wassermann
arcanum: Geheimnis
ascendens: Aszendent (aufsteigender Grad, aufsteigendes Tierzeichen der Ekliptik)
aspectus: Aspekt
astrolatria: Sterndienst
astrum, astra: Gestirn(e)
atra bilis: schwarze Galle
attenuatio: Verdünnung
aufentlehnen: auftauen

Baderköpfflin: Schröpfkopf
biquintilis: Aspekt unter 144°
blockecht: klotzig, plump
blöd: schwach, kraftlos
bößlich: mühsam, knapp

caeteris paribus: entsprechend
calor: Wärme
cancer: Krebs
caput: Kapitel
Casisten: Kasuisten
catalogus: Meßkatalog, Katalog der Buchmesse
causa: Ursache
causa impulsiva: Antrieb

causa remota: entlegene, nicht direkte Ursache
causa sine qua non: Ursache, ohne die nichts geschieht, Voraussetzung
cautio: Absicherung
cholera: Galle
chronici morbi: chronische, epidemische (jahreszeitbedingte) Krankheiten
circulus: Kreis, Kreisbahn
coelestis: himmlisch
coelum: Himmel
commotio: Zusammentreffen
concordantia: Übereinstimmung, Harmonie
confundirn: verwirren
coniectura: Vermutung
coniugium: Ehe, Heirat
coniunctio: Konjunktion
consequenter: folglich
consideratio: Betrachtung
constitutio: Lage
contactus Physicus: physische (direkte) Berührung
contagium: Ansteckung, Kontakt
contingens: Zufälligkeit
contra, contrarius: entgegengesetzt, umgekehrt
contrarietas: Gegensatz
corpus (corporis): Körper(s)
crisis (Medica), criseos: die (der) Krise einer Krankheit
criticus (dies): kritisch(er Tag)
cum: mit

D.: Doktor
de: über
decisiva sententia: Entscheidungsurteil
defendirn: verteidigen
demonstratio: Beweis
densior: dichter
densitas: Dichte
dependirn: abhängen
derogirn: abschaffen
descendirn: hinabsteigen
destruirn: vernichten, aufheben
diameter: Durchmesser
dies critici: kritische Tage
directio, Direction: Lehre von den Ein-

prägungen der Gestirnsstrahlen während der Geburt und daraus folgende Vorhersagen, bei denen die Konstellationen der Tage nach der Geburt die entsprechenden Lebensjahre bestimmen (dirigiern); sieh Thesen 41 und 66
Discretion: Besonnenheit, Zurückhaltung
discurrirn: erkunden, verhandeln; ableiten
disparata: verschieden
dispositio: Anordnung, Zustand
Distinction: Unterschied
doctrina: Lehre
dogmata ecclesiae: Lehren der Kirche
domicilium: Wohnstatt
dominatio: Herrschaft, Beherrschung
domus: Haus (astrologisch)

ergo: also
et: und
ex: aus
exceptio: Ausnahme
exemplum, exempla: Beispiel(e)
existimatio: Beurteilung, Meinung
expandirn: ausbreiten
expansum: Raum, Bereich
experientia, experimentatio, experimentum: Erfahrung
experimentator: Empiriker
extraordinarius, extra ordinem: ungewöhnlich, außer der Reihe

facultas: Fähigkeit, Vermögen; Disziplin
Fall: Sündenfall
favor: Gunst, in favorem: zu Gunsten
figura: Figur; Horoskop
figura regularis: reguläre, regelmäßige Figur (mit gleichen Seiten)
finis: Zweck, Ziel; Ende
focus: Brennpunkt
fomes: Zündstoff
forma: Form, Wesen, Seele, wesentliche Eigenschaften (Formbegriff der aristotelischen Physik)
frigor: Kälte
futura contingentia: Zukünftige Ereignisse, Zufälligkeiten

Gegenschein: Opposition
gellen: abprallen
generalia: Allgemeines
generalis: allgemein
genesis: Entstehen
genethliacus: die Geburt betreffend, Nativitäts-
genus vitae: Lebensart
geomantia: Wahrsagen aus unwillkürlichen Spuren im Sand

gereutten: bereiten
Gezirck: Bezirk, Gegend, Stelle
Grindt: (Dick-)Kopf
gubernirn: lenken

habilitirn: zusammenfügen
hinhotten: nebenhergehen
hortus Veneris: Venusgarten, Liebesgarten
humor(es): Saft (Säfte); Feuchtigkeit

Idiot: Laie
ἰδιοτροπία (idiotropia): Eigentümlichkeit
illatio: Folgerung, Folgeerscheinung
immateriata: unstofflich
immediate: unmittelbar
impellirn: antreiben
in genere: allgemein
in parte: teilweise; einzeln; im Einzelnen
in specie: speziell
in toto: gänzlich
inclinatio(n): Neigung, Begabung
indiscriminatim: unvorsichtig, rücksichtslos
individui casus: Einzelfälle
individuum: Einzelwesen, Einzelheit
inductio: Schlußfolgerung vom Einzelnen auf das Allgemeine
influentiae: Einflüsse, Einwirkungen
Influenz: Einfluß
instantia: Fall
Intent: Absicht, Zweck
inventio: Erfindung, Entdeckung
item: ebenfalls
iudiciaria astrologia: vorhersagende Astrologie
iudicium: Vorhersage, Beurteilung

Jovis: des Jupiter

Kißbohnen: Graupel

Lain: Lawine
langweilig: lange andauernd
latitudo: Breite
Laüte: Leite, Abhang
leo: Löwe
libra: Waage
liquor: Flüssigkeit
liripipium: Schleuderarm
locus, loca: Ort (Örter, Stellen)
loco: am Orte
Lösselkunst: Orakelkunst
Luna: Mond
lusus: Spiel
lux, lucis: Licht(es)

Maceration: Auflösung
magia coelestis: Himmelsmagie
maleficia: Übeltat
maleficia Mathematica: astrologische Weißsagerei
maleficus: Übeltäter, Verbrecher
malignus: bösartig
manterirn: anführen, zitieren
materia, Matery: Stoff; Inhalt, Zusammenhang
meatus: Wege, Bahnen
medicina botanica: Heilkräuterkunde
medius: mittlerer, Mitte
mens: Geist, Vernunft
menstrüa: monatliche Blutung(en)
Mittag: Süden
Mittnacht: Norden
moderate: mäßig
modus: Art, Weise
motus: die (der) Bewegung
motus medius: mittlere Bewegung

naturalis: natürlich
negocium: Beschäftigung, Tätigkeit
nimbus: Wolke
nonangulum: Neuneck
notitia: Kenntnis, Bemerkung

obiectum: Vorliegendes, Gegenstand
observatio: Beobachtung
observieren: beobachten
Occident: Westen
octava(e) sphaera(e): die (der) achte(n) Sphäre
oculus: Auge
oppositio: Opposition
orbiculariter: kugelförmig
orbis: Kreis, Kugel; Kreisbahn
Orient: Osten

paroxysmus febrium: Anregung, Verschärfung der Fieberanfälle
particulare: besonders, einzeln
passio: Erleiden
Patres: Kirchenväter
per: durch, mittels
periaptum: Amulett
pericopa: Abschnitt
philosophice: philosophisch
philosophus sideralis: Astrologe
plackecht: klotzig, plump
plethora: Fülle, Sättigung
portus: Hafen
potentialiter: der Möglichkeit nach (i. Gs. zu actu)
praedicamentum: Aussageform, Kategorie

praedicirn: vorhersagen
praedictio: Vorhersage, Prognose
praesens: gegenwärtig
Praeservation: Vorsorge
Praesumption: Erwartung, Voraussage
praesupponirn: voraussetzen
praetendirt: vorliegend
princeps: erster, höchster
principium: Anfang; Prinzip
privatio: Fehlen
pro: (da)für
pro et contra: dafür und dagegen
probabiliter: annehmbar, wahrscheinlich
procedere: Vorgehen, Fortschritt
profectio: Ablauf, Abgang, Fortgang; Profection, eine der Direction entsprechende Vorstellung, bei der statt 1 Tag (1° Sonnenbewegung) 1 Monat (30° = 1 Tierzeichen) einem Jahr entspricht
Proposition: Behauptung
proprietas: Eigentümlichkeit
pulchritudo: Schönheit
Purgation: Abführen, Darmreinigung

quadrangulum: Quadrat
quadratus: Geviertschein
quaestio: Frage, Problem
qualitas: Qualität, Eigenschaft
Quartal: Jahreszeit
quinquangulum: Fünfeck
quintilis: Quintil, Gefünftschein
quoad: bis hin zu, hinsichtlich

radius: Strahl
raritas: Dünne
ratio: vernünftige Überlegung
ratiocinando: durch Berechnung Überlegung
ratiocinatio: Überlegung, Berechnung
receptio: Aufnahme
regula: Regel, Gesetz
regularis: regelmäßig, gleichseitig
remotus: indirekt
resolutio: Auflösung
retiformis tunica: Netzhaut
revolutio: Umlauf; Solar-Revolution (wird gestellt auf den Zeitpunkt, zu dem die Sonne denselben Ort wie zur Geburt einnimmt)

Sagittarius: Schütze
salaria: Honorar
schlims: schief
scientia: Wissenschaft
scientia animalis: seelisches, geistiges Vermögen

163

scientia siderum: Sternwissenschaft,
  Astronomie, Astrologie
secundario: in zweiter Linie, akzidentell
sensus: Sinne
septangulum: Siebeneck
sextilis: Gesechstschein
sideralis scientia = scientia siderum
sidus (siderum): (der) Gestirn(e)
signatura rerum: (Lehre von den)
  äußeren Zeichen der Dinge
similis: ähnlich
simplicia: einfache, Grund-Heilmittel
sine: ohne
sine tempore: zeitlos, instantan
sol: Sonne
Solennitet: Gepränge
solstitium: Sonnenwende
spacium: Raum
species immateriata, species: unstoffliche,
  nicht an Materie oder ein Medium
  gebundene Ausströhmung, Wirkung
  (vgl. Thesen 26 ff.)
speranza: Vorhersage
sphaera: Sphäre, Kugel (Kugelschale)
sphaera ignis: Feuersphäre, Sphäre des
  Elementarfeuers
statio: Stillstand
stella: Stern
studia: Untersuchungen, Studien
stylo novo, St. N.: nach neuem Stil (des
  Gregorianischen Kalenders)
stylo veteri: nach altem Stil (des Julia-
  nischen Kalenders)
superficies: Oberfläche
superstitio Chaldaica: chaldäischer
  Aberglaube
subjectum: Gegenstand

taxirn: prüfen
tempus, temporis: die (der) Zeit
tenebra: Dunkelheit

terminus: Grenze, Bestimmung, Umfang;
  Begriff
tingirn: färben
torquirn: sich drehen und wenden, sich
  abmühen
tractus: Gegend
transitus: Transit, Übergang des Planeten über wichtige Stellen des Geburts-
  horoskopes
triangulum: Dreieck
trinus: im Trigon, Gedrittschein
tropicus annus: tropisches Jahr (vom bis
  zum Frühlingspunkt)
trückenlich: trocken, ohne Umschweife
turbirn: in Unruhe versetzen
Tzippor schammajim: Vögel des Himmels
uberzwerch: quer
undecangulum: Elfeck
uniformis: gleichförmig, gleichbleibend
universalis: allgemein

vacuatio: Aderlaß
vegetabilia: Pflanzen
vehiculum: Gefährt (Übertragungs-
  medium)
vel: oder
Verstandt: Sinn
vexiern: foppen
vid(e): sieh
virgo: Jungfrau
virtus animalis: seelisches Vermögen
vis calfaciendi: Fähigkeit zu wärmen
vis humectandi: Fähigkeit zu befeuchten
visus: Sehen
vita plantae: pflanzliches Leben

widergellen: abprallen, brechen (des
  Lichtes)

Zodiacus: Tierkreis, Ekliptik
Zwerch: Schräge, Quere

Erläuterungen

(Längere lateinische Passagen werden in der Reihenfolge ihres Auftretens übertragen und kursiv gesetzt.)

TITELBLATT Zum Titel vgl. man die Einführung sowie Keplers Widmung. Das Motto ist der 1. Satire des Horaz entnommen (Sermones I 1, Verse 106 f.) und lautet in Übersetzung: »Es gibt ein rechtes Maß in den Dingen; es bestehen, kurz gesagt, bestimmte Grenzen, über die hinaus, diesseits und jenseits, nichts Rechtes bestehen kann.«

WIDMUNG Zur Widmung vgl. man die Einführung. – E. F. G(n). ist Abkürzung für: Euer Fürstliche(n) Gnaden. – »Dann ich diese und andere dergleichen Gegenschriften *betreffend die Beibehaltung oder Verwerfung der Astrologie* gleichsam für einen *gerichtlichen Akt* halte ...« – Zum Verbot der ›mathematici‹, wie die Astrologen (und Astronomen) wegen ihrer mathematischen Berechnungsmethoden in Antike und Mittelalter genannt wurden, vgl. man z. B. Codex Justinianus IX 18 (De maleficis et mathematicis et ceteris similibus); siehe weiterhin These 115. – Den Vorschlag, den Geistlichen das Verfassen von Prognostika zu verbieten, machte Keppler in der Schrift ›De stella nova serpentarii‹, Kapitel 30 (KGW I, 352, 28 f.). – Mit dem »Theologus« ist der Heidelberger Theologieprofessor Abraham Scultetus gemeint, dessen Schrift ›Warnung für der Warsagerey der Zäuberer und Sterngücker, verfast in zwoen Predigten, so über die letzte vier Versickel deß 47. Capitels deß Propheten Jesaiae gehalten‹ 1608 in Neustadt a. d. Haardt erschienen war. – Die Bulle ›Contra astrologos‹ erließ Sixtus V. im Jahre 1585; Martin Delrios (1551–1608) Buch ›Disquisitionum magicarum libri sex‹ war in Löwen in den Jahren 1599 und 1600 erschienen (von hier aus sind die 24 Jahre gerechnet). – »... *eine wachende Auffsicht darüber, daß Recht gegen das Urteil des Dritten entschieden wird oder daß das Recht des Dritten gewahrt bleibt, nämlich der Physik oder Psychologie,* in alle weg gebühren wil.«

REGISTER 28. »*Dort (wird) über das Wesen der Farben (gehandelt).*« – 39. »Widerlegung der Astrologischen *Vorhersage* über das Jahr und die *Jahreszeiten aus der Figur (Horoskop) des Eintritts der Sonne in die Haupttierkreiszeichen,* ...« – 41. »Die *Lehre der Direktionen* (Ausrichtungen) aber hat guten grundt, *sobald eine neue Art des Ausrichtens aus den gebräuchlichen eingerichtet worden ist.*« – 42. »*Dort: Die Seele ist ein qualitativer Punkt.*« – 56. ... »*in welcher Art und Reihenfolge er Ursache ist.*« – 58. »Was der Himmel in den Elementen und *folglich* auch in aller Menschen Geschäfften außrichte *durch die Berührung der unstofflichen Ausströmung des Lichtes und der Körper mit den Elementen.*«

THESE 1   Sprüche Salomons 16, 4. – Psalm 41, 2 (Vulgata: 40, 2): »Wohl dem, der sich des Dürftigen annimmt! *Den wird der Herr erretten zur bösen Zeit.*«

THESE 2   in actu generandi: »*beim Zeugungsakt*«. – »... nemlich *nach freiem Ermessen in Übereinstimmung mit dem Gesetze Gottes* dieser natürlichen Bewegungen sich hätte gebrauchen können.« – Augustinus: De civitate Dei (Gottesstaat), XIV 15–20.

THESE 3   Enkratiten sind die Anhänger einer gnostischen Sekte der Spätantike, die neben dem Genuß von Wein und Fleisch auch den Vollzug der Ehe verboten hatte.

THESE 7   ›De stella nova‹ KGW I 211, 6 f. – Die Astronomie ist tatsächlich in Babylon als Astrologie entstanden.

THESE 9   Zu Scultetus siehe die Anm. zur Widmung.

THESE 11   Cicero: De divinatione II 42 f.

THESE 12   »... die ... durch die langwierige Erfahrung *hinsichtlich einer gewissen allgemeinen Übereinstimmung* bezeuget werden ...« – Empirica und anilis (sc. Erfahrenheit): »*Altweibererfahrung*«.

THESE 14   Feselius hatte eingewendet: »Es were schier eben, alß wann ich ein jauchzer thäte und fiel einer darauff die stiegen ein, man mir wolte die Schuld geben, als hette ich ihne die stiegen eingeworffen.«

THESE 15   Sulpicius Gallus soll nach Titus Livius (›Ab urbe condita‹ XLIV 37) seine Soldaten auf eine bevorstehende Mondfinsternis aufmerksam gemacht haben, damit sie diese nicht als böses Wunderzeichen deuteten.

THESE 17   Nach Aristoteles ist die Welt in den Bereich von Mond ab aufwärts (supralunar) und in jenen vom Mond aus abwärts (sublunar) unterteilt. Nur in letzterem, dem der vier »irdischen« Elemente Erde, Wasser, Luft und Feuer, ist eine Wandlung und Mischung der Elemente möglich, und findet sie durch Einflußnahme letztlich der Gestirne und des Ersten Bewegers statt. Alle Körper auf der Erde, die »Elementarischen Körper«, bestehen aus einer solchen Mischung und sind veränderlich. Die Sphären des supralunaren Bereiches der Gestirne bestehen danach aus dem unveränderlichen Äther. Jedem Planeten wurden seit Ptolemaios (2 Jh. n. Chr.) mehrere solche Sphären zugewiesen, aus deren Kreisbewegungen die scheinbaren Bewegungen des betreffenden Planeten resultieren sollten. Im Mittelalter und im 16. Jahrhundert wurden im Anschluß an den arabischen Physiker Ibn al-Haitham diese Einzelsphären als fest und undurchdringlich angesehen. Diese Vorstellung war in den 1570iger Jahren von Tycho Brahe widerlegt worden, der sowohl die Veränderlichkeit als auch die Durchdringbarkeit jener Äthersphären (siehe zu These 49) aufwies, so daß sie nicht mehr als abgesonderte Sphären angesprochen werden konnten, der ganze Raum zwischen Erde und Fixsternsphäre (Himmel) vielmehr als von feinem Äther homogen erfüllt gedacht wurde. Vgl. auch These 48. – Feselius verwies auf Galenos: De diebus decretoriis III 2 f., und Jesus Sirach 43, 1–11.

THESE 18   Nach Aristoteles sind für jedes Ding und jeden Vorgang vier Ursachen erforderlich, die causa materialis (materia: Stoff), die causa formalis (forma: Form, Seele, Wesen), die causa efficiens oder movens (motor: Bewegungsursache, Anlaß, Motor) und die causa finalis (finis, griechisch telos: Zweck, Ziel). Die moderne Naturwissenschaft beschränkt ihre Kausalvorstellung seit Immanuel Kant im wesentlichen auf die causa movens, während das 17. und 18. Jahrhundert noch stark teleologisch dachte und argumentierte, also mit Aristoteles nach dem Sinn und Zweck eines Dinges oder Vorganges suchte: »Gott schafft nichts umsonst«, alles hat einen Zweck.

THESE 19   Der italienische Philosoph Giacomo Zabarella (1533–1589) lehnte irdischen Einfluß der himmlischen Lichter nach Feselius in den Büchern ›De calore coelesti‹; und ›De qualitatibus elementaribus‹ seines Werkes ›De rebus naturalibus libri XXX. Quibus quaestiones, quae ab Aristotelis interpretibus hodie tractari solent, accurate discutiuntur‹ (Padua 1589) ab.

THESE 20   Paulus: 1. Korintherbrief 15, 41: »Eine andere Klarheit hat die Sonne, eine andere Klarheit hat der Mond, eine andere Klarheit haben die Sterne; denn ein Stern übertrifft den andern an Klarheit.« – Kepler verweist hier mit »in Opticis« auf seine ›Ad Vitellionem paralipomena, quibus astronomiae pars optica traditur‹ (1604), Propositiones III und V (KGW II, 20 f.).

THESE 23   sed cum tempore: »aber innerhalb von Zeit«. – in orbem: »in den Umkreis«, kugelförmig.

THESE 25   Daß die Planeten nicht selbstleuchtend sind, war eine Folge der kopernikanischen Lehre, die insbesondere Giordano Bruno in seinem spekulativen Weltbild vertreten hatte. Auch Kepler vertrat später diese Überzeugung, wenn er sich hier und in Thesen 127/129 auch noch nicht festlegt, vielmehr der gegenteiligen Auffassung zuneigt. Der empirische Nachweis der Venusphasen gelang nämlich erstmals 1609 Galileo Galilei, wovon er in seinem ›Nuncius sidereus‹ (1610) berichtete, der später als der ›Tertius interveniens‹ erschien. Merkurphasen wurden tatsächlich erst 1644/45 von Johann Hevelius beobachtet; vgl. des Herausgebers Kommentar in H. Schimank (u. a.): Otto von Guerickes Neue (sog.) Magdeburger Versuche über den leeren Raum ... Düsseldorf: VDI-Verlag 1968, S. (239)b.

THESE 26   Zur Vorstellung der kugelförmigen Kraftausbreitung über den Raum hin, die erst nur für den Magneten in Analogie zur Lichtausbreitung bei William Gilbert im Jahre 1600 festere Formen annimmt – Kepler übernimmt sie von Gilbert –, vgl. man F. Krafft: Sphaera activitatis – orbis virtutis. Das Entstehen der Vorstellung von Zentralkräften. In: Sudhoffs Archiv 54 (1970), 113–140, – »... dann es ist *die species eines Körpers, nicht insofern er beweg-*

lich, sondern insofern er leuchtend ist.« – »Allhie sihestu deß *stofflichen Ausflusses unstoffliche Wirkung* [species].« – Kepler erwähnt des Giovanni Antonio Magini (1555–1617) Hohlspiegel bereits in einem Brief an Johann Georg Brengger vom 17.1.1605; dessen diesbezügliche Schrift ist erst 1611 erschienen. Vgl. Johann Baptista Porta: Magiae naturalis libri XX. Neapel 1589, Buch 17, Kap. 4 (S. 264). – »Ein species immateriata von dem Erdtboden, *und zwar in der Art seines Körpers geformt,* ist ...« – Mit dem »Buch de motu Martis« ist die ›Astronomia nova‹ gemeint; vgl. Thesen 57 ff.

These 27 Bezüglich der »Optica« siehe zu These 20; hier bes. KGW II, 57 ff. und 143 ff.

These 28 Die Entstehung des Regenbogens durch Brechung der Lichtstrahlen in Wassertropfen konnte erst nach der prismatischen Zerlegung des Lichtes durch Isaac Newton richtig erklärt werden; vgl. auch These 127.

These 29 Mit dem »Buch de Marte« ist wieder die ›Astronomia nova‹ gemeint.

These 30 Optica: KGW II, 203, 218, 220. – Kepler hatte noch in seinen »Optica« der allgemeinen, bereits auf Plutarchos zurückgehende Auffassung, daß die dunklen Flecken auf dem Mond tatsächlich Meere seien (noch heute werden sie deshalb so genannt), widersprochen und umgekehrt die hellen Stellen der Mondscheibe als Wasserflächen angesehen. In seiner noch im selben Jahr wie der ›Tertius interveniens‹ erschienenen ›Dissertatio cum nuncio sidereo‹ ließ er sich von Galilei überzeugen und schloß sich der indessen ›Nuncius sidereus‹ bekräftigten Meinung des Plutarchos an (vgl. KGW IV, 297 f.).

These 32 »... was die *Astrologen* von den *Qualitäten der Planeten bei ihrer Tätigkeit* fürgeben?« – Bezüglich der »forma« siehe zu These 18. – »Anfänglich will ich nicht darauff dringen, daß *das Eigentümliche einer Qualität* sey *der Gegensatz. Er möchte mir begegnen und sagen: Zwar ist jede Gegensätzlichkeit in einer Qualität, aber nicht jeder Zustand der Qualitäten läßt Gegensätzlichkeit zu.* – Jesus Sirach 33, 15.

Nach der Herausarbeitung der zwei Haupteigenschaftspaare (»principia«) der Gestirne (Sonne und Mond), der Gegensätze feucht/trocken und warm/kalt im Sinne der aristotelischen Qualitätenlehre, behandelt Kepler diese jetzt nicht als gegensätzliche Qualitäten (idem – aliud; das eine – das andere) – die, wie in der aristotelischen Elementenlehre (Erde: trocken, kalt; Wasser: feucht, kalt; Luft: feucht, warm; Feuer: trocken, warm), nur ein Viererpaar zuließen –, sondern als Quantitäten, die gemäß Aristoteles nur als relative, graduelle Größen (plus-minus; mehr-weniger) auftreten. Die konträren und relativen Gegensätze stellen allerdings beide jeweils ›alteritates‹ (Andersheiten) dar, nur sind bei den relativen Gegensätzen *drei* Verhältnisse oder Grade (»gradus«) möglich: mehr warm (»Überschuß«, »excessus«), mehr kalt oder weniger warm (»Abgang«, »defectus«), gleichwarm und -kalt (»Mittelmaaß«, »identitas quantitativa«, quantitative Gleichheit, »aequum«). Aus den beiden Eigenschaftspaaren sind somit zwei Eigenschaftstripel, 6 verschiedene Eigenschaften, entstanden, die in den nötigen »Proportz« (Verhältnis) zueinander gebracht werden müssen. Die Sonne ist nur warm, der Mond nur feucht, es bleiben dann 5 Möglichkeiten:

1. Überschuß an Wärme, Abgang an Feuchtigkeit (Mars);
2. Wärme und Feuchtigkeit im Mittelmaaß (Jupiter);
3. Abgang an Wärme, Überschuß an Feuchtigkeit (Saturn);
4. Überschuß an Wärme, Mittelmaaß an Feuchtigkeit; verhältnisgleich mit: Mittelmaaß an Wärme, Abgang an Feuchtigkeit (Merkur);
5. Mittelmaaß an Wärme, Überschuß an Feuchtigkeit; verhältnisgleich mit: Abgang an Wärme, Mittelmaaß an Feuchtigkeit (Venus).

»Du möchtest gedencken, der untern solten vier seyn: Ist aber nicht, *da zwischen Überschuß und Mittelmaaß dasselbe Verhältnis wie zwischen Mittelmaaß und Abgang (Mangel) besteht.*« Es lassen sich also genau fünf Verhältnispaare bilden, entsprechend den fünf Planeten. – Die quantitative Deutung gibt Kepler dann auch die Möglichkeit, die Fixsterne mit einigen Ausnahmen (siehe These 36) wegen ihrer geringen Leuchtkraft als unwirksam zu betrachten; vgl. auch These 43.

THESE 33 »... aber doch *Dr. Feselius* und allen *Anhängern des Hippokrates, Galenos und Aristoteles und den Scholastikern* in Behauptung ihrer zusammenflickung der vier Elementen *aus der Verbindung der vier Qualitäten* den Trutz bietet.« – »... auch die *Abwesenheit von Qualitäten, Kälte und Trockenheit*, unrechtmässig zum Handel gezogen werden.«

THESE 35 Nach der antiken Humoralpathologie entstehen Krankheiten dadurch, daß die vier Säfte (humores) nicht mehr im richtigen Mischungsverhältnis stehen. Kepler schließt sich dem an und will nicht wie manche Mediziner seiner Zeit einsehen, »daß die Gall(e) nur ein(e) *Ausscheidung* und kein nöhtiger, zur *Substanz der durch die Adern geleiteten Nahrung gehöriger Saft* seyn solle«.

THESE 36 Fr. Valeriola: Enarrationes medicinales. Lyon 1554, S. 376 (Buch 6, Enarratio 2). Kepler gibt das Zitat in sinngemäßer Übersetzung wieder.

THESE 37 Prediger Salomon 8, 7: »Denn der Mensch weiß nicht, was geschehen wird; und wer will ihm sagen, wie es werden soll?« – Kepler zitiert im Verlaufe seiner Entgegnung zusätzlich Prediger Salomon 6, 12 und 7, 14. – quoad circumstantias individuas: »*hinsichtlich der individuellen Umstände.*« – Jesus Sirach 16, 21. – »... welche ihre Künsten und Vorwissenschaft auff die *zukünftigen*

Geschehnisse im Einzelfall ausdehnen ...« – Prediger Salomon (Ecclesiaste) 11, 5; Feselius hatte in seinem Zitat die Worte »und wie die Gebein in Mutterleib bereyttet werden« ausgelassen! Kepler fügt hinzu: *»Merke auf, Arzt, und überspringe nicht!«*, und fährt fort: »Wann nun die *Ärzte*, deren einer auch *Dr. Feselius* ist, auff anhörung dieses Spruchs die *Anatomie* hinweg legen und auffhören zu disputiren *über die Bildung des Embryos im Mutterleib,* dann wirdt es an die *Philosophen (Astrologen)* kommen, daß sie auch ihre *allgemeinen Vorhersagen aus den Sternen* unterlassen. Sonsten und wann die *Ärzte* fortfahren, werden auch die *Astrologen bei der Suche nach der Wissenschaft* neben ihnen bey gleichen Ehren bleiben.« – Hiob 37, 15 f. – pars causae: *»Teil der Ursache«.* – partes philosophiae: »Teile der Wissenschaft«.

THESE 38 praedictiones Physicae, Physicae praedictiones: *»natürliche Vorhersagen«,* »Vorhersagen aus der Natur«. – modus videndi: »Sehweise«. – Motum octavae sphaerae: »*Bewegung der achten Sphäre*« (Bewegung der Fixsternsphäre. Eine zusätzliche neunte Sphäre wurde im mechanischen System des Mittelalters [sieh zu These 17] eingeführt, um die Präzessionsbewegung, das langsame Vorrücken des Frühlingspunktes auf der Ekliptik, zu erklären. Diese rückte dann an die achte Stelle, von innen gerechnet. Weitere Sphären [Kristallsphäre, Coelum Enysyreum] wurden eingeführt, um Aussagen der Bibel mit diesem System in Übereinstimmung zu bringen. Die Höchstzahl ist bei Christoph Clavius 14.) – »... nemlich diß *Beurteilung des Jahres aus dem Horoskop des Sonneneintritts in das Sternbild Widder* ...«

THESE 39 »... sein Nativitet zu stellen, *die Anteile an Getreide, Wein, Öl, Tod usw.*« – In dem Abschnitt über das ›feurige Dreieck‹ (De trigono igneo) seines Buches ›De stella nova in pede Serpentarii‹ (Prag 1606; KGW I, 168 ff.) führt Kepler aus, daß die Aufteilung des Tierkreises in 12 Zeichen zu 30° eine künstliche und willkürliche des Menschen sei, die keinen Anhaltspunkt in der Natur habe. – crassiori Minerva: »mit weniger Kunst und Bildung«; Minerva (Athena) ist die Göttin der Wissenschaft und wird auch mit ihr identifiziert (wörtlich: »mit derberer Wissenschaft«).

THESE 40 *»Siehe mein Buch ›De stella nova‹, S. 39«* (KGW I, 192). – »*Im Punkt ist der Kreis potentiell enthalten, wegen der Seiten, von denen her die Radien, die sich in diesem Punkt gegenseitig schneiden, herankommen.«* Vgl. hierzu auch These 126. – Instrumentum circulare: »*Kreisinstrument«,* Meßkreis (meist ein Astrolab oder eine Armillarsphäre). – Natura sublunaris: »*untermondische Natur*«; vgl. zu These 17.

THESE 41 Zur Aufteilung der Tierzeichen und zur ›Direktion‹ (dirigieren) siehe die Einführung. – »... dann alsdann findet sich *das Verhältnis des Tages zum Jahr, das ist 1:365, unserer Wohnstatt,* Hütten ... eyngepflantzet.« – »... und in derselben solche *Autoren, die etwa andere Meinungen vertreten,* vergliechen ... Darauß dann folgt, daß die Sonn *durch ihre täglichen Läufe in der Ekliptik* zu dirigirn *ist, die Himmelsmitte durch die geraden Aufsteigungen (Rektaszensionen), der Aszendent durch die schiefen Aufsteigungen, jeweils zuzüglich der Geburtsstunden zur geraden Aufsteigung des dirigierten Sonnenortes und soweit das Horoskop von neuem aufgestellt ist.* Der Mond (müsse) auch *in der Ekliptik durch die täglichen Sonnenläufe* (dirigiert werden), das *Glücksrad* aber verworffen ...«

THESE 42 Die Gleichsetzung von 15 und 30 Minuten mit 4 bzw. 8 Jahren in der Direktion benutzt des Feselius Gleichsetzung von 1 Minute mit ca. $1/4$ Jahr. Kepler selbst hatte zuvor in These 41 die ganzen Tage nach der Geburt mit den Jahren gleichgesetzt; vgl. auch These 66.

THESE 44 Jesus Sirach 43, 10. – »Dann er wol weiß, *daß ein Ding viele Zweckbestimmungen haben kann.*« – Ein Vergleich von Messungen der Schiefe der Ekliptik gegen den Äquator – Eratosthenes (3. Jh. v. Chr.) 23°50', Al-Battani (9. Jh. n. Chr.) 23°35', James Bradley (1750) 23°28' – hatte zu der Annahme geführt, daß die Schiefe der Ekliptik sich einseitig verändert. Joseph Louis Lagrange (1736–1812) konnte später nachweisen, daß es sich um ein periodisches Schwanken handelt; er nahm eine Periode von etwa 8000 Jahren mit den Extremen 22°54' (6000 n. Chr.) und 23°53' (2000 v. Chr.) an. Die gegenwärtige Änderung beträgt jährlich 0".47, als Extremwerte nimmt man für eine Periode von etwa 40 000 Jahren 21°55' und 24°18' an; die Schiefe beträgt gegenwärtig etwa 23°27'.

THESE 46 propter alia: »*wegen anderer Dinge*«. – Der deutsche Theologe David Chyträus (1530–1600) war als Reformator in Niederösterreich und in der Steiermark aufgetreten und hatte 1573/74 die Stiftschule in Graz gegründet, an der Kepler von 1594 bis 1600 als Mathematikprofessor gewirkt hatte. Auf dessen Wetterbeobachtungen greift Kepler auch in These 134 zurück, ohne daß sich seine direkte Quelle ermitteln ließe.

THESE 48 Siehe die Bemerkungen zu These 38 und 17. Die Frage nach der Anzahl der Himmel behandelt mit gleichen Argumenten (aber im Sinne mehrerer Himmel) bereits Thomas von Aquino in seiner ›Summa theologica‹, Buch 1, Quaestio 68, insbesondere Artikel 4: »Utrum sit unum caelum tantum« (Gibt es nur einen Himmel?). Die »Vögel des Himmels« (tzippor schammajim) werden im Psalm 104, 12 (Vulgata: 103, 12) genannt, den Kepler auch im folgenden heranzieht. – Psalm 104, 3: qui tegis aquis superiora ejus (»Du wölbst es oben mit Wasser.«). – Hiob 37, 18; Kepler hält sich an die deutsche Übersetzung Martin Luthers. Die Vulgata lautet: »Tu fortisan cum eo fabricatus es coelos, qui solidissimi quasi aere fusi sunt.«

THESE 49 fallacia visus: »*optische Täuschung*«. – Zu Keplers Arbeiten mit der sog. Lochkamera vgl. jetzt J. Marek: Ansätze zu Youngs und Fresnels Versuchen bei Kepler, in: Sudhoffs Archiv 55 (1971), 136–151. – ... »oder muß sich in den *Augenwässern färben*, oder muß *aufgrund der Schwäche des Auges durch den gewaltsamen Eindruck des weißen Anblickes, der nach dem Sehen noch eine gewisse Zeit anhält,* entstehen; *eine vierte Möglichkeit gibt es nicht.*« – ex impressione forti: »*durch heftigen Eindruck*«. – copia materiae: »*Menge an Stoff*«. – sphaerae perspicuae: »*durchsichtige Sphären*«. – Tycho Brahe hatte durch Parallaxenmessungen am Kometen von 1577 festgestellt, daß dieser mitten durch die angeblich undurchdringlichen Sphären der Planeten hindurchwanderte, womit er gleichzeitig nachwies, daß Kometen keine atmosphärischen Erscheinungen sind, wie bis dahin (und teilweise auch später noch) im Anschluß an Aristoteles angenommen worden war (siehe auch These 56 und zu These 17).

These 50 Aristoteles (Metaphysik XII 8) läßt die einzelnen Sphären der Planeten, die bei ihm noch homozentrisch sind, durch göttliche Geister, Intelligenzen (die später mit den Engeln identifiziert wurden), bewegen. Durch den Nachweis Tycho Brahes, daß es keine festen Sphären gibt, sah Kepler sich gezwungen, die Bewegungen anders zu erklären, wenn er nicht – wie die Astronomen (auch Kopernikus, Brahe) noch zu seiner Zeit – die Bewegungen nur mathemathisch beschreiben wollte. Im Anschluß an William Gilbert (siehe zu These 26) entwickelte er so seine Physik des kosmischen Magnetismus, aufgrund der ihm die Entdeckung der beiden ersten sog. Keplerschen Gesetze auf der Basis des Beobachtungsmaterials Tycho Brahes gelang. Kepler gibt hier in den folgenden Thesen und in den Thesen 58 f. einen Abriß des Standes seiner Himmelsphysik und ›Physica de motu gravium‹ *(Physik der Schwerebewegung)*, den er in der ›Astronomia nova‹ (1609) erreicht hatte. Später schloß er eine Mitwirkung der Planeten bei ihrer Bewegung ganz aus. Vgl. insgesamt F. Krafft: Johannes Keplers Beitrag zur Himmelsphysik, in: Internationales Kepler-Symposium Weil der Stadt 1971 (im Druck).

These 51 Die hier entwickelte Trägheitsvorstellung ist die Voraussetzung für die Keplersche Physik; sie unterscheidet sich wesentlich wie diese von jener Isaac Newtons. – »Sie werden aber (an)getrieben *durch de species immateriata* [unstoffliche magnetische Ausflüsse] *der Sonne, die sehr schnell* [von der rotierenden Sonne] *im Kreise mit herumgeführt wird ..., durch welchen Trieb sie auch ihre species immateriata, die bis an die Grenzen der Welt ausgebreitet ist* in gleicher Zeit herumb gehen macht ...« – Mit dem »commentarius Martis motuum« ist wieder ›Astronomia nova‹ gemeint.

These 52 super Anatomia corporis humanis: »*über die Anatomie des menschlichen Körpers*«. – William Harveys berühmte Schrift ›Exercitatio anatomica de motu cordis et sanguinis in animalibus‹, in der er den Blutkreislauf erstmals exakt beschrieb und damit die hier Aristoteles zugeschriebene Meinung bestätigte, erschien erst 1628.

THESE 53 Bezüglich der achten (neunten) Sphäre siehe zu These 38. – Die im Laufe der Jahrhunderte ungleiche Länge der Jahreszeiten beruht auf der Drehung der sog. Apsidenlinie (der Verbindung des sonnennächsten und -fernsten Punktes) der Erde, die Kopernikus entdeckt hat (bei den Planeten und beim Mond war diese Erscheinung bereits Ptolemaios bekannt). Vorher hatten die unterschiedlichen Angaben über die Länge der Jahreszeiten stets Zweifel an die Meßgenauigkeit erregt. – Jeremias 31, 37. – ad superficies aeris: »*bis zur Grenze der Atmosphäre* (Luftsphäre)«. – salva res est: »*die Sache ist gesichert.*« Es handelt sich hier um die atmosphärische Refraktion, für die erstmals Tycho Brahe eine Tafel mit von der Höhe über dem Horizont abhängigen Werten aufgestellt hatte. Die Erscheinung als solche war bereits Ptolemaios bekannt. – »Da gehet es nach der *Maxime der Ärzte: Ist die Krankheit erkannt, so ist das Heilmittel bereitet.* Und bleiben also *die Sonnenbeobachtungen Tycho Brahes* (auß welchen man den Eyntritt der Sonnen in den Wider und *somit das Vorrücken der Tag- und Nacht-Gleichen* zu jeder Zeit haben mag) ... gar wol gesichert.«

THESE 54 Der Kreisumfang müßte 205 399 071 Meilen betragen. Bei dem um 1600 üblichen Wert von 1718 Meilen für den Erddurchmesser ergäbe sich ein Fixsternsphärendurchmesser von etwa 36 877 Erddurchmessern. Worauf diese Zahl beruht, ist nicht zu ersehen. Der übliche Wert war seit Ptolemaios 20 000, Tycho nahm 14 000 an, manche, die von einer fiktiven Fixsternparallaxe (unterhalb der Meßgrenze) ausgingen, ließen Werte von 40 000 bis 45 225 Erddurchmesser zu – jeweils auf der Basis des ptolemäischen bzw. tychonischen geozentrischen Weltbildes. Kepler selbst nahm einen Durchmesser von etwa 34 000 000, später von 60 000 000 Erddurchmessern an, da selbst die Erdbahn keine Fixsternparallaxe aufweise. Eine solche wurde erstmals 1837/38 von Friedrich Wilhelm Bessel für den Stern 61 des Schwan nachgewiesen. (0"31). – 1.: Vgl. Keplers Antwort auf Röslins Schrift KGW IV, 106 f. – Psalm 91, 1 bzw. 96, 10: »*Er hat den Erdkreis gefestigt* (gerichtet), *der nicht erschüttert werden wird, (und wird die Völker in Gerechtigkeit richten).*« Luthers Übersetzung ist hier jeweils freier: »... er hat sein Reich, soweit die Welt ist, bereitet, daß es bleiben soll.« – Psalm 75, 4: »*Das Land zittert und alle, die darin wohnen; aber ich halte seine Säulen fest*« (Luther) – 1. Chronik 16, 30: »*Es fürchtet ihn alle Welt* (omnis terra); *er hat den Erdboden bereitet, daß er nicht bewegt wird.*« (Luther). – Prediger Salomon 1, 4: »*Ein Geschlecht vergeht, das andere kommt; die Erde bleibt aber ewiglich.*« (Luther). – »*Ungeachtet alles dessen, so Dr. Feselius aus der Vernunft, aus der Auto-*

rität der Ärzte und Salomons und aus der Einführung der Unsicherheit der Astrologie [Astronomie] darwider eyngeführt.«

These 55   »... die vorsagungen [Voraussagen] *zukünftiger Geschehen im Einzelnen* ... zu vertheydigen.«

These 56   Aristoteles: Meteorologica I 2 (und öfters). – Nach Herodots (Historien I 74) soll Thales von Milet jene Sonnenfinsterung während der Schlacht zwischen den Lydiern und Medern für das Jahr 585 v. Chr. (28. 5.) vorhergesagt haben. Die einzige Möglichkeit dazu hätte in der Anwendung baylonischer Finsternisperioden bestanden; auch diese wird ihm allerdings heute oft abgesprochen. – in suo genere causalitatis: *»in seinem Bereich der Verursachung«*. – Aristoteles: Physica VIII 1; Basilius von Caesarea: Predigten über das Sechstagewerk, 5. Homilie (Patrologiae cursus completus, series Graeca, edidit J. P. Migne. Bd. XXIX, Sp. 95). – Johann Fernelius (1506–1558): De abditis rerum causis. Paris 1548, I 8 (Rerum omnium formas, primasque substantias de coelo duci). – Gemäß Aristoteles bestanden die Gestirne und Gestirnssphären aus dem fünften, nicht wandelbaren Element Äther im Gegensatz zu den vier wandelbaren irdischen Elementen im Zentrum der Welt; diesen strengen Dualismus vertritt Kepler im Anschluß an Nikolaus Kopernikus (die Erde befindet sich nicht im Zentrum) und Tycho Brahe (der Äther ist nicht unveränderlich) nicht mehr. Für ihn sind die Planeten und der Mond, wie schon Nikolaus von Kues und Giordano Bruno annahmen, prinzipiell gleich wie die Erde zusammengesetzt. Man vgl. die zu These 50 genannte Arbeit. – potentia crescendi/actu crescendi: *»Fähigkeit zu wachsen/tatsächliches Wachstum«*. – »Ist also *sowohl der Sonne als auch der Himmel* ein jedes für sich *erste Ursache, der eine als Möglichkeit für die Tätigkeit* (Wachstum), *der andere tatsächlich für das Anheben des darüber Befindlichen und für das Dienstbarmachen des Mittleren.«*

These 57   Da die Sonne nach Aristoteles aus dem eigenschaftslosen Äther bestehen soll, kann sie nicht selbst warm sein und wärmen. Zur von Kepler hier skizzierten Theorie vgl. Aristoteles: De caelo II 7 und Meteorolgica I 7. Bezüglich der Kometen siehe zu These 49.

These 58   contactu proprio: *»durch direkte Berührung«*. – Psalm 104, 20 und 22 ff. – per modum originis (regiminis): *»auf die Weise des Hervorbringens (Leitens, Lenkens)«*. – Den Bericht über das Land Lucomoria (nicht, wie Kepler hier schreibt, Cucomoria) entnahm Kepler Martin Delrio: Disquisitones magicae. Löwen 1599, S. 361 f.; er berichtet darüber auch in seinem 'Somnium, seu opus posthumom de Astronomia Lunari. Frankfurt/M. 1634; S. 74; vgl. E. Rosen: Kepler's Somnium ... Madison, Milwaukee und London: University of Wisconsin Press 1967, S. 236–239. – »Sonderlich hab ich in meinem Buch ›*Astronomia nova*‹ [KGW III, S. 25 ff.] angezeigt, wie durch *das gegenseitige Zusammenkommen der unstofflichen Ausflüsse des Mondes und der Erde* der Ab- und Zulauff des Meers zu erweisen und zu demonstrirn seye. Da auch eine *Berührung geschicht* des *unstofflichen magnetischen Ausflusses aus dem Körper des Mondes* mit dem Meerwasser, welche *Berührung* nicht *oberflächlich* oben hin, sondern gar körperlich durch die gantze Dicke des Meerwassers zugehet.« – dimensiones quantitatis: »*körperliche Ausdehnungen*«.

THESE 59 facultas sensitiva: »*Wahrnehmungszeichen*«. – »... zu erforschen auch die Ordnung, so die Planeten untereinander haben, und die *geometrischen Harmonien und Schönheiten durch Vergleichung der Richtungen* (oder: Bereiche, die von ihrer Bahn eingenommen werden) *und Bewegungen*.« – ex proprietate formali: »*aus der Eigentümlichkeit der Form (des Wesens)*«. – facultates animae inferiores: »*niedere Fähigkeiten der Seele*«. – »... fürs ander, so ist es die *höchst subtile geometrische Harmonie zweier Strahlen unter sich, sei es des Lichtes oder von Körpern, die von den höchst verborgenen Geheimnissen der geometrischen Figuren der Schematologie herrühren* ...« – Die genannten antiken Autoren haben sich alle mit der von Pythagoreern des 5. Jahrhunderts begründeten mathematischen Harmonielehre (Musiklehre: Musica, Harmonica) auf der Basis von Zahlen- und Streckenverhältnissen beschäftigt. Nicht zu identifizieren sind allerdings die Namen Heratocles, Engenores und Agon.

Kepler gibt im folgenden die Grundzüge seiner Harmonik wieder, die nicht, wie die Musiklehre bis in seine Zeit, von Zahlenverhältnissen ausgeht – dies sei nur der »aussprechbare Teil der Geometrie« –, sondern von den geometrischen Figuren der »Geometria figurata« oder »Schematologia«: »... und ich wil dir sie alle widerlegen, wann sie etwas anders angeben als eben *das Verhältnis der Töne* auß der eygentlichen Geometria figurata oder Schematologia, nemlich auß einem *Kreis* gergenommen, welcher getheilet sey durch die *gleichseitigen Figuren, allerdings* nicht alle, sondern durch diejenige(n), die sich mit dem *Kreis* oder mit einem *Durchmesser* vergleichen«, d. h. mit Zirkel und Lineal konstruierbar sind und in einem der bekannten Verhältnisse zum Durchmesser oder Kreis stehen. Weiter ausgeführt wird die ganze Thematik im 3. Buch seiner ›Harmonike mundi‹.

»... so ist doch abermal unmüglich zu *bestimmen*, wie desselben *Durchmesser* sich gegen einer Seite vergleiche [sich zu einer Seite verhält], es sey *linear* oder *quadriert* oder *bei rationaler Anlegung einer quadrierten an eine quadrierte Strecke, wenn die Figur ausgefüllt ist, oder bei Wegnahme des Gnomon, wenn die quadrierte Strecke rational ist, oder kubiert gleichermaßen*. Allezeit zwar werd ich genauwer darzu kommen, aber nimmermehr den Puncten treffen in keinem einigen *Maß*, sowenig wie im *Verhältnis von Kreisumfang zu -durchmesser*.« Es handelt sich hier um die von Euklid (Elemente, Buch X) im Anschluß an Theaitetos in die Proportionenlehre eingeführten Begriffe, die auch den Vergleich mancher zueinander »ir-

rationaler« (unaussprechbarer) Strecken erlaubte: Zwei Strecken sind dann zueinander »aussprechbar«, wenn sie entweder »in Länge kommensurabel« (in longo: linear) oder »potentiell kommensurabel« sind (in potentia quadrata:quadriert; die Quadrate 2 und 4 sind kommensurabel, aber nicht die Seiten 2 und 4 = 2); dann wird weiter untersucht, wie zueinander »unaussprechbare« Strecken zu vergleichen sind, wozu u. a. die »Binominale« (Summe zweier nur quadriert kommensurabler Strecken) und »Apotome« (Differenz zweier nur quadriert kommensurabler Strecken) eingeführt werden. Die Differenz zweier Quadrate wurde in der geometrischen Algebra der Antike Gnomon (Winkel) genannt. Die Seite des regulären Fünfecks etwa ist quadriert eine solche Differenz, wobei der ›Gnomon‹ eine sog. »mediale Fläche« ist (Quadrat über der Mittleren Proportionale zweier kommensurabler Strecken). Vgl. hierzu B. L. van der Waerden: Erwachende Wissenschaft (I). Ägyptische, babylonische und griechische Mathematik. Basel: Birkhäuser ²1966, Abschnitt VI, Theaitetos; sowie These 92.
»Darauß dann folget, daß *das Wesen dieser Figuren* bestehe in einer solchen wunderbarlichen *Potenz,* die nimmermehr, *auch nicht von dem vollkommensten Geist, in Ausführung* mag gebracht werden.« – latus Septanguli: *»Seite des Siebenecks«.* – »Dann solte er gewust werden und seine *wissenschaftliche Bestimmung* haben, so würden alle andere(n) Figuren ... *als Dreieck, Quadrat, Fünfeck usw. durch die Macht des Widerspruchs* müssen umbgestossen und vernichtet werden ... es sey jetzo in *Tönen* oder in *Strahlen der Sterne.* Und hingegen, daß alle *Verhältnisse der Töne oder Saiten,* die auß den *wißbaren (d. h. konstruierbaren) Figuren* genommen seynd, in *der Musik* ihre *Wohlklänge* (Harmonien) geben und daß *in den Strahlen der Planeten* alle *Verhältnisse,* die da ... daß die Natur Gottes Ebenbildt und die *Geometrie das Urbild der Schönheit der Welt* seye ... so viel *in der Geometrie durch Endlichkeit und Gleichungen* müglich gewest zu wissen ...« – fortunae et casui: »vollkommen dem Zufall«. – »... gar nichts *in dem Teil der Physik von der Natur und von der Seele* auff Universiteten gelehret wirdt ...« – De stella serpentarii, S. 40 = KGW I, 192 f. – sesquadrus: halbes Quadrat = octangulum:Achteck (Geachtschein, Winkel über der Achteckseite als Aspekt), semisextus: halbes Sechseck, Zwölfeck (Halbsextil, Gezwölftschein), decilis: Gezehntschein, tridecilis: Gedreizehntschein. – »so doch *Achteck, Zehneck und Vierzehneck* eben so edle und schier edlere Figuren seyen als das *Zwölfeck.«* – Vgl. ›Harmonike mundi‹ KGW VI, S. 261: Der Inhalt des Quadrates und des Zwölfecks stehen in einem rationalen Verhältnis zueinander, wählt man den Radius des unbeschriebenen Kreises als Maßeinheit. – »Ist also die *untermondische (irdische) Natur durch den Instinkt der Schöpfung* viel ein besserer *Geometer* als der Menschen *Fähigkeit der vernünftigen Seele durch den Fortschritt der Studien* jemalen gewest ...«

Durch diese Überlegungen in seiner Geometria figurata kam Kepler schließlich zu folgenden »weltbildenden« und deshalb astrologisch wirksamen Aspekten: Konjunktion ($^1/_1$ Kreis, 0°), Sextil – Gesechstschein ($^1/_6$, 60°), Quadrat – Geviertschein ($^1/_4$, 90°), Trigon – Gedrittschein ($^1/_3$, 120°), Opposition ($^1/_2$, 180°) – diese waren seit Ptolemaios bekannt, und von dem persischen Astrologen († 886) in das schematisierte Regelwerk der Astrologie aufgenommen –, Quintil ($^1/_5$, 72°), Trioktil ($^3/_8$, 135°) und Biquintil ($^2/_5$, 144°). Im vierten Buch der ›Harmonike mundi‹ verwirft Kepler den Trioktil, weil er, obgleich er in seiner Harmonik selbst eine wichtige Rolle spielt, als astrologischer Aspekt durch die Erfahrung keine Bestätigung erfahren habe, und nimmt umgekehrt den Halbsextil ($^1/_2$, 30°), der für die Harmonik keine Rolle spielt, aufgrund der Erfahrung in die Aspektenlehre auf.

These 61 Paulus: Apostelgeschichte 27, 9 f.

These 62 Prutenicae: Tabulae Prutenicae (1551), die von Erasmus Reinhold auf der Basis des kopernikanischen Systems errechneten Planetentafeln, die bis zu den ›Rudolphinischen Tafeln‹ Keplers, die 1627 erschienen, benutzt wurden, obgleich sich bald große Differenzen zu den beobachteten Örtern ergaben; vgl. These 139. – »Die Ursach ist nit sonderlich an der *Konjunktion von Mars und Venus* gelegen, dann Venus hat ein(e) ziemlich grosse *nördliche Breite* [in bezug auf die Ekliptik] gehabt, sondern *Merkur ist rückläufig* von der Sonnen hinweg und *in das Halbsextil mit Mars und Venus, die in Konjunktion stehen*, gelauffen; ist also *eine Öffnung der Tore* gewest. *Mars stand weiter am Himmel als nach der Rechnung*« (gemäß den Prutenischen Tafeln).

These 63 »... sondern auch und vielmehr die *Vierteilungen des Jahres und Monats* mit i(h)ren *Beurteilungen* allerdings umbstosse.«

These 64 Aristoteles: Meteorologica I 2. – »welche sich ... *aufgrund des Schöpfers Antrieb ohne vernünftige Überlegung* (Berechnung) erquicket ...«. – »... sondern es ist uberall der *göttliche Instinkt (Antrieb), der an der Vernunft* teilhat ...«

These 65 »... einen *Charakter* und *(eine) Abbildung empfahe der ganzen himmlischen Konstellation bzw. der Form des Zusammenkommens der Strahlen auf der Erde* ...«

These 66 »Welches ein sehr verwunderliches Werck und gleichsam ein species oder *Ausfluß* ist *des natürlichen Verhältnisses von Tag zu Jahr (da ebenso wie der Ausfluß des Lichtes nicht Ursache der Zeit, sondern des Ortes und der Ausfluß des Schalles Ursache des Ortes und der Zeit wird, so wird auch der Ausfluß dieses Verhältnisses Ursache der Zeit, nicht des Ortes), also daß diese kurtze Zeit bzw. typische Zeit sich bey dieser deß Menschen Natur gemäß den Teilen* mit 365 multipliziert ...« – quoad naturales affectiones: »*hinsichtlich der natürlichen Eigenschaften*«. – proportio naturalis: »*natürliches Verhältnis*«. – Sixtus von Hemminga (1533–1586): De astrologia ex ratione et experientia refutata. Antwerpen 1583.

These 67   »*(nicht qualitativ, sondern astronomisch und quantitativ)*«.

These 68   »... so offt ihr ein Planet *dann* in ihres *himmlischen Charakters Aszendenten oder vorzügliche Örter* kömpt, sonderlich *am Geburtstag*, sie sich ...«

These 70   »... wie junge Kindtbetter Kinder *bei Annäherung des Mondes an Planeten* ...« – doctrina crisium: »*Lehre von den kritischen Tagen*«. – articulum orientis morbi: »*Augenblick des Beginns der Krankheit*«. – Hippokrates: Aphorismen II 24. – criseos: *der Krise* (griechischer Genetiv). – reditus Lunae sub zodiaco (ad Solem): »*Rückkehr des Mondes zum Punkt des Tierkreises (zur Sonne)*«, siderischer und synodischer Umlauf. – »Etliche legen die Ursach auff *das Zusammentreffen von Galle und schwarzer Galle.*« – indices: *anzeigende Tage,* intercidentes: *unterteilende Tage,* indices: *entscheidende Tage.* – »(welche nit deß *Safftes,* sondern *der Natur oder des seelischen Vermögens, das auf den Saft sieht und ihn ausscheidet,* eygenschafft ist)«. – natura in Lunam intenta: »*Natur, die ihre Aufmerksamkeit dem Mond zuwendet*«. – motus humorum: »*Bewegung der Säfte*«. – »... so kann sie auch die *kritischen Tage in der Bewegung der Säfte* direkt ohne den Himmel treffen.« – bilis flava/atra: »*gelbe/schwarze Galle*«. – »... der halbe Umbgang deß Monds (doch *von der Sonne zur Sonne*) ...«, also der halbe synodische Umlauf. – »Dahero die *Astronomen* von Behendigkeit wegen allezeit *die Entfernung des Mondes von der Sonne verdoppeln* müssen ... und sein *Gegenpunkt (der ihm gegenüberliegende Punkt)* so viel als er selber.« – figura efficax: »*wirksame Figur* (Aspekt)«. – »... wölle sich hinder *diesen Teil medizinischer Untersuchungen (Erkenntnis)* machen ...«

These 73   Basilius a. a. O. (siehe zu These 55), Sp. 95. – »*Das Jahr bringt die Ernte, nicht der Acker.*« (Im folgenden umgekehrt.) – primario et per se: »*in erster Linie und an und für sich*«, secundario oder per accidens: »*in zweiter Linie oder als Nebenerscheinung* (zufällig)«. Dies sind Begriffe aus der aristotelischen Logik. – Herakleitos von Ephesos: Fragment 99 (H. Diels – W. Kranz: Die Fragmente der Vorsokratiker. Bd. 1, Berlin: Weidmann [8]1956): εἰ μὴ ἥλιος ἦν, ἕνεκα τῶν ἄλλων ἄστρων εὐφρόνη ἂν ἦν. (»Gäbe es keine Sonne, trotz der übrigen Sterne wäre es Nacht.«) Keppler wandelt das Zitat ab: »*Alles würde schließlich in Kälte erstarren, nähme man die Sonne aus der Welt.*« – Auf der Suche nach einer nördlichen Durchfahrt nach Ostasien unternahmen Holländer Ende des 16. Jahrhunderts Polarfahrten, bei denen sie im Jahre 1596 (sic!) gezwungen wurden, an der Nordostküste von Nowaja Semlja zu überwintern. Nach ihren Berichten kann vom 3. 11. 1596 bis zum 24. 1. 1597 die Sonne nicht über den Horizont. Vgl. auch KGW II, 128. Diese Erscheinung der Mitternachtssonne und ewigen Nacht jenseits des nördlichen Wendekreises hatte bereits der Schüler des Demokritos Bion von Abdera (4. Jahrhundert v. Chr.) aus der Kugelgestalt der Erde erschlossen (vgl. H. Diels – W. Kranz a. a. O., Bd 2, S. 251).

These 74 effectus ultimus: »*letzte Auswirkung, endlicher Erfolg*«.

These 75 facultas formalis: »*formgebende, bildende Fähigkeit*«. – »... alle oberzehlte *Arten der Verknüpfung der natürlichen Wesen (Vorgänge) mit dem Himmel* ...« – »Dann ob wol nicht ohn daß *eine Konjunktion von Jupiter und Mars im Gesechstschein von Sonne und Merkur am 1. März neuen Stils* ... ein starcke Bewegnuß aller *Säfte* verursachet, *aber nicht in beiden Arten von Leibern*, vielmehr *in den kranken* ...« – locus undecimus Tauri: »*die elfte Stelle (11°) des Sternbildes Stier*«. – Aeolus nimbovolus: »*in Wolken fliegender Äolus*« (Herr der Winde, Sturmwind). – experientia tempestatum: »*Erfahrung mit den Ungewittern*«.

These 76 Der französische Arzt Anton Mizau (Mizaldus) (16. Jahrhundert) verfaßte zahlreiche botanisch-astrologische Schriften. – de contactu stellarum immediato: »*unmittelbare Berührung (Einwirkung) der Gestirne*«. – »Eine unmittelbarer Berührung des Lichtes und aller *Geschöpfe* geschicht ... Ja ich köndte es auch *eine Berührung des Lichtes und der Seelen* heissen.« – »... sondern die *Harmonie der Strahlen* gehet *unmittelbar direkt in die Seelen*, und da geschicht alsdann der *Antrieb, im ersten Anfang als Ursprung der Bewegung* ...«

These 77 Giacomo Zabarella a. a. O. (zu These 19), Sp. 461. – »... ich hab der Lufft eygen *Wärmegrad*, nemlich *bloß Null*, ergrieffen (erkannt) ...«

These 78 animales facultates rerum sublunarium: »*die seelischen Fähigkeiten der untermondischen (irdischen) Dinge*« (vgl. zu These 17). – per (incessabile) accidens = secundario: *(unaufhörlich) in zweiter Linie, nebenher, zufällig, akzidentell*. – accidens essentiae/ propriae operationis/finis: *Nebenursache des Wesens/der eigentümlichen Tätigkeit/des Zwecks* (siehe zu These 18).

These 79 »Ich hab droben *in These Nr. 18* erinnert, *daß es für ein Ding viele Zweckbestimmungen geben kann* ...« – eiusque fine: »*und dessen Zweck*«. – »Im Einzelnen hab ich *in der ›Astronomia nova‹* [KGW III, 236 ff.] erwiesen, daß die Sonne *durch eine wesenhafte Eigentümlichkeit* der Ursprung sey aller bewegung der Sterne ...«; vgl. zu These 50. – Platon: Gesetze VII, 809 CD (nach der Stephanus-Zählung).

These 80 Galenos: Kommentar zum 1. Buch der Epidemien des Hippokrates; Hippokrates: De ratione victus, Buch 3; Plinius: Naturalis historia XVIII 25. – opportunitates temporum: »*zeitliche Umstände*«.

These 81 »Dann die Handlungen seynd jetzo nicht mehr *ein himmlischer Einfluß*, sondern *eine Handlung der Natur, auf die der Himmel Einfluß nahm.*«

These 82 exortus et occultationes siderum: »*Aufgänge und Unter-*

gänge der (Fix-)Sterne«. – Hippokrates: De aere, aquis et locis. – Geminos (1. Jahrh. v. Chr.): Elementa astronomiae, Kap. 3. – superficies aeris: *»die obere Begrenzung der Luft«.* – propter rationes Gemini: *»wegen der Gründe, die Geminos anführt«.* – rationes oppositae: *»entgegengesetzte Verhältnisse«.* – José d'Acosta (1539–1599): De promulgando Evangelio apud Barbaros sive de procuranda Indorum salute libri VI. Salamanca 1588.

THESE 83 Hippokrates: Aphorismen I 15. – positis ponendis: *»wenn man die Gegebenheiten mit beachtet«, »bei gegebener Sachlage«.*

THESE 85 »... *daß sie auß den Stellungen der Planeten, gleichsam aus der ersten Ursache, die den Lufft verändern hilfft,* ...«

THESE 86 dies septimanae criticae: *»Tage der kritischen Woche«.* – »... *dann von wegen der Aspekte, als der Opposition und der Quadraturen mit dem Ort, von dem der Mond ausging* ...« – diebus intercalaribus et paribus: *»an Schalttagen und zur Tag-und-Nachtgleiche«.*

THESE 88 Giacomo Zabarella a. a. O. (zu These 19), Sp. 446. – »... *daß eine Direktion des Horoskops zum Himmelskörper oder zu den Strahlen des Mars* ein drittäglich Fieber verursache, *zum Himmelskörper oder zu den Strahlen des Saturn* ... *auch die zusätzliche Geometrie des Aspektes* darzu kömpt ...«

THESE 89 Joh. Manardus: Epistolarum medicinarum libri II. Basel 1535, S. 19.

THESE 90 Marsilio Ficino: (1433–1499) war ursprünglich Anhänger, später strikter Gegner der Astrologie. – in concursu radiorum: *»im Zusammenkommen der Strahlen«.*

THESE 92 »Es haben zwar die *harmonischen Figuren keine Gegensätzlichkeit,* dann es seynd *Quantitäten,* wenn *auch qualitative Quantitäten,* sie haben aber *Andersheit,* sie haben *(den Unterschied des) Mehr und Weniger, des Heftiger und Schwächer,* sie haben *eine geistige Gegensätzlichkeit,* die gilt an diesem Ort, dann sie wircken auch nicht anderst dann durch ein(en) *geistigen Instinkt* ... Dann seynd das nicht *geistige Gegensätzlichkeiten: regelmäßig – unregelmäßig, möglich-unmöglich, zu dem Durchmesser proportional-nicht proportional?* Seynd diß nicht gantz augenscheinliche Unterschiede: *rationale Seite, rationales Quadrat einer Seite, übrigbleibendes Quadrat einer Seite von rationalen Quadraten, wenn das weggenommene rational mit den ergänzenden ist, zusammengesetztes Quadrat einer Seite von rationalen Quadraten, wenn die Figur ausgefüllt ist,* und was dergleichen? Seynd diß nit unterschiedliche *Grade der Rationalität und Vergleichung (Gleichheit)?«* Vgl. zu These 59.

THESE 93 Hieronymus: Epistulae I 7: patellae (sic!) dignum operculum; *»wo der Deckel als Schüssel gilt«, »ganz, wie es beliebt«.*

THESE 94 »... *sondern auch auff die Aspekte der Planeten zueinander* selbsten (welches seynd *wie allgemeine Krisen*) ...« – praecepta de diebus criticis: »*Lehre von den kritischen Tagen*«. – Kepler beschreibt im folgenden eine eigene Krankheit (vgl. die ausführlichere Schilderung im Brief vom 11. 10. 1605 an David Fabricius) nach einem heißen Bad am 19. (alten Stils) bzw. 29. (neuen Stils) Mai 1604. – Panchymagogum moderato effectu: »*Abführmittel von mäßiger Wirkung*«. – Fieber varie errantem: »*Wechselfieber*«. – Feselius führt den Fall eines jungen Mannes an, der zur Ader gelassen werden sollte, aber starb, als dies auf den Einspruch eines Mönches, der auf böse Zeichen am Himmel verwies, unterlassen wurde; seine Quelle ist Joh. Lang (1485–1565): Epistularum medicinarum liber I, Basel 1554, S. 133.

These 99 Leonhard Fuchs (1501–1566): Institutiones Medicinae. Leiden 1555, S. 206. – »... welches handelt von den *gegenseitigen Aspekten der Planeten* ...«

These 100 1. Moses 1, 14: »Es werden Lichter an der Feste des Himmels, die da scheiden Tag und Nacht und geben Zeichen, Zeiten, Tage und Jahre ...« – Favorinos bei Gellius: Noctes Atticae XIV, 1. – »... als von der Zahl *der Nervenknoten im menschlichen Körper*.«

These 101 »... ob sie wol *(obwohl sie)* hinsichtlich der *größeren oder kleineren allgemeinen Wirksamkeit* usw. (wie Gott selber *hinsichtlich der Erhaltung der natürlichen Aktivität*) auch in den Sünden mitwircken. Dann sie nemmen das *Prinzip der Handlungen*, die *freie Entscheidung*, als den Brunquel ...«

These 103 »... die mit den *Herrschaften der Planeten über Häuser und Geburt* umbgehen ...«

These 104 »gleich wie Gott *in den letzten und einzelnen Geschehnissen und ihrer wunderbaren Verknüpfung* ...« – »... sondern allein von Auffmunderung *der Natur, und zwar sofern sie ohne Geist (tierisch) ist*, ... *von Gallen, Schwarzer Galle, Schleim, Blut* ...« (dies sind die vier Säfte der Humoralpathologie). – »... welcher *Charakter in der vernunftlosen und irrationalen Seelenfähigkeit (die dennoch auch selbst eine instinktive natürliche Vernunft hat)* weder gut noch böß ...« – »Wahr ist, also ist auch der Werckzeug darzu: *Der Herrscher des siebten Hauses im zehnten, wenn er günstig ist, wenn es Jupiter ist, wenn er in einem eigenen Haus ist,* soll ein reich Weib bedeuten, *Venus in einem Haus des Saturn* ein(e) Alte, *im achten Haus* ein Wittib, *Mars in einem Haus der Venus und im Trigon zum Mond* ein(e) Unkeusche, *Venus innerhalb der Sonnenstrahlen* ein(e) Krancke.« – sine interventu hominis naturae: »*ohne Dazwischentreten (Hinzukommen) der menschlichen Natur*«. – »... ob die *allgemeinen natürlichen Ursachen* und deß Menschen *besondere und willkürliche Einrichtungen seines Handelns* demselben zu gutem ...« – singularità fortuita: »*einzelne Zufälligkeiten*«.

These 106 De stella nova serpentarii, Kap. 8 (KGW I, 184 ff.).

THESE 107   »... daß der Mensch nach den *Konstellationen der Sterne mit natürlicher Notwendigkeit* geartet und genaturet werde ...«

THESE 108   »... sofern sie bedacht wirdt als *vernunftlos und ohne Vermögen zu logischem Denken* ...« – proportio confluxus radiorum: »*Verhältnis des Zusammenfließens der Strahlen*«.

THESE 109   »... wann sie die Ursachen auß den *Dreiecken auf der Erde* und den *Beherrschungen der Planeten* herfür suchen.«

THESE 110   Johannesevangelium 21, 25.

THESE 111   in saniore sensu: »*in einem vernünftigeren Sinne*«.

THESE 113   De stella nova serpentarii, pars altera (KGW I, 314); Außführlicher Bericht von dem newlich im Monat Septembri und Octobri diß 107. Jahrs erschienenen Haarstern (1608) (KGW IV, 62 ff.).

THESE 114   in actu Venerio: »*beim Liebesakt*«. – motus viscerum: »*Bewegung der Eingeweide* (des Herzens)«.

THESE 115   3. Moses 19, 31 und 20, 6 und 27. – Tacitus: Historien I 22. – »Daß nemlich die *Mathematiker* (war deßmal so viel als jetzt: ›*ausführende Astrologen*‹ und: *verbrecherische Hersteller von Wachsbildern unter einer todbringenden Konstellation zum Verderben eines Dritten*) seyen *ein Menschenschlag, untreu gegenüber den Vermögenden, die Hoffenden täuschend* (verführend).« – urinam Galbae: »*den Urin Galbas*«. – Jeremias 10, 2 (23, 9 ff.). – »... *sich zu entsetzen ob den Zeichen* und *schlechten Omen für den vierten Tag* ...«

THESE 117   »... und laufft im ubrigen der *Lehre von den zukünftigen Ereignissen* zuwider ..., sonderlich die *Aszendenten der Städtegründungen und Thronbesteigungen.*«

THESE 118   »Das ist gesagt von den *Geschehnissen, die bestimmt sind durch die der Orte, der Personen und ähnliche Umstände* ...« – si Deus voluerit: »*Wenn Gott es wollte*«.

THESE 119   astra inclinant non necessitant: »*die Sterne neigen zu etwas, sie zwingen es nicht*«. – necessitas naturalis: »*natürliche Notwendigkeit*« – »(als da seynd, die etwa *eine Quadratur von Mars, Sonne und Merkur, den Mond zusammen mit einem feurigen Stern im Trigon mit Mars* oder *aufgehenden Mars* haben)«.

THESE 122   2. Moses 13, 9 und 16. – »(... *zuläßliche vorsagung ist von totalen Mondfinsternissen ohne Verzögerung*)«.

THESE 124   Lunam cum stellis nebulosis: »*den Mond zusammen mit nebeligen Sternen*«. – »... *nach dem die durch Erfahrung gesammelten Beispiele beschaffen seyndt* ...«

THESE 126   Imagination de signaturis rerum: »*die Vorstellung von den Signaturen (Anzeichen) der Dinge*«. – quinque corporibus regularibus: »*(in den) fünf regulären Körpern*«, nämlich Tetraeder, Würfel, Oktaeder, Dodekaeder und Ikosaeder. – planis circulo inscriptis: »*(den) dem Kreis einbeschriebenen Flächen*«. – »Ja es ist die hochheylige Dreyfaltigkeit in *einer Hohlkugel* und dieselbige in der

Welt und *die erste Person, die Quelle der Göttlichkeit, im Zentrum, das Zentrum aber in der Sonnen, die im Zentrum der Welt ist*, abgebildet ...« »Also ist *die bewegende Seele* abgebildet *im potentiellen Kreis, das ist im von den Seiten gesonderten Punkt.* Also ist ein leiblich ding, ein *körperhafter Stoff* abgebildet *in der dritten Art der Quantität der drei Dimensionen.* Also ist *dessen Stoffes Form* abgebildet *in der Oberfläche.*« – in confluxu radiorum coelestium: »*im Zusammenkommen der himmlischen Strahlen*«. – »... *in der Untersuchung der Wahrheit schwelgende Geister,* auff die *Signaturen der Dinge* sehen und nachforschen ...« – experimentatio herbarum: »*Erfahrung und Prüfung der Kräuter*«.

THESE 127 cor Scorpii: »*Herz des Skorpion*« (α im Skorpion, Antares). – Nego praemissas et conclusionem: »*Ich verneine die Prämissen und den Schluß.*« – »... *wie dann die Farben im Regenbogen entspringen aus der Verdunkelung und der Brechung oder aus der Lichtmenge und Wassermenge, die entweder größer oder kleiner sind.*« Vgl. zu These 28. – Pseudo-Aristoteles: De coloribus 1. – de Marte: Astronomia nova, Introductio und Kapitel 34 (KGW III, 25 f. und 245 f.). – secundum mains et minus: »*nach Überschuß und Mangel*«.

THESE 128 »Allhie gebraucht sich *Dr.* Feselius einer Regel, *daß Überschuß und Mangel nicht das Wesen der Dinge aufheben* ...« – »... so wirdt *dieser negative Mangel eine positive Qualität* ...«

THESE 129 »*Die Venus hat Brahe im Jahre 1582 in genauer Konjunktion mit der Sonne in Länge gesehen* ...« – scrupula in diametro: »*drei Sekunden im (scheinbaren) Durchmesser*«. – Nach Ptolemaios grenzt die Fixsternsphäre direkt an die äußere Schale der Saturnsphäre, während für Kopernikus und seine Anhänger wegen der fehlenden Fixsternparallaxe eine große Lücke zwischen beiden bestand, was Tycho Brahe z. B. veranlaßte, beide Planetensysteme zu einem neuen zu vereinen, das diese vermeintliche Schwierigkeit nicht enthielt; vgl. auch zu These 17, bezüglich der Entdeckung, daß die Planeten nicht selbst leuchten, zu These 25. – »... und an alle *von Sekundärlicht erleuchteten Oberflächen.*«

THESE 130 Cicero: De divinatione II 47. – Joh. Crato (Leibarzt Maximilians): Assertio pro libello suo Germanico de pestilenti febre. Frankfurt 1585, S. 9; hieraus berichtet Feselius, daß Kaiser Maximilian II. als junger Mann sich den Spaß gemacht habe, in den astrologischen Wettervorhersagen der Kalender jeweils die Angaben heiter und warm ins Gegenteil zu verkehren, und damit den tatsächlichen Wetterverhältnissen häufiger entsprach.

THESE 131 in visceribus et vasis: »*in den Eingeweiden und Gefäßen*«.

THESE 133 Mithridat: opiumhaltiges Gegengift, das manchen als Allheilmittel galt.

THESE 134 »... *daß eine Konjunktion von Saturn und Sonne im Steinbock und Wassermann grosse Kälte verursachen solle* ...« –

Bezüglich Chytraeus siehe zu These 46. – »*Im Jahre 1593 am 24. Juli, im Beginn des Sternbildes Löwe* ... *Dann Sonne, Venus und Saturn standen in Konjunktion, Mars im Sextil des Jupiter und darüberhinaus, Merkur kam von der Opposition mit Jupiter zum Trigon mit Mars.*« – »... *im Jahr 1607 am 1. Januar im Beginn des Steinbock eine Konjunktion von Saturn und Sonne, die beide im Sextil zum Mars standen.*« – conjunctiones corporales: »*Konjunktion mit Bedeckung oder Berührung*« (dieselbe Länge *und* Breite).

THESE 135 A. Scultetus a. a. O. (zu These 9), S. 21. – materia aquosa: »*wäßriger, feuchter Stoff, Feuchtigkeit*«.

THESE 136 Girolamo Cardano (1501–1576) schrieb u. a.: Aphorismorum astronomicorum segmenta septem (Nürnberg 1547).

THESE 138 »... recht Aprillen Wetter, *wegen des Sextils von Saturn und Sonne am 31. März und des Halb-Sextils von Mars und Merkur am 1. April.*«

THESE 139 Bezüglich J. Cratos siehe zu These 130, der ›Prutenicae tabulae‹ zu These 62.

THESE 140 Favorinos bei Aulus Gellius: Noctes Atticae XIV 1. – Justus Lipsius (1547–1606): Monita et exempla politica, Antwerpen 1605, S. 43. – Maecenas' Ausspruch zitiert Feselius nach Dio Cassius: Oratio ad Augustum. – in rebus Philosophicis: »*in philosophischen Dingen*«.